DE PARÍS A PEKÍN A TRAVÉS DE SIBERIA

DE PARÍS A PEKÍN A TRAVÉS DE SIBERIA

UN ARRIESGADO VIAJE EN EL CORAZÓN DE ASIA

POR

Víctor Meignan

Ecos de Oriente

Título original: *From Paris to Pekin over Siberian snows. A narrative of a journey by sledge over the snows of European Russia and Siberia, by caravan through Mongolia, across the Gobi Desert and the Great Wall, and by mule palanquin through China to Pekin.*

Año original de publicación: 1885

Autor: Victor Meignan

Primera edición: Abril 2024

© de esta edición: Ecos de Oriente

www.ecosdeoriente.com

ISBN: 978-1-7391512-5-6

Ilustración de cubierta: *En tarantass, une descente* (En taranta, un descenso), Alfred Jean Marie Paris. Originalmente incluida en el libro *De Pékin a Paris, la Corée, lÁmour et la Sibérie* (1894).

Nota sobre la edición

Es la misión de Ecos de Oriente publicar obras inéditas en español, de viajes y aventuras, siempre respetando la integridad de los textos originales. Sin perder de vista estos principios, en la presente edición se han incluido cambios para ayudar a la comprensión del relato, dichos cambios son:

- Uso del sistema pinyin para la transcripción del chino (en vez de Wade-Giles), puesto que el uso del pinyin está muy extendido hoy día tanto en literatura como en prensa.

- Diversos aspectos políticos y geográficos han cambiado desde la publicación del texto original. Específicamente, algunos topónimos mencionados en el texto han desaparecido o caído en desuso. Se ha optado por mantener la toponimia del texto original e indicar los nombres actuales mediante notas a pie de página.

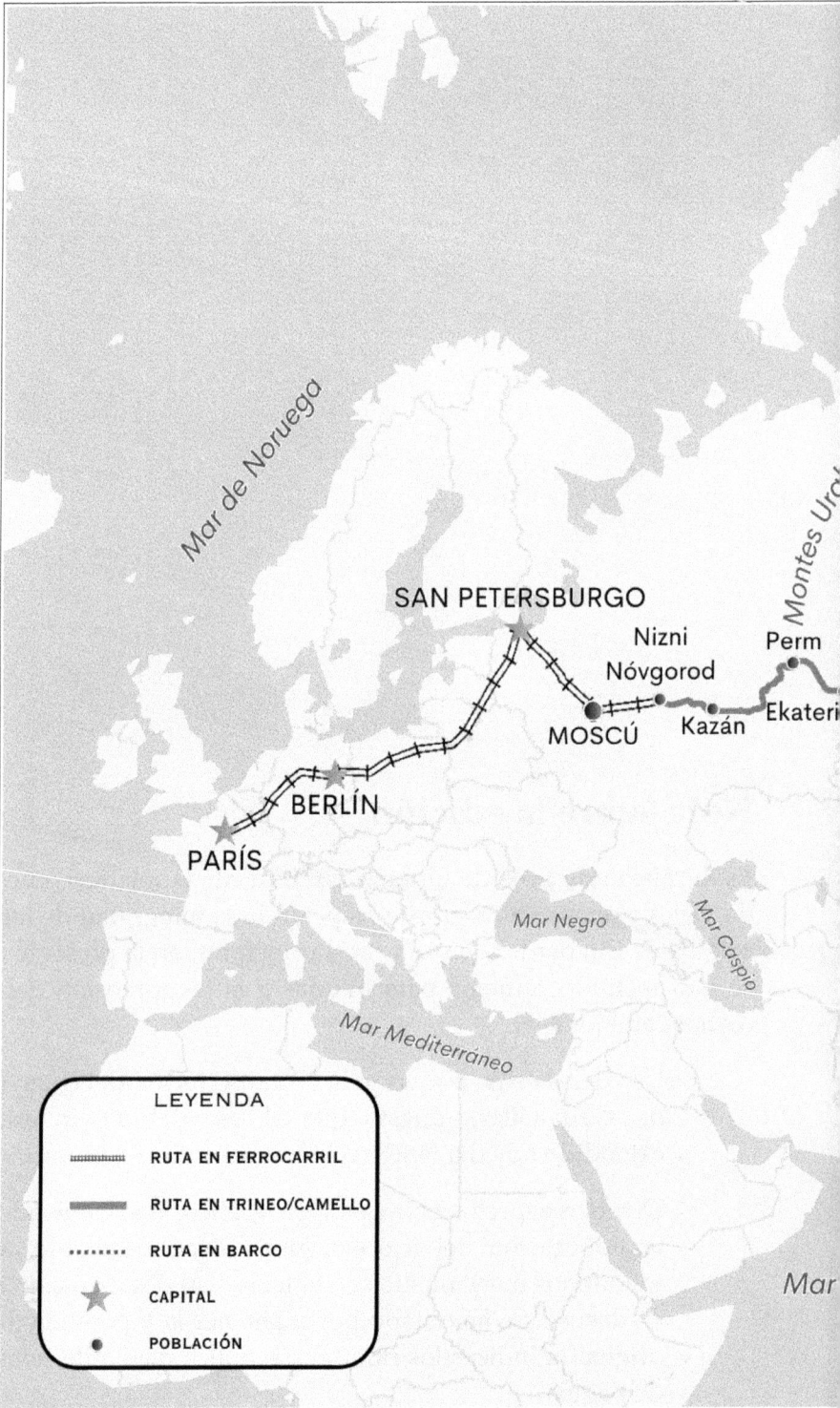

PARÍS

BERLÍN

SAN PETERSBURGO

MOSCÚ

Nizni
Nóvgorod

Kazán

Perm

Ekateri

Montes Ural

Mar de Noruega

Mar Negro

Mar Caspio

Mar Mediterráneo

Mar

LEYENDA

▦▦▦▦ RUTA EN FERROCARRIL

▬▬▬ RUTA EN TRINEO/CAMELLO

········ RUTA EN BARCO

★ CAPITAL

● POBLACIÓN

RUSIA

Krasnoyarsk

o

Tomsk

Omsk

I. Baikal

Irkutsk

Verjneúdinsk

MONGOLIA

URGA

Desierto de Gobi

Kalgán

CHINA

PEKÍN

SHANGHÁI

igo

Índice

CAPÍTULO 1

De París a San Petersburgo

En tren — Berlín — Anomalías en la aduana rusa — Primera vista de la Rusia
europea — Una velada a orillas del Neva

CUANDO me decidí a pasar el invierno en Siberia, y en la primavera siguiente dirigirme a Pekín, a través de Mongolia y el desierto de Gobi, mis amigos, al enterarse de mi proyecto, se mostraron incrédulos ante la firmeza de mi resolución. Se encogieron de hombros, temblorosos, tal vez ante la perspectiva del gélido clima, y se preguntaron qué podía inducirme a abandonar los confortables y cálidos salones en esta estación para enfrentarme a las ráfagas boreales de un clima tan riguroso. Sin embargo, en lo que a mí se refería, este frío anticipado no era en absoluto contagioso, ya que, de hecho, mi resolución estaba entonces demasiado firmemente establecida como para ser sacudida por un trémulo vacío de influencia simpática, o para ceder a los encantos del más tentador círculo parisino.

Así pues, tras haber meditado bien mi proyecto, había decidido intentar llevarlo a cabo por esta razón: había visto Siria y Nubia, tierras soleadas, en todo su esplendor y gloria estivales, y ahora ansiaba contemplar Siberia, la región de la nieve y el hielo, en su maravilloso ropaje invernal. Cuando me apetece hacer un viaje, me gusta visitar los países en su estación típica, igual que a uno le gusta ver a un hombre en el ejercicio de su propia vocación. Hay, sin duda, un sentimiento de satisfacción en la contemplación del mundo animado o inanimado en sus fases habituales, en la medida en que éstas son la expresión normal y apropiada de una condición de ley y orden establecidos, las armonías de la naturaleza, así como la adecuación moral

11

de las cosas. Siberia, tal como se la imagina, está vívidamente asociada con los conmovedores incidentes de un riguroso invierno ártico; es su aspecto más característico, que nos deleita y hace reflexionar sobre ella. Por otra parte, sólo en invierno, es tan notablemente diferente de la naturaleza que estamos acostumbrados a ver en climas más suaves y agradables, que es en esta estación, con sus poderosos ríos cubiertos de hielo y sus bosques nevados sin límites, cuando se presenta al ojo incrédulo del forastero el interés y el atractivo de una sorprendente novedad.

Yo estaba de excelente humor por las estimulantes expectativas de tanta aventura, como el lector podrá imaginar. Ocupado con los preparativos finales, mis amigos, viéndome así, me acosaron con sus diversas preguntas y sugerencias. Cada uno hace preguntas a su manera, según sus ideas u ocupaciones habituales. El médico, con mirada grave, preguntó: «¿Estás seguro de que tu constitución es lo bastante robusta para soportar tanto frío?», el farmacéutico preguntó si tenía un buen suministro de quinina o ungüento contra los sabañones, o las píldoras mágicas de alguien, algún remedio completo para todas las debilidades humanas, corporales y mentales, y si, por supuesto, creía en su eficacia; luego las damas sugirieron una buena provisión de cálidas medias de estambre y edredones de punto; otras preguntaron si tenía un pasaporte debidamente visado, un revólver de seis balas, mapas, un telescopio, cartas de crédito, un cinturón para el oro, y realmente no sé con qué no me proveerían con consideración. Algunos habrían llegado incluso a recomendar una cacerola para calentar; y por mi parte, creo que una cacerola no habría sido el artículo menos útil propuesto, ya que podría servir como cacerola para guisar, y entonces tendría asegurada una cena y una cama calientes. Luego, en las posadas, su capacidad sonora podría suplir la falta de campanas, y en un viaje serviría para ahuyentar a los lobos. Finalmente, no teniendo más uso para este acomodaticio *vademécum*, podría venderlo en Mongolia, tierra de miel, para un fin al que, según he oído, se aplica a veces en Inglaterra, es decir, para enjambrar abejas con su profunda nota musical. Si esto fallase, en todo caso, disponer de él en China, al quitarle el mango, sería algo así como la última novedad en gongs provenientes de París.

Pero ninguno de mis amigos, ni siquiera el farmacéutico, que vende matamoscas y otros insecticidas, pensó en la caza a la que uno se ve obligado a dedicarse, de vez en cuando, en tierras extranjeras. Probablemente no fueran amantes de la caza, al menos de esa caza menor; pero cuando uno ha comido bien una vez, no se adapta fácilmente a pasar necesidades, y no sabiendo en qué situaciones podría caer, me cuidé de asegurar lo completo de mi aparejo de caza, y habiendo hecho por fin todos mis preparativos, estaba listo para partir.

En consecuencia, el 25 de octubre de 1873, a las ocho de la mañana, salí de la *Gare du Nord*, y tan pronto como tomé asiento, las preguntas se reanudaron en otra forma por un viajero hablador. Este viajero era belga, y los belgas son generalmente locuaces y libres a la hora de conocer gente.

—¿Dónde va, *monsieur*? —me preguntó—. Yo voy a Colonia; es un viaje muy largo, ya sabe, y me gusta tener a alguien con quien hablar, para pasar estas doce largas horas en un carruaje.

—Yo también voy a Colonia —le contesté.

—¡Oh! ¿Va a Colonia, verdad? ¿A comprar caballos?, yo también —me explicó—. Estoy acostumbrado a comprar mis caballos en Prusia.

—No —le respondí—, no voy a Colonia para eso.

—¿Para qué, entonces?

—Bueno, es para tomar otro tren, porque voy a Berlín.

—¡Oh! ¿Va a Berlín? ¿Por qué va a Berlín? Nadie va allí, ni turistas ni hombres de negocios.

—Voy allí para tomar un tren más, pues desde allí me dirijo a San Petersburgo.

Estas preguntas se sucedieron así de etapa en etapa, hasta el momento en que terminamos la vuelta al mundo. Su sencillo semblante flamenco adoptó entonces una curiosa expresión de divertido asombro. No pudo decir nada más hasta que transcurrieron unos instantes, y entonces fue cuando exclamó, abriendo al máximo su gran boca y golpeando vigorosamente el cojín con su pesado puño:

—¡Oh! ¡Ah! Entonces sí que está dando la vuelta al mundo. ¡La vuelta al mundo!

—Sí, casi —respondí sonriendo—, y por eso cuando quiera caballos deberé comprarlos en otro sitio que no sea Colonia.

Tan pronto como se pasa Colonia y el Rin, un lugar poco favorecido de este aburrido país —al menos, tal como se presenta al viajero en ruta—, se atraviesa una interminable llanura, ni pintoresca ni interesante. Berlín no redime con ninguna belleza artística su estéril situación. Pero no se puede esperar que un parisino encuentre mucho atractivo en Berlín, y por ello la encontré muy aburrida. Sus calles están mal pavimentadas; enormes alcantarillas, que separan la calzada del pavimento, exponen a los carruajes al peligro y exhalan olores nocivos, llenas como están de agua sucia y desperdicios de todo tipo.

Lo que más llama la atención de esta ciudad es su aspecto lúgubre. En todos los edificios públicos han intentado imitar el dórico griego, y lo han conseguido con creces. No comprendo en absoluto por qué los prusianos han adoptado este frío estilo, más sepulcral incluso que el egipcio, bajo un cielo tan apagado y casi tan brumoso como el de la vieja Inglaterra. En los lugares de diversión, en el interior de la ópera, por ejemplo, han sustituido el estilo dórico por el corintio, es decir, el luto por el medio luto. Los colores nacionales, blanco y negro, profusamente distribuidos por todas partes, completan su carácter fúnebre.

La mejor avenida, Unter den Linden, conduce del museo a los paseos exteriores, pero el color de las casas que bordean este bulevar estropea el efecto; sugería una mezcla de hierro y azafrán o algo parecido, al tono enfermizo de la icteria. La impresión general es todo menos alegre. Uno está casi dispuesto a decir a todo el que encuentra: «Hermano, debes morir», pero yo me dije a mí mismo: «Debes partir» y, tras una breve parada, me marché.

Al día siguiente, el tren expreso, sin ningún incidente digno de mención, me llevó a la frontera rusa.

Aunque hay aduanas en las fronteras de todos los estados civilizados, su carácter y métodos de proceder, a pesar de las tendencias niveladoras de los ferrocarriles, todavía no se han acercado mucho a la uniformidad; y puesto que estas características difieren ampliamente de China a Perú, con frecuencia dan alguna señal del estatus político y social del pueblo en cuyo país se entra.

En la aduana de este colosal Imperio ruso, con un presupuesto nacional tan sobrecargado, la tesorería se muestra especialmente solícita en llenar las arcas imperiales. El dinero es muy necesario.

El extranjero debe probar primero su identidad presentando su pasaporte debidamente visado en los consulados de todos los lugares por los que ha pasado. Se le devuelve el pasaporte con una palabra escrita en el reverso. Esta palabra deja a todo viajero no iniciado en completa ignorancia de su significado u objeto; está escrita en caracteres rusos y, además, mal escritos en un idioma que, conforme al buen gusto, se espera que uno no conozca.

Cuando recibí mi pasaporte marcado con la palabra mística, mi vergüenza fue dolorosa. Caminé de un lado a otro de la sala de espera, mostrando la palabra a todos los que encontraba. Todos me miraban con asombro y se apartaban de mí sin darme ninguna explicación. Por fin oí a alguien hablar francés cerca de mí; era un caballero cuyos bigotes inmoderadamente largos y oscuros con las puntas blancas, algo así como la piel del zorro azul, indicaban que era de nacionalidad norteña. Me apresuré a informarme y enseguida supe que esta importante palabra era el nombre del oficial designado para examinar mi equipaje. Tras algunas dificultades, encontré al funcionario, que, afortunadamente, hablaba francés.

—*Monsieur* —dijo—. ¿Qué tiene que declarar?

—Nada —respondí prontamente, con toda la libertad de la inocencia—, lo que traigo es para mi uso personal, y si algunos de los paquetes le parecen muy voluminosos, es porque estoy en un viaje muy largo hacia un lugar muy lejano.

—Tenga la bondad de abrirlos.

Comencé en consecuencia, sintiéndome seguro de que todo iría bien y terminaría pronto.

—Esta es mi ropa personal —le expliqué—, no hay nada más que ropa en este baúl. Aquí hay un pantalón que parece nuevo; lo he tenido estos tres años. Sin embargo, parece nuevo, eso es mérito mío; ya ve, no suelo desgastar mucho mi ropa —comenté alegremente.

—Pero —replicó—, parece demasiado nuevo, lo pesaremos, esto se pagará.

Mi mortificación estaba a punto de comenzar. Comenzó a poner en la balanza toda la ropa que consideraba que no había sido usada.

—¿Qué es esto?

—Son libros de notas.

—¿Hay algo escrito en ellos?

—Todavía nada.

Entonces también estos entraron en la balanza. Pero no estaba dispuesto a terminar ahí, ni mucho menos; me vi obligado a abrir el cofre que había hecho empaquetar en París con el mayor cuidado, y que contenía mi equipo deportivo y muchas cosas de uso exclusivo en Siberia. Percibiendo que era inexorable en su determinación de registrarlo todo, le supliqué que pusiera el cofre, tal como estaba, en la balanza, prefiriendo pagar más a que el contenido cayese en el mayor desorden después de haber sido tan artísticamente empaquetado. Pero no hubo manera, pues este caballero era demasiado cosaco para renunciar al placer de examinar objetos parisinos. Todo estaba desordenado, cuando no, al revés, y puesto sobre la balanza. Me enfurecí.

En medio de esta intolerable molestia, había para mí un destello de maliciosa satisfacción. Había traído conmigo una enorme caja de insecticida en polvo, que consideraba inestimable para mi largo viaje por Asia. La caja no podía abrirse fácilmente, ni mucho menos. El oficial lo intentó en vano durante algún tiempo, pero al final, la tapa cedió repentinamente a sus esfuerzos, y el polvo le fue arrojado violentamente a la cara, penetrando en sus ojos, sus fosas nasales y su boca, y cubriéndole completamente el abrigo.

—¿Qué es esto? —preguntó.

—Un veneno muy violento —respondí, con una afectación de terror, para aumentar su desconcierto, que tuvo el efecto debido.

Se puso pálido y, de inmediato, fijó el impuesto sobre mis efectos en la tasa más alta posible. Pero no me importó, pues yo me había divertido bastante con la broma, y como mi venganza me había proporcionado plena satisfacción, saqué de mi bolsillo mis monedas de oro.

Por otra parte, ¡pobre Rusia!, el país que produce actualmente tanto oro, es el que tiene menos moneda. Me vi obligado a ir a cambiar mis piezas de veinte francos por rublos de papel; y así pagué en esta aduana más de cien francos, sólo por pasar mis ropas viejas —siendo esta suma tanto como su propio valor— y mis cuadernos de notas, que no podía decidirme a abandonar, porque eran mis únicos compañeros a quienes confiar mis impresiones de viaje.

Antes de subir al tren, observé a un vendedor de periódicos en el andén.

—¿Tiene el *Figaro*? —le pregunté.

—Sí, señor.

—¿Cuánto cuesta?

—Treinta kopeks.

—Entonces deme un periódico de su país impreso en francés.

—Aquí hay uno, señor, el *Journal de St. Pétersbourg*.

—¿Cuánto cuesta?

—Quince kopeks.

—¿Pero por qué es tan caro, si es impreso en Rusia?

—Lo es, señor, porque aquí hay enormes impuestos sobre la fabricación del papel.

Este tipo de impuesto, en mi opinión, es para ser plenamente apreciado. Los rusos deberían protegerse así contra la propensión al garabateo que, por desgracia, está tan extendida en Francia. Además, cuando el sufragio universal aparezca en Rusia, ¿quién sabe si el precio exorbitante del papel no impedirá a los candidatos distribuir las papeletas de voto y a los electores procurárselas a sus expensas? El ejercicio de este nuevo poder será entonces la causa de una nueva acusación y se convertirá, en consecuencia, en un obstáculo. Tal estado de cosas tal vez hará que el sufragio universal sucumba y desaparezca, una institución aparentemente justa y atractiva en teoría, pero graciosamente divertida en la práctica para aquellos que han sido testigos de su funcionamiento, especialmente en los distritos rurales. Esta primera experiencia me reconcilió con la administración de este vasto país, casi incluso con su aduana, y subí a mi carruaje, donde dos estufas, aunque todavía no había empezado a helar, mantenían un calor tropical. Allí me instalé en uno de los inmensos y cómodos asientos con que estaba amueblado, y que se transformaba por la noche, con la ayuda de un dispositivo mecánico, en una especie de cama, donde uno puede estar tolerablemente cómodo. Allí esperé la señal de partida, preparado para observar el aspecto del país a través del cual estaba a punto de pasar.

La parte de Rusia comprendida entre Vilna y San Petersburgo es sencillamente melancólica. Cuando la recorrí, la ausencia de nieve, de sol y de hojas en los árboles, hacía aún más llamativo este carácter que le es propio. Bosques ilimitados, que ya no son bosquecillos y que aún no han llegado a su pleno crecimiento, y tan impenetrables como una jungla, especialmente en otoño, debido a la naturaleza pantanosa del suelo. Una larga cadena ondulada de tierra, de un contorno propio del monstruoso oleaje de una tempestad en el océano, dejaba entrever el horizonte a una enorme distancia. La aparición de unas pocas viviendas, a largos intervalos, y cuya presencia en absoluto sugiere una desolación total, sino más bien una soledad completa. Esto es lo que se presenta al viajero al entrar en Rusia, inmensidad, impenetrabilidad y silenciosa penumbra.

Es cierto que el otoño es la estación menos favorable para visitar Rusia; es, en cierto modo, el período de inactividad de su gente, un pueblo disperso en un espacio inmenso, cuyo carácter especial necesita una locomoción rápida y continua. En otoño, la tierra se vuelve demasiado pantanosa para los carruajes de ruedas, y aún no se ha comenzado a viajar en trineo. Pronto, sin embargo, la nieve, que probablemente caerá en abundancia, permitirá a los rusos su modo favorito de viajar; y el intenso frío, disipando las nubes, dará al paisaje, con su blanco manto, una pureza y brillantez sin parangón.

Nos apresuraremos a llegar a San Petersburgo, del cual, sin embargo, así como de Moscú, diré poco, porque tengo que describir regiones más remotas y mucho menos conocidas. Cuando uno tiene ante sí un largo viaje, no debe demorarse en las primeras etapas, no vaya a ser que tome conciencia de las dificultades de la empresa y, en consecuencia, se vea tentado a abandonarla a pesar de la valiente resolución inicial.

Me apeé en el *Hotel de France* y, casi de inmediato, salí a pie. Eran las seis de la tarde y estaba bastante oscuro. Una temperatura suave y refrescante invitaba al paseo. El cielo estaba sereno y la luna brillaba. Era una de esas hermosas tardes descritas por Joseph de Maistre, aunque aún estábamos en noviembre. El azar me condujo hacia el río Neva, y me alegré mucho, pues, desde el puente de barcas que lo cruzan, pude contemplar un espectáculo verdaderamente magnífico. No es un río, sino un brazo de mar. Cuatro o cinco veces más ancho que el Garona en Burdeos, este trozo de agua hace un recodo en medio de la ciudad; y a lo largo de sus orillas se expone la principal magnificencia arquitectónica de San Petersburgo. El Palacio de Invierno, el Senado, la Fortaleza, el Hermitage y la Academia de Bellas Artes se encuentran en sus orillas, así como un inmenso número de iglesias, cada una de ellas coronada por cinco o seis cúpulas bizantinas.

En el momento en que me encontraba allí, los rayos de la luna se reflejaban en todas estas cúpulas doradas, y de nuevo estos resplandecientes rayos destellaban como deslumbrantes fuegos artificiales desde la superficie del agua; la cúpula dorada de la catedral de San Isaac se elevaba majestuosamente sobre las demás, y las superaba en esplendor. Barcazas negras, que a esas horas de la noche parecían góndolas venecianas, pasaban de un lado a otro, dejando sus estelas luminosas sobre la superficie del agua. La gran masa de agua del lago Ladoga se deslizaba en plena crecida con rapidez, pero sin ruido, pues nada se oponía a su paso. Las campanas, que daban una idea de enorme tamaño por su tono profundo, solemne y prolongado, rompían solas el silencio secular de la escena con la llamada a la oración. Fue grandioso, solemne e inspirador. Esta noche, en San Petersburgo, Dios se reveló al hombre por el esplendor de los cielos y el misterio de la hora, y los pensamientos del hombre fueron atraídos hacia Dios por la imponente altura de sus templos y el sobrecogedor sonido de las campanas.

Aunque me conmovió mucho esta escena y sus asociaciones, sabía que no podría disfrutar adecuadamente de Rusia en su aspecto de estación templada. Poco después, sin embargo, el Neva sería detenido en su curso por la escarcha. Las cúpulas de las iglesias, así como la tierra por todas partes, se vestirían con un espeso manto de nieve, y entonces ya no contemplaría este país tal como era ahora, sino sepultado bajo su sudario invernal. Permanecí, pues, largo rato contemplando este espectáculo, cuya genuina belleza se veía realzada en mi imaginación por la reflexión de que sería por poco tiempo.

CAPÍTULO 2

De San Petersburgo a Moscú

Cartas de recomendación para Siberia — El señor Pfaffius, comisario de frontera en Kiajta — Música rusa — Llegada a Moscú

DURANTE mi estancia en San Petersburgo, fui por supuesto, y más de una vez, a ver las curiosidades que abundan en la ciudad, pero era necesario recordar que había partido para un viaje mucho más largo, y que mi principal ocupación en San Petersburgo era buscar un compañero de viaje. Con este objeto, me valí de todas las cartas de recomendación que había obtenido en París, con la esperanza de conseguir así la compañía, tan útil como agradable, de un turista o de un funcionario que regresaba a su puesto en Siberia oriental.

En las primeras reuniones a las que tuve el honor de ser invitado, hablé siempre de mi viaje, con la esperanza de encontrar un compañero de viaje, pero, al hacerlo, siempre me respondían con el ceño fruncido o me hacían oídos sordos.

La razón era la siguiente: en San Petersburgo no es de buen gusto viajar en dirección a oriente. Los habitantes de esta ciudad del placer parecen arrepentirse de su origen; esta sociedad, tan fastidiosa y refinada, parece temer ser tomada algún día por una horda de bárbaros. Mujeres del más alto rango social me han dicho a veces: «Haga lo que haga o diga lo que diga, tendréis, sin embargo, vuestra propia opinión de mí; me consideraréis una cosaca». Todo lo que se relaciona con Asia está en desventaja y, tal vez, los que exageran el sentimiento cederían de buena gana Siberia al Gobierno chino, con tal de no tener nada en común con Oriente. Hablar francés es indispensable; cuando uno es francés y es recibido en sociedad en San Petersburgo, sorprende ver hasta qué punto Francia está de moda. Se habla francés habitualmente y se lee en periódicos y libros; la cocina es francesa, así como los trajes, y también lo son muchas de las obras de teatro. Es todo un acontecimiento tener invitados de París, Luchon o Trouville, y haber traído los últimos chismes de los salones parisinos.

En cuanto apareció la escarcha, empecé a ocuparme de los preparativos de mi viaje. Me ayudó en esta difícil tarea el señor Bartholdy, entonces encargado de negocios en la Embajada de Francia. Este amable francés consiguió que el Gobierno imperial me permitiera atravesar Siberia de una manera un tanto oficial, y los ministros me dieron cartas de recomendación para los gobernadores de las diversas provincias que iba a visitar.

Obtuve también del señor Mijáilov, el contratista para el correo entre Nizni Nóvgorod y Tiumén, una orden circular requiriendo a cada jefe de correos en la ruta que me fueran dados los mejores caballos en el más corto plazo.

Muchas personas me recomendaron a sus amigos de Siberia. En menos de quince días recibí treinta y dos de esas recomendaciones, pero aún no había encontrado ni compañero ni criado.

La helada, sin embargo, era cada día más severa. El termómetro oscilaba entre diez y doce grados centígrados bajo cero.

El canal del Moika, al que daban mis ventanas, estaba ya medio helado; enormes bloques de hielo flotaban a la deriva sobre el Neva. La nieve, aunque todavía no muy profunda, caía lo bastante a menudo como para hacerme concebir la esperanza de que muy pronto pudiéramos deslizarnos en trineo. Estaba a punto de decidirme a partir solo hacia Moscú, cuando recibí una carta del jefe del Gobierno asiático.

Esta carta me informaba de que el comisario de frontera ruso en Kiajta, el señor Pfaffius, se encontraba en San Petersburgo, en el hotel Démouth, y estaba a punto de incorporarse a su puesto.

Sin perder un momento, recogí todas las cartas, incluso aquellas cuyas direcciones no podía leer, y me apresuré a ir al Hotel Démouth.

Yo no sabía todavía lo que era viajar por Siberia; no tenía la menor idea de muchas cosas que se necesitaban, y por eso no me sorprendió poco, en mi entrada en el apartamento de Pfaffius, el espectáculo que allí me esperaba.

En medio de la habitación había en el suelo un montón de almohadas, pieles, colchones, mantas y cuerdas. Esto no era todo, pues pronto me percaté también de un pan de azúcar, botas de fieltro, una botella de coñac, además de bolsas y sacos de todas formas y tamaños.

El funcionario, que llevaba un anillo en el segundo dedo de la mano derecha, signo de su cargo, estaba sentado a la mesa desayunando. A su lado se encontraba un criado buriato, de rasgos medio mongoles, medio tártaros, vestido con un abrigo de piel de olor ofensivo, atento al menor gesto de su amo para satisfacer el más insignificante deseo. En cuanto aparecí, el comisario pidió una silla para mí, pero como por desgracia, tal vez por accidente, no se encontraba ninguna en la habitación, hubo que buscarla en otra parte. Me vi obligado a permanecer de pie unos instantes mientras la rabia se hacía patente en el semblante de mi anfitrión, quien, sin embargo, como pude comprobar más tarde, era bastante amable. Se puso rojo y pálido alternativamente. Cuando el buriato regresó, le dirigió palabras casi inarticuladas, aunque de significado perfectamente inteligible, y terminó levantando la mano para golpearlo.

Acostumbrado como estaba a los modales orientales, me anticipé a la escena que estaba a punto de tener lugar, y le presté poca atención, cuando, para mi gran asombro, el criado levantó la cabeza, y mirando severamente al comisario, se dirigió a él con estas sencillas palabras: «¡Olvida entonces, señor, que soy súbdito del emperador!».

Este hombre sabía muy bien que un artículo del decreto de emancipación de los siervos prohibía a los terratenientes y funcionarios, bajo pena de deshonra e incluso de prisión, recurrir a los golpes contra cualquier súbdito del emperador, ya fuera ruso naturalizado o nativo de un país conquistado, como los kirguises, los buriatos o los samoyedos.

Estas palabras bastaron, de hecho, para que el puño levantado del funcionario cayera inofensivamente a su lado. ¿Acaso existe alguna pasión en un ruso que le provoque ofender la voluntad del zar?

Una vez terminada esta pequeña escena, el señor Pfaffius recobró la calma y la serenidad, todo un hombre de mundo. Le mostré mis cartas de recomendación. En cuanto su mirada se fijó en el sello del Ministerio Imperial —y esto para un funcionario ruso era mucho más de lo que se requería—, me mostró la más alta consideración. Una de estas cartas iba dirigida personalmente a él. A partir de ese momento me convertí en su amigo y decidimos viajar juntos.

El lector deberá saber, por lo que sucedió más tarde, que este plan sólo se llevó a cabo en parte, como consecuencia de haberme hecho por fin un conocido en Moscú. No pudiendo prever en aquel momento el número de compañeros de viaje que se presentaron posteriormente, consideré a mi comisario como una gran adquisición. Tenía que ir a Kiev antes de que se organizara el trineo. Sólo le permití partir después de haber tomado todas las precauciones necesarias para asegurar nuestro encuentro, y, lleno de entusiasmo, emprendí mis visitas de despedida.

Hablaré sólo de una de ellas, que tuvo lugar en un palco de la Ópera Rusa, no tanto por la gente tan agradable que me había invitado allí a ver la ópera, como por el carácter de la música y la manera de la representación de la que fui testigo. Era la obra maestra de Mijaíl Glinka: *Una vida por el zar*.

Sin embargo, sin entretener al lector con los detalles de la forma de representación, que probablemente no le interesen demasiado, daré mi impresión sobre el carácter de la música.

Los rusos, que no son un pueblo inventivo, tienen, sin embargo, una música nacional de un tipo especial y original.

Los que aprecian las óperas francesas, incluso las llaneras, sentirían poco interés en escuchar las largas lamentaciones y las melodías lúgubres, tan características de esta música. Sin embargo, puede conmover mucho a los aficionados de la música grave, sobre todo en el país de donde procede.

Las frases de la ópera de Glinka, sombrías y lúgubres, tan uniformes como la naturaleza en Rusia, tan profundas como sus horizontes, se suceden monótonamente sin que parezcan llegar nunca a una solución clara. En el momento en que el oído impaciente espera por fin detenerse en la nota fundamental, una renovada expresión de dolor surge inesperadamente, y la frase se prolonga sin cambiar de carácter. No puedo comparar mejor las inspiraciones de Glinka que con los permanentes esfuerzos del mar por asumir su deseado reposo en lucha contra la incesante sucesión de olas. Por lo tanto, esta música carece de la atracción de la alegría y, debido a su uniformidad, no suscita emociones vivas, pero tiene todo el encanto de la melancolía y del vago ensueño.

El flujo del alma parece vagar, aturdirse y enervarse en las prolongadas notas emocionantes de esta melodía interminable; todo el pasado vuelve a la memoria, y cuando la última nota se apaga, uno se despierta, como de un sueño conmovedor, con una lágrima naciendo en el ojo.

Había aplazado mi partida de un día para otro, a pesar de la nieve que caía y de la dura helada tan favorable a mi viaje, pero habiendo abandonado por fin la capital rusa, mis pensamientos volvieron a ella de esta manera. Uno prefiere, sin duda, el primer disfrute de un placer al mero recuerdo del mismo, y, sin embargo, tal vez, uno se separa con menos gusto del recuerdo que de la realidad, porque siente que cuando este placer prolongado termina, se ha desvanecido tanto de los sentidos como de la memoria.

Cuando salí de San Petersburgo, era el 20 de noviembre, y el 21, a las diez de la mañana, con una helada de veinticuatro grados centígrados bajo cero, hice mi entrada en la ciudad santa de Moscú.

La temperatura que tuve que soportar este día fue muy moderada en comparación con la que experimenté posteriormente en Siberia; sin embargo, pude apreciar algunos de los efectos producidos por el frío intenso. Uno siente que todo se encoge, se tensa y se contrae. Los caballos que transpiran, a causa del rápido paso al que son conducidos, tienen el pelaje cubierto de un sudor congelado que se asemeja a la petrificación. Los rostros de los conductores están hinchados, esponjosos y tienen un aspecto repulsivo. El sol, en ausencia de nieve, parece ser el único que alegra o anima lo que toca. Bajo las caricias de sus rayos, las casas, con sus variadas tonalidades, asumen un aspecto más brillante y alegre, que contrasta sorprendentemente con los encapuchados personajes a pie. Me ocupé enseguida de equiparme con la ropa de invierno habitual de los rusos. Compré botas para marchar sobre la nieve sin sufrir frío ni humedad; un *bachelique*, especie de capucha de pelo de camello para proteger las orejas y el cuello, y, por último, una capa de *jenotte*, una piel nada cara y, sin embargo, elegante.

La elección de la piel es un asunto importante, sobre todo en Moscú, donde el valor individual de cada uno se aprecia por el valor de la piel del animal que viste. De hecho, hay un proverbio ruso que parece desacreditar esta observación: «Te recibimos según tu costumbre y te enviamos de regreso según tu espíritu». Pero este aforismo rara vez sirve de precepto en una sociedad aficionada a la ostentación y a la magnificencia imponente, una sociedad que se cierra contra la mente más cultivada si el cuerpo no está ataviado con las pieles de ciertas bestias.

CAPÍTULO 3

Moscú — Nizni Nóvgorod

El Kremlin — Equipaje y visitas de la Virgen de Inverski — Origen del cristianismo en Rusia — Unas palabras sobre el monasterio de la Trinidad — Compañera de viaje — Compra de pieles — Pasaje del Oka en trineo — Sentimiento de terror al viajar por primera vez en trineo sobre un río helado

C ADA ciudad rusa tiene su kremlin. Se trata de un recinto que contiene generalmente una fortaleza, una residencia para el emperador y una o varias iglesias. El Kremlin de Moscú es muy célebre por su inmensidad, su memoria histórica y la riqueza de sus santuarios. Es relativamente moderno, ya que ha sido reconstruido desde la conflagración de 1812.

Todavía se puede visitar una pequeña reliquia del antiguo edificio. Sería difícil decir a qué estilo pertenece; se puede encontrar allí una mezcla de muchas de las variedades asiáticas, entre las bizantinas y las del Lejano Oriente. Paredes de un grosor extraordinario; una serie de pequeñas cámaras, abovedadas o que se elevan en punta; ventanas estrechas, que sólo permiten la penetración de una luz misteriosa, tamizada a través de vidrieras; puertas bajas coronadas con un arco morisco; paredes doradas desde el techo hasta el suelo, en las que están dibujadas figuras de santos, que sólo tienen la cabeza y las manos pintadas o esmaltadas; aquí y allá monstruos chinos; puertas que se abren ocasionalmente a la altura del primer piso y, en consecuencia, escaleras suspendidas para pasar de un piso a otro. Este es el antiguo Kremlin. Uno se pregunta, al recorrer este intrincado laberinto, si se encuentra en un oratorio o en un salón, en un lugar de diversión o en una cámara de tortura de la Inquisición. La nueva morada de los emperadores es muy diferente. Aunque de muy dudoso gusto, al menos está en armonía, por su inmensidad, con el imperio del que es sede. No se ha escatimado espacio. La sala del trono es toda una estepa que atravesar. Sus dimensiones son monstruosas. ¡Cuál fue mi asombro al encontrar allí varias estatuas y retratos del gran Napoleón! A los rusos, lejos de sentir enemistad alguna con nuestro héroe militar, les gusta rendir homenaje a su gloria. Admirar así al genio, dondequiera que se encuentre, incluso cuando el admirador ha sido la víctima, es al menos la marca de una mente liberal y de sentimientos elevados.

Había terminado mi primera visita al Kremlin y, abrigado y envuelto en pieles, me conducían cómodamente a mi hotel, meditando despreocupadamente por el camino, cuando mi cochero se volvió de repente y, con una sonrisa tonta, me levantó el gorro de piel y, al mismo tiempo, levantó el suyo. Al no obtener ninguna explicación inteligible, por mi ignorancia del idioma, me creí objeto de alguna broma pesada de las que gastan los cocheros y, por consiguiente, no pudiendo calificarlo tan bien como se merecía, dominé mi cólera y sonreí también. Exigí mi gorra, sin embargo, con gestos, a lo que él respondió con tres reverencias, otras tantas señales de la cruz, y santurronamente volvió a sonreír. Me disponía a recuperar mi gorra por la fuerza, cuando percibí que estábamos bajo la puerta de Spásskaya, y que todos llevaban la cabeza descubierta.

El procedimiento era ahora comprensible: esta puerta está coronada por la imagen de la Virgen de Inverski, la virgen favorita de los moscovitas, la virgen milagrosa cuyo poder sobrenatural había sido capaz de detener la conflagración del Kremlin, conflagración provocada por el general Rostopchín, un personaje mucho menos popular en Rusia que Bonaparte.

Por lo tanto, nadie debe pasar por la puerta de Spásskaya sin quitarse el sombrero. Los ancianos cuentan que un viento violento obligó incluso al gran conquistador francés a someterse a esta ley cuando pretendía pasar sin ser observado.

La Virgen de Inverski es invocada por todos; sin embargo, no es tan accesible a todos, pues una costumbre muy extendida consiste en visitas vicarias mediante representaciones.

Para obtener curaciones milagrosas, se manda llamar a la Virgen de la Asunción, y para favores más especiales, a la Virgen de Vladímir; y cuando se emprende un largo viaje, generalmente se prefiere un facsímil de la Virgen de Kazán. Pero deben darse circunstancias extraordinarias para exigir la visita de la Virgen de Inverski.

Cuando el obispo considera que una familia es merecedora de tal honor, cuatro monjes y dos dignatarios de la Iglesia se dirigen a la puerta de Spásskaya en un carruaje con seis caballos. Todos los espectadores se inclinan y hacen la señal de la cruz cuando se baja el cuadro de su lugar habitual, y se postran completamente, a pesar de la nieve y la escarcha, en el momento en que se instala en el fondo del carruaje; los dos sacerdotes se colocan entonces en el coche delantero, los monjes hacen de cocheros y lacayos, y así se dirigen a la casa privilegiada, cuyos miembros no reciben el honor de tal visita sin haber hecho antes ofrendas muy generosas.

CARRUAJE DE LA VIRGEN DE INVERSKI

Las prácticas rituales individuales en las calles, en el paseo marítimo, en todas partes y a todas horas, constituyen sin duda algunas de las características especiales de Moscú. A cada paso uno se encuentra con gente arrodillada y recitando oraciones, aunque aparentemente nada exija esa devoción. El culto a las representaciones pictóricas se exagera casi hasta la idolatría, incluso por la parte más ilustrada de la comunidad. La clase más alta, aunque casi totalmente nihilista, condesciende a observar estas formas populares, por un lado, meramente por una deferencia servil a la autoridad del emperador, y por otro, por no querer reprochar con negligencia la superstición de la clase baja.

Es bien sabido que la religión ortodoxa es una fiel reproducción del antiguo culto griego de Constantinopla. Hacia el año 1000, el jefe de la horda que entonces se convertiría en el embrión de la nación rusa —un bárbaro completo en audacia y crueldad, en fuerza bruta e impetuosidad ingobernable— se autoproclamó promulgador de la religión griega en el país sometido a su dominio.

Este Vladímir —tal era su nombre— desafió a todos los pueblos vecinos y sometió a su voluntad casi todos los límites actuales de la Rusia europea. Se dice que tuvo —si se puede confiar en ciertas crónicas fabulosas— cinco esposas legítimas, ochocientas concubinas y una multitud de niños, a los que sacrificaba a los dioses. Pero justo en el momento en que estaba a punto de sacrificar a su primera esposa, compañera incluso de trono, le asaltaron los remordimientos.

Decidido a formar una nación entera con todas las hordas que había conquistado, comprendió que esto sólo podía lograrse mediante una religión nacional. Con este fin, envió embajadores a diferentes países para estudiar sus respectivas religiones, y sus informes le permitieron elegir la que le parecía mejor. Se dice que el mahometismo le disgustó, porque el Corán prohibía el uso del vino, precepto que no habría favorecido su indulgencia en este hábito. El romanismo fue rechazado por el celibato del sacerdocio y, sobre todo, por la obediencia que exigiría hacia una autoridad distinta de la suya. El judaísmo, religión sin coherencia nacional, no era favorable a su proyecto de convertirse en el fundador de un imperio homogéneo y sólido. El culto griego, sin embargo, se impuso en su mente bárbara por la magnificencia de su ritual; por tanto, lo adoptó, y Rusia se convirtió en una nación cristiana de la Iglesia de Oriente.

Aunque sus dogmas difieren muy poco de los de la Iglesia romana, los rusos han heredado el antiguo odio de los griegos hacia los romanos. De buena gana pondrían en práctica el antiguo mandato de los obispos bizantinos en la época de la expedición de Federico contra Jerusalén: «Para obtener la remisión de los pecados, los peregrinos deben ser masacrados y exterminados de la faz de la Tierra».

También derivan de los devotos de la antigua Iglesia su idolatría, por cuya indulgencia éstos sacrificaron sus vidas. Son los verdaderos discípulos de aquellos bizantinos que, en la época de la conquista latina, derribaron con rabia una estatua de Minerva, como reproche por haber llamado aquí a los bárbaros, porque miraba hacia el oeste con los brazos extendidos.

Durante mi estancia en Moscú, visité el monasterio de la Trinidad, cerca de esta ciudad. Este monasterio fue fundado por San Sergio en 1338. Sería más correcto decir que en esa época el piadoso ermitaño del bosque de Godorok se convirtió en cenobita, al impartir a unas pocas almas celosas como la suya, el gusto por la pobreza y la renuncia a todas las cosas mundanas. Pero como los recursos unidos de estos devotos apenas bastaban al principio para proporcionarles un refugio, el convento no se construyó hasta más tarde.

Su suerte cambió cuando San Sergio, en el momento de la gran invasión mongola, convenció al príncipe Dimitri para que marchara contra los bárbaros en las llanuras del Don. Este príncipe, victorioso sobre los feroces Mamái, colmó de regalos a la nueva comunidad. En 1393, el monasterio fue parcialmente saqueado e incendiado por los tártaros, y San Sergio pereció; pero su cuerpo, recuperado como por milagro del montón de ruinas, continuó siendo objeto de veneración. Los zares, príncipes y boyardos concedieron sucesivamente importantes donaciones al convento, cuya riqueza se hizo legendaria en Rusia. A mediados del siglo pasado, el monasterio de la Trinidad poseía, además de una cantidad casi increíble de joyas, inmensos dominios y cien mil campesinos. Entonces incluso se calculaba que la riqueza del monasterio superaba los cuarenta millones de libras esterlinas. Sus fortificaciones, que aún existen, lo defendieron en 1609 de la invasión polaca y protegieron del peligro a los jóvenes zares Iván V y Pedro I durante una de las revueltas de los regimientos de streltsí. Además de los edificios que sirven a la comunidad como viviendas, existen en su interior nueve iglesias, cuyas riquezas despiertan el asombro, más que la admiración del forastero. Todas las partes pintadas y esmaltadas de las representaciones de santos están engastadas alrededor con rubíes, esmeraldas, topacios y diamantes, de enorme tamaño. La tumba de San Sergio es de plata dorada; el baldaquino es de plata maciza y está sostenido por cuatro columnas también de plata. Las casullas, que llevan los sacerdotes en el ejercicio de su culto, están cubiertas con quince, dieciocho y hasta veintiuna libras de perlas. El espectador queda deslumbrado al principio ante tanta magnificencia; pero como todas estas cosas son maravillas sólo por su inmenso valor, al final uno se vuelve indiferente ante el espectáculo de un mero montón de cosas preciosas. Como otros escritores más capaces ya han descrito este monasterio con todo detalle, no fatigaré al lector con más detalles. Mi guía me llevó a verlo todo. Además de las capillas, conocí el tesoro, donde se pueden ver veinte galones de perlas finas, que están consignadas en una vitrina, ya que las autoridades no saben qué hacer con ellas. Cuando hube visto todos estos tesoros, mi guía me condujo a una de las puertas exteriores y me tendió la mano. Este movimiento, debo reconocerlo, me avergonzó, pues después de haber visitado el monasterio de la Trinidad, un donativo de mil rublos me parecía una bagatela. Antes de despedirme de este devoto, le pedí permiso para visitar la biblioteca. «No se puede», me respondió. Este hombre desamparado me pareció entonces realmente pobre, y lamenté no poder ofrecerle una gratificación que pudiera haberle concedido más placer. El marqués de Custine escribió en su libro, *Rusia en 1839*, que el monasterio tiene una biblioteca, pero que el reglamento no permite que el público la vea. Sólo espero que lo que afirma Custine sea cierto.

MONASTERIO DE LA TRINIDAD

Al regresar de esta visita, vino a verme un joven llamado Konstantín Kokcharov. Su tez era de un marrón amarillento, y tenía pómulos prominentes como los mongoles, pelo definido y labios carnosos como un africano, una estatura baja y, sin embargo, una gran fuerza muscular. Parecía ocupar un lugar intermedio entre el nativo del norte y el de las selvas tropicales. Si tan sólo hubiera investigado su genealogía, estoy seguro de que habría rastreado su origen hasta los mongoles, después de que la raza hubiera pasado por algún cambio en la India. Me dijo al entrar: «¡Qué Dios, *monsieur*, bendiga su viaje!». Luego me dio su nombre y me tendió la mano según la costumbre siberiana. En Rusia, se considera de mala educación no ofrecer la mano nada más conocerse.

«*Monsieur* —añadió Konstantín—, soy amigo de Sabashnikov, a quien usted ha conocido en casa del señor Pfaffius, el comisario de Kiajta. Regreso a Irkutsk, donde viven mis padres. Escribí a Pfaffius para preguntarle si podía acompañarle a Siberia, y me contestó dándome su dirección. ¿Me aceptará como compañero de viaje? Le serviré de intérprete, y conmigo tendrá la ventaja de viajar tan rápido o tan fácilmente como le convenga, y, además, de tomar la ruta que desee».

Le mostré mis cartas de recomendación; y entre ellas encontró una para su padre y otra para su tío, ambos funcionarios imperiales en Siberia. Arreglamos el asunto enseguida, y entonces me ocupé únicamente de los preparativos para la partida.

Mi joven compañero me resultó muy valioso, porque conocía a fondo la ruta que íbamos a seguir.

Iba a atravesar, por sexta vez, el inmenso espacio que media entre Moscú y el río Amur. Había hecho el viaje en verano y en invierno; por lo tanto, era plenamente competente para aconsejarme sobre los preparativos que había que llevar a cabo y las precauciones indispensables contra el frío y la fatiga. Me informó que, en el trineo, además de mi *jenotte* de pieles, debía enrollarme en una *dacha*, una especie de manto, forrado de pieles por dentro y por fuera, en el que el portador, amortiguado de pies a cabeza, desaparecía por completo. La que compré al día siguiente estaba forrada con piel de liebre blanca y cubierta de nuevo con piel de alce, cuyo pelo era corto pero grueso. Como estos dos vestidos de piel no se consideraban suficientemente a la moda, me vi obligado a ponerme cuellos de castor. Envuelto de esta manera, imaginé inocentemente que podría enfrentarme impunemente al frío más riguroso de Siberia.

En el curso de mis viajes, me he encontrado con muchas tentativas de extorsión, pero nunca con una demanda apoyada en un razonamiento tan poco escrupuloso como la del intérprete del hotel de Moscú. «*Monsieur*», comenzó sin ruborizarse, «me debe al menos una recompensa de trescientos francos. Le diré la razón. Usted necesitaba urgentemente un compañero ruso para atravesar Siberia. Cuando el señor Kokcharov vino a preguntar por usted, yo podía fácilmente haberle dicho que no le conocía, y al seguir hablando con él, haber averiguado su dirección. Entonces podría haber venido y decirle: "Acabo de encontrar al hombre que busca, pero no le daré su nombre y su dirección, a menos que me dé mil francos". Ahora, *monsieur*, usted sabe que no he hecho tal cosa, así que, debería tenerlo en cuenta».

Mi rabia me hizo olvidar por un momento el artículo del decreto del emperador: la prohibición de golpear a un súbdito. Estaba a punto de levantar la mano, pero en su lugar levanté el pie y, de este modo, expulsé rápidamente al impostor descarado. Más tarde me enteré de que se trataba de un polaco, circunstancia que me permitió tranquilizar mi conciencia, pues, ¿podía el decreto estar destinado a estos convictos? Una vez asegurados mis baúles, tomé el tren para Nizni Nóvgorod en compañía de Konstantín Kokcharov, con quien charlé durante todo el trayecto.

Nizni Nóvgorod es la última estación de ferrocarril antes de entrar por carretera en Siberia.

Para ir de la estación de ferrocarril a la ciudad, es necesario cruzar el río Oka, a unos cientos de metros antes de que desemboque en el Volga. Cuando llegué a Nóvgorod, el 15 de diciembre, había comenzado el paso invernal sobre el hielo. La superficie del Oka estaba surcada por el paso de trineos procedentes de Irkutsk, de Nicolaev, y hasta del fin del mundo, en realidad, pues se traía en ferrocarril toda clase de provisiones asiáticas. Cada río de Rusia y Siberia se hiela de una manera diferente. Algunos incluso tienen un aspecto tan especial que permite, con sólo echar un vistazo al hielo, saber de qué río se trata. Esta peculiaridad está causada por las condiciones atmosféricas, por la naturaleza y la forma de las orillas y, sobre todo, por la velocidad de movimiento de la corriente en el momento de la congelación.

El Oka, cuando está helado, presenta en su superficie una serie de grandes protuberancias, en forma de algo parecido a una sucesión de montículos y consiguientes valles. El extranjero pueblerino se imagina a los ríos del Norte, durante el invierno, como si presentasen una superficie de cristal, sobre la cual los patinadores hacen largas excursiones a paso rápido, y así hacen largos viajes. Excepto, quizás, el Volga, sobre el cual el hielo, a causa de la lentitud de la corriente, es casi en todas partes llano, pero donde la presencia de nieve, sin embargo, no admite el patinaje, no he visto en Rusia ningún río cubierto hasta cierto punto con una superficie lisa de hielo; de hecho, muchos de ellos tienen una superficie tan desigual, que sería imposible para cualquier vehículo pasar sobre ellos.

El curso del Oka, sin embargo, no es de este carácter; su superficie helada es una de las menos accidentadas. En cuanto a mí, hasta entonces inexperto en la locomoción nórdica, ciertamente no habría supuesto, al contemplar las asperezas de la ruta, que estaba viajando sobre un río helado, si mi atención no hubiera sido atraída por un extraño ruido debajo, un ruido demasiado extraño para ser olvidado, y suficiente para desechar de mi mente cualquier ilusión de que estaba viajando sobre un camino ordinario.

Era el rumor hueco de un profundo abismo. A la excitada fantasía del caminante le parecía, a veces, el eco del rugido de algún demonio furioso encerrado en las profundidades de una cueva helada; y el viajero, escuchando mientras es arrastrado, se ve afectado por una aterradora sensación de hundimiento, producida por la alternancia de subidas y bajadas del trineo sobre la ondulante superficie, un movimiento del que involuntariamente retrocede. Al igual que en un carruaje, cuando los caballos se precipitan con una impetuosidad incontrolada, instintivamente se echa hacia atrás, como para luchar contra la fuerza que lo lanzase a la destrucción, o, estando de pie en la cresta de un precipicio, impulsivamente retrocede hacia un terreno más seguro desde el abismo que bosteza para devorarlo. Así, la primera vez que se viaja sobre el río helado, uno se encoge por el movimiento, contra el que es vano luchar; pues, al mirar por encima del frágil tabique, descubre que está luchando, no para alcanzar tierra firme, pues no hay ninguna orilla segura cerca para retirarse, sino desesperadamente contra su propio peso. Le irrita la presencia de otros allí, que no sean tan ligeros como el aire. Se enfada con todos y con todo lo que es pesado, porque lo que agrava el peligro es el peso de hombres y equipaje. Cada átomo, en su imaginación, contribuye a la inminencia de ese momento desesperado cuando, sin el recurso de una rama saliente o algo estable presentado providencialmente a su alcance, este suelo frágil y helado se rompa bajo el peso como un cristal, y le sumerja en todos los horrores de una sepultura glacial.

Asustado con este espantoso fantasma que se aferró a mí en mi primera experiencia en trineo, fue un gran alivio recuperar la tierra firme sin el rugiente abismo debajo, y un placer aún mayor llegar sano y salvo a Nóvgorod.

La ciudad de Nizni Nóvgorod es pintoresca y, al mismo tiempo, muy interesante por la animación de sus bazares.

El Volga, en el punto donde recibe las aguas del Oka, tiene, por lo menos, seis kilómetros de ancho. Una gran colina, o más bien una montaña, se eleva a lo largo de la orilla derecha de esta inmensa lámina de agua, y Nóvgorod se alza orgullosa en la cima de esta montaña, vigilando, por un lado, a Asia y por el otro a Europa, lista para despertar al Imperio ruso de cualquier peligro que pudiera amenazarlo desde un lado u otro. Comunicada libremente con distritos remotos por medio de su ferrocarril y dos excelentes vías fluviales; protegida contra las catástrofes de las inundaciones, por su elevada posición, contra la desgracia de la pobreza, por su extenso comercio y contra la calamidad de la decadencia por su importante feria anual; Nóvgorod es una de las ciudades más agradables de visitar en Rusia, porque, al contrario de lo que generalmente se encuentra en este vasto imperio, aquí todo tiene un aire de alegría, de prosperidad ajetreada y de vivo movimiento.

Las calles de los bazares presentan una animación extraordinaria. Incluso cuando no es la época de la gran feria, están repletas de pintorescos trajes, los más singulares y disímiles, de cada raza asiática, especímenes de los cuales el forastero encuentra a cada paso. En este barrio comercial, tal vez el único así construido en Rusia, las casas tienen varios pisos y las tiendas se elevan unas sobre otras, aunque no siempre pertenecen al mismo propietario. Los balcones de madera, a los que se asciende por medio de escaleras exteriores por las que se puede circular de un extremo a otro de la calle, sirven al público para ir a hacer sus compras a las tiendas de los pisos superiores.

En las otras partes de la ciudad, las casas son elegantes, y están construidas casi en su totalidad de piedra, casas que de hecho, en cualquier ciudad más allá de Moscú, y más allá de Kazán, serían consideradas incluso magníficas. Numerosos y confortables hoteles ofrecen cobijo al viajero, que ve a su alrededor, tanto aquí como en la ciudad, bulliciosa aunque no extensa, resultados conspicuos de la actividad de sus habitantes y del incesante movimiento del comercio.

Desde el pie de la columna dedicada a Sviatoslav Vsevolovich, en el lugar donde venció a suecos y polacos, que se eleva en una de las cimas más altas de la gran colina sobre la que está construida Nóvgorod. Aquí el forastero puede contemplar una perspectiva que podría servir como el mejor ejemplo del paisaje ruso en invierno. En la llanura de abajo duerme el Volga, silencioso y quieto a los sentidos en su traje de invierno; porque la escarcha, una de las fuerzas de la naturaleza, la más imponente por sus efectos, ya ha congelado la superficie de su corriente en la solidez y quietud de la llanura. Uno ve en la orilla izquierda de este río, y a una enorme distancia, a través de la penumbra crepuscular común a estas latitudes en invierno, una serie de largas y vastas ondulaciones, cubiertas de bosques ilimitados, sin hojas, oscuros y lúgubres. Aquí y allá, sin embargo, la melancólica y monótona uniformidad se rompe con algunas manchas de pinos, pero en otros lugares los blancos troncos de los abedules surgen como apariciones en esta desolada extensión de naturaleza salvaje.

Esta escena, característica de Rusia en invierno, es una de las más lúgubres y poco atractivas de contemplar, y el forastero que la vea por primera vez se preguntará por qué un pueblo, por desdichado que sea, no se estremece ante la idea de establecerse en una tierra donde la naturaleza es tan deprimente e inhóspita.

CAPÍTULO 4

De Nizni Nóvgorod a Kazán

*El Volga en invierno — Tipos de **podarojnaia** — Lo necesario para un largo viaje en trineo — Salida de Nizni — Relé de postas — Un deshielo momentáneo — La nieve — Llegada a Kazán*

APENAS había llegado a Nóvgorod, cuando deseé emprender cuanto antes mi viaje en trineo. Así es como el hombre se siente atraído por aventuras desconocidas, aun cuando intuya que está condenado a convertirse, como consecuencia de ellas, en un sufridor.

Me dirigí inmediatamente al gobernador de la provincia, para que me diera todas las facilidades posibles con el fin de obtener caballos en las distintas etapas de desplazamiento. En cuanto a los relevos, hay tres tipos de recomendaciones, que en ruso se llaman *podarojnaia*.

El más valioso e importante de los tres es el *podarojnaia* de *courier*, que sólo puede obtenerse para casos excepcionales, para un enviado extraordinario del emperador, por ejemplo.

Cuando un viajero llega a una diligencia provista de esta orden, el jefe de postas está obligado a proporcionarle caballos inmediatamente, y si no los hay, a exigirlos en otro lugar mediante requisición; también ordena al conductor que galopen sin cesar.

El *podarojnaia* de la Corona, aunque es una orden de segundo rango, es, sin embargo, muy apreciada. Generalmente, se concede a los funcionarios que regresan a sus puestos, o a los que viajan en el servicio público. El gobernador de Nizni Nóvgorod tuvo el placer de proporcionarme una de estas órdenes. Los jefes de puesto deben reservar siempre una *troika* o *droika* (vehículo con tres caballos) para el caso de que un viajero se presente provisto de una *podarojnaia* de la Corona. Por lo tanto, es raro que el portador de esta importante orden, cuando se presenta en una etapa de desplazamiento, no sea provisto inmediatamente de caballos. Los conductores, bajo esta orden, llevan insignias de cobre atadas a sus gorras y brazos que advierten a lo lejos a otros conductores que vienen en dirección contraria para que despejen el camino inmediatamente, bajo pena de severo castigo en caso de negligencia; también conducen casi siempre al galope, como los conductores de la *podarojnaia* de *courier*.

Entre los *podarojnaia* de la Corona y los *podarojnaia* sencillos hay una gran diferencia. Estos últimos son para la masa de viajeros ordinarios. Es necesario hacer un pago único, bastante caro además, para contratarlos, pero entonces el viajero estará bastante a merced de los jefes de correos, que no le darán caballos a menos que estén dispuestos a ello.

La regla es que cada relevo debe tener seis horas de descanso entre cada recorrido. Por lo tanto, sucede a menudo que el viajero no encuentra en las etapas más relevos que los que toman su descanso habitual, exceptuando siempre la reserva para la *podarojnaia* de la Corona. He visto con frecuencia viajeros que habían estado esperando, dos o tres días, hasta que el jefe de posta se dispusiera a alojarlos o se hubiera cansado de tener entre manos a sus huéspedes.

Desgraciadamente, los contratistas de los relevos encuentran todas las ventajas en prolongar semejante retraso. El huésped no paga por su alojamiento, que es gratuito, pero siempre lleva allí algunas provisiones, y los carteros esperan recibir al final, cuando esté cansado de esperar, una liberal gratificación adicional, con el fin de que les sea proporcionada una *troika*, incluso con caballos fatigados por un recorrido reciente.

La organización del transporte entre Nizni Nóvgorod y Tiumén no pertenece actualmente al gobierno. Se ha concedido temporalmente al señor Mijáilov, que está haciendo una rápida fortuna alquilando sus caballos a un alto precio.

Provisto, como ya he dicho, de una recomendación de este afortunado contratista, y también de una *podarojnaia* de la Corona, por la que estaba en deuda con el gobernador de Nizni, pensé que podría partir a la mañana siguiente.

Aunque no había contado, una vez más, con las heladas siberianas.

Para completar mis preparativos de un viaje prolongado en trineo, me vi obligado a correr de tienda en tienda toda la mañana. El número de objetos que había que comprar era incalculable. Konstantín había hecho una lista tan larga como la cuenta de un boticario. No volví a mi hotel hasta la una de la tarde, agotado por la fatiga, de muy mal humor, sediento y muerto de hambre, y, además, tan noqueado, que no deseaba otra cosa sino acostarme enseguida y descansar mis cansados miembros.

En esto estaba, cuando Konstantín me dijo con toda la frialdad del mundo: «Ahora, *monsieur*, ya estamos listos; ¿desea usted partir?». Iba a proponerle que no subiera al trineo hasta el día siguiente, o que esperara al menos unas horas, cuando por casualidad eché un vistazo a mis adquisiciones, que estaban amontonadas en medio de la habitación.

El montón que me había desconcertado cuando visité al señor Pfaffius no era más que un montículo comparado con esta montaña. Allí se amontonaban baúles de cuero blando llenos de ropa, que se ponía en el fondo del trineo para amortiguar los tirones, valijas redondas, que servían de almohadones por la noche, abrigos de piel, una *dacha* de piel de oveja, cojines, colchones, salchichas de ternera y cordero, botas y alfombras de fieltro, botellas de coñac, cuerdas, un martillo, una buena provisión de herramientas para trabajar el hierro y la madera, ocho pares de medias grandes de estambre, cinturones, bolsas, una reserva de pan blanco, almohadas y no sé qué más. Y luego, como mis baúles ya no servían para nada, toda la ropa que había traído de Francia yacía distribuida por todas partes en esta pequeña habitación, y por primera vez se encontraba en tan extraña compañía. Ni los más atestados guardarropas de un ferrocarril, ni las tiendas de chinos, ni las trastiendas de las casas de empeño, nada en este mundo, salvo tal vez el caldero de las brujas en Macbeth, podría dar idea de un revoltijo tan desconcertante.

Este estimulante espectáculo me devolvió enseguida el valor; en ese momento sólo tenía un objetivo en mente: salir de allí lo antes posible y ponerme en marcha. Pedí caballos al instante.

CON UN TRINEO ABIERTO PODÍAMOS DISFRUTAR DEL PAISAJE

Mientras un criado iba en busca del equipo, Konstantín y yo nos pusimos manos a la obra para empaquetar todos los artículos que acabo de enumerar en un trineo que había encargado a la fábrica de Románov, el más célebre de los carroceros rusos. Este trineo, especialmente, estaba maravillosamente construido. La ligereza y la fuerza, las dos cualidades más importantes de un buen vehículo, se unían en él hasta el punto más alto de excelencia. Como el trineo era abierto, al menos por delante, podíamos disfrutar, durante el día, del paisaje del país; mientras que una capota fija, que cerrábamos completamente por la noche con lona alquitranada, nos protegía bastante bien contra el viento y la nieve. Dos trozos de madera, fijados a poca altura del suelo y dispuestos en posición inclinada de delante hacia atrás, impedían que el trineo volcase, al menos en circunstancias ordinarias, y protegían la carrocería del vehículo contra obstáculos y choques, choques con los que nos encontrábamos, creo, al menos veinte o treinta veces al día.

«Tal como haces tu cama, te acuestas en ella», dice el proverbio. Y en Rusia, tal y como uno arregla su trineo, soporta en proporción la fatiga del viaje. Konstantín tenía, en este arte, verdadero talento. Colocaba los colchones en una posición inclinada, muy bien calculada; que suavizaba hábilmente, de alguna manera, cada ángulo saliente o agudo, pues esto era algo que sucedía a menudo debido al asentamiento del equipaje durante el largo viaje. En cuanto se formaba una cavidad debido a las sacudidas, no importaba dónde, inmediatamente rellenaba el espacio vacío con heno, y todo se mantenía en su sitio para nuestra comodidad. Transformó nuestro trineo, en suma, en un cómodo y mullido lecho, que nos habría permitido soportar sin fatiga las mil quinientas leguas que debíamos recorrer hasta Irkutsk, si no se hubieran producido las circunstancias que relataré más adelante. Una vez hechos todos estos preparativos y montados los caballos, empecé a envolverme en mi traje de viaje.

Los que no han visitado Siberia no tienen ni idea del excesivo abrigo y amortiguación que necesita un viajero en un viaje largo en ese clima.

Ponerse tal cantidad de prendas no es cosa fácil y no puede hacerse, sobre todo la primera vez, sin reírse a carcajadas y sudar a chorros.

Primero nos pusimos cuatro pares de medias de estambre y sobre ellas, como si fueran botas militares, un par de medias de fieltro que nos cubrían las piernas. Luego nos envolvimos en tres prendas de piel, una sobre otra. Luego nos cubrimos la cabeza con un astracán y un *bachelique*. Cuando nos hubimos metido en el trineo nos envolvimos las piernas en una alfombra de pieles y luego nos cubrimos con otras dos alfombras de pieles uno al lado del otro.

Estos pertrechos, que serían excesivos para protegerse sólo durante unas horas contra el frío, incluso el más intenso, se vuelven ligeros y apenas suficientes cuando el viajero permanece expuesto al aire mucho tiempo, y especialmente a la fatiga de un viaje en trineo prolongado noche y día, sin detenerse a dormir.

El único defecto en la construcción de los trineos siberianos es la falta de un asiento para el *yemschik* o conductor: este infeliz individuo se ve obligado a sentarse en una plataforma de madera, que cubre las piernas de los viajeros, con las piernas colgando a la derecha o a la izquierda, y, en consecuencia, tiene que conducir desde cualquier lado. Cuando tiene que manejar caballos molestos, se pone de rodillas o incluso de pie sobre la plataforma. Esta disposición es tanto más inconveniente cuanto que se requiere una destreza inusual para conducir y sujetar a los pequeños caballos del norte de Asia. En cuanto sienten el arnés en el lomo, ya sea por ardor natural o por el deseo de entrar en calor, no hay quien los sujete; su impaciencia no tiene parangón entre las razas ecuestres. Tiemblan de excitación, patean y escarban el suelo, mordisquean la nieve o hacen una enorme bola con ella y luego la esparcen en una nube de finas partículas. Los conductores tienen una tarea muy difícil para calmar su impetuosidad; lo consiguen de la manera más tranquilizadora, mediante un trino constante en los labios; lo mantienen más intensamente en el momento en que saltan a la plataforma del trineo, lo que para ellos es una proeza gimnástica muy delicada, que exige una gran agilidad. En este momento crítico, los caballos, que ya no sienten ninguna restricción, desenfrenados y desbocados, emprenden un galope enloquecido. Si, por el contrario, el conductor tiene la mala suerte de fracasar en su intento, el vendaval lo lanza por encima de los travesaños, y los viajeros siguen entonces sin su látigo, a merced del descontrol de los caballos.

Así se salvó por los pelos el primer *yemschik* que el azar había puesto en nuestro camino. Sus caballos, justo cuando este se aferraba a la plataforma para saltar a ella, arrancaron a un ritmo endiablado. Como un valiente, se mantuvo agarrado a él como un bulldog y, por suerte, también a las riendas, y así fue arrastrado por la nieve a nuestro lado durante algunos minutos. Al final de este crítico intervalo encontró algún afortunado saliente al lado del trineo, donde pudo apoyar la rodilla, y por fin, gracias a la fuerza hercúlea de sus brazos y a la ayuda que le prestamos, consiguió ocupar su asiento y se aferró tenazmente a él hasta el final de la etapa. Así equipados, salimos de Nizni Nóvgorod el 17 de diciembre a las tres de la tarde.

Este primer día de viaje en trineo fue delicioso y emocionante. Sentíamos todo el placer de la novedad de la marcha sin empezar aún a experimentar la menor fatiga, y a cada momento nos encontrábamos con otros viajeros que venían, a veinte y hasta treinta leguas, hacia la ciudad que acabábamos de abandonar, por negocios o por placer.

Por grande que sea la distancia, esta nunca es un obstáculo para los rusos: parece que no le dan importancia y nunca la calculan. Una señora de San Petersburgo me dijo un día: «Deberías ir a ver la cascada de Tchernaiarietchka, fui el otro día y me encantó; nunca soñé que hubiera algo tan hermoso a las puertas de nuestra ciudad». A los pocos días, pregunté en cómo podía llegar hasta allí y me dijeron que tardaría cuarenta y ocho horas en tren y doce en diligencia. Me pregunto que pensarán los pobres marineros de San Petersburgo que reciben la orden de unirse a sus barcos en Nikolaev, que sólo dista trescientas leguas de la capital rusa. El lector aprenderá más tarde, si desea continuar el viaje conmigo, que los siberianos, incluso las damas, no se amilanan ante la perspectiva de emprender viajes de hasta dos mil leguas en trineo, con niños pequeños a cuestas, y éstos a veces en el pecho.

A causa de la gran novedad y variedad del espectáculo, el viaje me pareció ameno al salir de Nóvgorod. El tiempo pasaba más rápido que las orillas del río, sobre cuya superficie congelada, nuestros caballos seguían huyendo a paso enloquecido como perseguidos por un fantasma.

Este imponente Volga tiene un carácter verdaderamente excepcional. Francia, ciertamente, no tiene ningún río digno de tanta admiración por su grandeza. Durante el verano se anima con un incesante movimiento de vapores, y es de inmensa importancia como vía fluvial. Durante el invierno también presta grandes servicios a la humanidad, proporcionando los medios para el transporte del grano que ha fertilizado con sus benéficas aguas. Nada es más grandioso que esta ruta glaciar de anchura inusual, y de una uniformidad y suavidad a las que ninguna carretera trazada por la mano del hombre puede acercarse; sin un guijarro o un surco, uno se desliza sin sobresaltos. Nada interesa más al viajero novel sino ver las costas pasar ante sus ojos como un panorama; contemplar las montañas y los valles que el camino helado le ahorra atravesar; costear las islas sin navegar, y adelantar aquí y allá alguna barcaza, o tal vez barco de vapor, aprisionado en el hielo.

Unas tres horas y media después de salir de Nóvgorod, llegamos a la primera parada.

En todas estas etapas de desplazamiento, hay una habitación para los viajeros; y esta habitación, aunque se calienta a expensas del propietario, se convierte realmente en un hogar libre para el vagabundo: puede comer, beber y dormir allí; hacer, de hecho, lo que quiera, y lo que es aún más singular, alojarse todo el tiempo que desee, sin que nadie tenga derecho a desalojarlo.

Aunque este privilegio está garantizado por contratos celebrados entre los jefes de desplazamiento y la administración imperial, sería sin duda muy coherente con el carácter ruso concederlo si no fuera obligatorio, ya que el pueblo es esencialmente hospitalario.

Esta amable cualidad se debe, tal vez, al rigor del clima; pero yo estoy más bien dispuesto a creer —pues es tan general y espontánea— que es consecuencia de una disposición feliz y generosa.

Tendré algo más que decir, más adelante, sobre los méritos del campesinado ruso. No digo que tengan el monopolio de este espíritu benévolo, pues, de hecho, es común a todas las clases. La sociedad de San Petersburgo no puede, ciertamente, ser sospechosa de carecer de amabilidad hacia los extraños; incluso el viejo noble moscovita, a pesar de su altivez, a pesar de su odio a las nuevas instituciones sociales, a pesar de que Moscú ya no es la residencia de los emperadores, y, además, su antipatía por las ideas y modas europeas, adoptadas en la nueva capital; a pesar de todo ello, el señor moscovi-

ta ha conservado profundamente arraigadas en su naturaleza las viejas tradiciones de respeto hacia quien es su huésped, y considera la
hospitalidad, no simplemente como una virtud pasiva, sino seriamente como un deber activo.

En las escalas de Siberia, el forastero encuentra a menudo una
agradable compañía o algo que le divierta en la sala de viajeros. Es
raro encontrar esta desocupada, y cuando la gente está dispuesta a
hablar, no faltan temas de conversación. Los que van en dirección
contraria empiezan a preguntar sobre todo lo que les interesa en el
camino; sobre el estado de la ruta; sobre las dificultades, más o menos graves, que se han encontrado para conseguir caballos. Los que
van por el mismo camino, por lo general, ya se han encontrado en
una o más etapas, y ahora se saludan como viejos conocidos. Cuando
la diligencia pasa por un pueblo, las principales personas del vecin-
dario suelen venir a pasar una o dos horas muy sociables con los
viajeros. Sienten una gran curiosidad por saber todo sobre los asuntos políticos de aquellos que vienen del oeste, y sobre los asuntos de
negocios de los que vienen del este. Charlan todos juntos con total libertad y facilidad, sin el menor rechazo por razones de clase,
profesión o posición. Sus conversaciones están siempre marcadas por
el buen humor y la afabilidad.

Pero en las etapas que unen Nizni con Kazán este tipo de compañía no siempre es tan agradable.

Los viajeros de por aquí son, de hecho, bastante civilizados para
ser siempre tan sencillos y afectuosos. Tal vez estén demasiado bien
iniciados en los nuevos principios sociales de igualdad y fraternidad
para creer que estos sentimientos amables hayan modificado tan profundamente la naturaleza humana tal como la encuentran en su
entorno. Consideran a las personas, que la casualidad arroja en su camino, más bien como competidores por el alojamiento, cuya
presencia allí puede contribuir a retrasar su viaje, y si tuvieran la libertad, tal como la entienden sus hermanos e iguales —desde el lado
puramente práctico de la fórmula—, preferirían mucho más destrozar

los trineos de sus hermanos que echarles una mano en las dificultades.

No me detuve mucho tiempo en estas primeras etapas, en las que, a causa de las privilegiadas recomendaciones por las que fui favorecido para obtener caballos, sólo encontré miradas y gestos poco amistosos; por lo tanto, en doce horas desde mi partida, ya había cumplido más de una cuarta parte de la distancia que me separaba de Kazán.

Continuamos viajando sobre el Volga. Poco antes del amanecer me sorprendió el extraño ruido que producían las patas de los caballos sobre el hielo: ya no era el sonido sordo y hueco que me había aterrorizado en Nizni Nóvgorod. Era para mí uno bastante nuevo, y la gente en general, sobre todo los más experimentados —circunstancia nada tranquilizadora—, empezaban a inquietarse ante él. Este sonido me pareció el más temible que se podía oír en el hielo; era un chapoteo. Escuché aterrorizado; pero como mi compañero había sonreído ante mi primer susto en Nizni, no me atreví, hasta después de un largo intervalo, a revelárselo esta vez.

Por un exceso de amor propio, que probablemente derivaba de mi relación con los rusos, iba a dejar que se durmiera, cuando de repente algo me salpicó de lleno en la cara, y mi terror, excitado al máximo, no pudo ser sofocado por más tiempo. Me puse en alerta, saltando casi por encima de Konstantín, el cual, para usar un dicho siberiano, «roncaba como para asustar a los lobos». No era más que un pobre recurso contra el peligro real. Mientras le despertaba, mi ingenio parecía estar en plena ebullición; ¿qué maravillosa hazaña no iban a realizar en un peligro como aquel? De hecho, mi imaginación, excitada sin duda por la poesía del viaje, me trajo a la mente a la Dama Fortuna salvando la vida de un niño dormido al borde de un pozo. Sin embargo, la ausencia total de ruedas me devolvió pronto a la sobria realidad, y expliqué la situación a Konstantín con una concisión que podría servir de modelo a muchos oradores. Interrogó al *yemschik* sobre el asunto, que respondió con total indiferencia: «Sí, señor, se está descongelando; pero es sólo la nieve que se derrite: el hielo es tan grueso como siempre».

El cielo estaba muy nublado y la noche era muy oscura. La experiencia sirvió principalmente para guiar al conductor en su curso, y luego el agua —¡un fatal indicio, ciertamente, del camino, cuando este era sobre el lecho de un río congelado!—. Me arrastré hacia atrás, sin decir una palabra más, hasta el fondo del trineo; pero debo admitir que me pareció que el hielo sucesivamente cedía, se agrietaba y se abría, y luego, congelándose de nuevo con suficiente espesor, nos sostenía firmemente. ¿Qué no le sugiere la imaginación a una mente excitada?

Poco a poco, pero muy gradualmente, se hizo de día, o sería más exacto decir más bien una especie de crepúsculo, pues una espesa niebla ocultaba casi todos los objetos a nuestros ojos. Las cumbres de las colinas que dominan continuamente la orilla derecha del Volga marcaban una sombra en el horizonte apenas más sombría. Todo lo demás aparecía confundido en un tono gris general, y nada, ni siquiera la orilla, podía distinguirse. Pronto nuestros oídos empezaron a captar los ominosos sonidos de un crepitar bajo las patas de los caballos, anunciando así que el deshielo había comenzado su trabajo, ahora sí, sobre el hielo. Entonces pudimos distinguir fisuras muy evidentes, que comenzaban a derecha e izquierda bajo el paso del trineo. El *yemschik*, al descubrir que la situación era peligrosa, pensó que había llegado el momento de tomar precauciones. Se lanzó, pues, como perseguido por una manada de lobos hambrientos, hasta la primera aldea, y allí nos alegramos de pisar por fin tierra firme.

La noche siguiente empezó a nevar, con gran disgusto nuestro, pues ningún estado de la atmósfera es aquí tan desagradable para los viajeros de un trineo parcialmente cerrado.

Fatigado por las excitantes emociones de la noche anterior, y sobre todo por las treinta y seis horas de duración de un tipo de locomoción al que aún no estaba acostumbrado, había caído en un profundo sueño. Como no hacía mucho frío, Konstantín y yo no habíamos pensado en bajar la lona que cierra parcialmente la parte delantera del vehículo y, además, habíamos descuidado la precaución de cubrirnos la cara. Pero como el calor de nuestra respiración disolvía los copos que de otro modo habrían interrumpido nuestra respiración, apenas nos habíamos dado cuenta de nuestra situación. La nieve, en efecto, había penetrado y caído densamente por todas partes; incluso nuestras caras estaban completamente cubiertas; se había colado en las aberturas de nuestras *dachas*, y derritiéndose allí, saturó nuestros mantos interiores: el agua corría ahora rápidamente por nuestros cuellos y mangas; estábamos empapados. Además, hubiera sido un asunto muy serio si no fuera porque el frío, que entonces comenzó a hacerse sentir muy agudamente, no nos hubiera despertado de nuestros sueños. Pero, ¡qué transición fue aquel despertar! Mi mente, que al principio parecía vagar muy lejos de la vida real, no podía en modo alguno explicarse la situación; abríamos los ojos, es cierto, pero éramos incapaces de distinguir nada; sentíamos una carga que nos oprimía por todas partes, y, sin embargo, éramos incapaces de asir nada. Por un momento creí que estaba delirando y luego creí que era víctima de una pesadilla, pero el frío me hizo recobrar el sentido. Lo primero que hicimos fue instar al *yemschik* a que condujera tan rápido como pudiera, para que pudiéramos secarnos lo antes posible en la primera etapa. El viento había girado hacia el norte, las nubes se habían dispersado y un frío penetrante nos entumecía los miembros. Todas nuestras ropas también se congelaron, que se habían vuelto al tacto tan rígidas como pieles curtidas erizadas como las púas de un puercoespín.

Afortunadamente, en esta difícil situación, la distancia que nos separaba de Kazán no era muy grande. La superficie del Volga, por la que pudimos continuar nuestro viaje al amanecer, contribuyó mucho a acortar el camino, y el 19 de diciembre, hacia la una de la tarde, entramos en la antigua capital de los tártaros, después de haber realizado lo que en Siberia consideran un viaje corto y fácil.

CAPÍTULO 5

De Kazán a Perm

La Virgen de Kazán — Modo ruso de expresar la desaprobación — Cena con un gran señor — Su descripción de la emancipación de los siervos — Los tártaros — En trineo — Caravana de exiliados — Los votiaks — Aspecto de la Rusia europea

LA ciudad de Kazán no está situada a orillas del Volga. Se encuentra a una distancia de al menos media milla de la orilla izquierda de este río.

Al día siguiente de nuestra llegada, Konstantín me presentó a uno de sus antiguos compañeros de colegio, un joven que acababa de terminar sus estudios de medicina en la Universidad de Kazán. Yo estaba deseoso de ver Kazán y sus alrededores, y como este joven médico los conocía bien, le rogué que se convirtiera en mi guía, a lo que accedió cortésmente.

Primero fuimos a la universidad, que es célebre; luego a la catedral, que me interesó mucho. Su estilo es diferente del bizantino, un estilo que se impone tan a menudo a los ojos del forastero en Rusia que al final este se cansa de él; pero esta catedral recuerda ciertas partes del antiguo Kremlin, y es evidentemente una construcción de un período remoto. Sus pinturas son muy toscas, como en las primeras etapas del arte, aunque muestras bien ejecutadas de la época. Otro objeto que atrajo mi atención fue el altar mayor de plata maciza.

Después fuimos en peregrinación a la Virgen de Kazán, patrona de los viajeros. Antiguamente, esta virgen se dejaba colgar de un árbol en medio del bosque. Allí obró milagros maravillosos entre los campesinos, que peregrinaron durante mucho tiempo para obtener el perdón de sus pecados y ser favorecidos por ella. Uno de los principales obispos de Kazán, conmovido por su exposición en un lugar tan salvaje, ordenó que fuera conducida a la catedral, para que pudiera ser honrada en un santuario digno de sus méritos. Pero al día siguiente de la ceremonia, la dama causó el mayor asombro y admiración al regresar a su lugar habitual en el bosque. Fue en vano que la condujeran de vuelta, hasta tres veces, en una gran procesión a la ciudad; porque el milagro repetido de su regreso con la misma frecuencia indicaba claramente su voluntad y placer. Puesto que la dama no quería ir a la iglesia, la iglesia estaba obligada a venir a la dama, y en consecuencia una vino, o más bien se levantó, en este lugar privilegiado, y luego siguió su estela un monasterio que se convirtió, después del de la Trinidad, en uno de los más ricos de Rusia. Más tarde, las moradas de los devotos empezaron a agruparse alrededor, y ahora la Virgen de Kazán, le guste o no, está encerrada en una ciudad.

Esta maravillosa virgen, está representada por un pequeño icono, bastante bien ejecutado en estilo bizantino y de gran antigüedad.

Como yo deseaba ver este tesoro, fuimos allí y enviamos a la abadesa para obtener permiso para visitarlo; pero, para mi decepción y vejación, me fue denegado. Esta fue la única ocasión en que se me cerraron las puertas cada vez que me presenté, tanto en la Rusia europea como en Siberia, para satisfacer mi curiosidad visitando un edificio público.

El joven estudiante que me acompañaba estaba disgustado por la escrupulosidad o el mal carácter de la abadesa, y manifestó sus sentimientos de un modo más significativo que delicado —un modo bastante común entre los rusos— escupiendo con gran energía repetidamente en el suelo. Pero a pesar de esta indecorosa recepción del mensaje de la abadesa, se mostró muy respetuoso y cortés con la monja que lo llevaba, y nos marchamos intercambiando reverencias, como si ella nos hubiera concedido el mayor de los favores.

Este delicado hábito de expresar desaprobación o protesta mediante efusión salival es tan común y popular que llega incluso a la literatura. Fue aquí, en esta misma ciudad, donde asistí a una obra de teatro en la que el autor trataba de representar con la mayor eficacia posible hasta dónde podían llegar las peleas domésticas en un hogar compuesto por miembros poco complacientes entre sí. La representación me resultó perfectamente inteligible de principio a fin, a pesar de mi ignorancia de la lengua rusa, sencillamente porque los mejores argumentos empleados por los protagonistas de la obra consistían principalmente en repeticiones de este gesto, sin duda mucho más expresivo que delicado.

LA MADRE SUPERIORA DEL MONASTERIO DE KAZÁN

Y por lo que respecta también a mi joven compañero, si algo le hubiera impedido responder tan enérgicamente a la propia abadesa al recibir su negativa, no habría sido ningún sentimiento de reverencia ni escrúpulos de piedad, sino por una muy buena razón: porque los estudiantes de la Universidad de Kazán se jactan de ser librepensadores.

Pero lo que es mucho más grave en el territorio ruso es que estiran la teoría de la emancipación hasta abarcar ideas de libertad política en su sentido más liberal. El Gobierno, sin embargo, sabe reprimir este exceso de entusiasmo en cuanto se manifiesta. En la época de la insurrección polaca, de tres estudiantes que habían manifestado demasiado abiertamente sus opiniones, uno fue fusilado y los otros dos desterrados de por vida a los desiertos de Siberia.

La liberación de los siervos había provocado, naturalmente, un gran rencor hacia el difunto zar por parte de ciertos aristócratas terratenientes; y los liberales rusos han logrado, en gran medida, conciliar a estos últimos simpatizando con ellos en su imaginario agravio; así sucede a veces que nobles y liberales comparten las mismas esperanzas y, en consecuencia, se acercan unos a otros. Con este espíritu que impregna a estas dos clases, el lector no se sorprenderá al saber que un estudiante de la Universidad de Kazán me presentó a un importante personaje de la antigua aristocracia rusa.

Me entretuvo con un relato sobre la emancipación de los siervos, y naturalmente lo hizo desde su propio punto de vista; pero como estos puntos de vista difieren mucho entre las personas con las que he conversado sobre el tema, según sus intereses o prejuicios, daré con sus propias palabras la opinión de este viejo noble ruso sin hacer ningún comentario al respecto. Comenzó así:

—Antiguamente, todo el territorio ruso pertenecía a los nobles. El campesino, por supuesto, estaba a merced del señor en cuyas tierras vivía, y estaba obligado a darle cierta cantidad de trabajo. El señor, sin embargo, nunca abusaba de este privilegio; al contrario, tenía la costumbre de distribuir cada año entre el campesinado una cierta cantidad de tierra para cultivar en beneficio propio, como recompensa por sus servicios. De este modo, el campesino tenía interés en trabajar; trabajaba para su amo, y la tierra mejoraba en consecuencia, y luego trabajaba para sí mismo, para obtener alguna comodidad en su vejez. Bajo este sistema, la tierra producía más, y la prosperidad general no podía dejar de aumentar en consecuencia.

»Pero entonces el zar, al igual que Luis XIV en Francia, temiendo la creciente influencia de la aristocracia, entregó al campesinado las tierras que hasta entonces se habían limitado a cultivar. El propio emperador se comprometió a indemnizar a los señores, reservándose el derecho de percibir, en forma de impuesto territorial, las rentas establecidas, que, a falta de tal liberalidad —una liberalidad más aparente que real—, el campesino habría seguido pagando a su señor. Desde entonces, los señores, privados de su autoridad, han abandonado casi todas sus tierras; el campesinado descubre que los beneficios de sus tierras son absorbidos por el impuesto imperial; y este impuesto, a su vez evaluado de forma injusta, no encuentra, sin mucha dificultad, su camino hacia las arcas del Estado. La consecuencia de esta emancipación, acordada únicamente con el objeto de aumentar la autoridad del zar, es un perjuicio en primer lugar para los siervos, luego para la nobleza y finalmente para el Estado.

Este noble, según parece, no admitía ventaja alguna. Los cambios sociales más insignificantes, por justos que fueran —y ahora no hay ninguno en Rusia que no lo sea—, le parecían iniquidades.

En presencia de estos puntos de vista retrógrados, el credo político de los más ardientes monárquicos franceses parecería revolucionario.

No obstante, me entretuvo mucho la velada que pasé con él, en la que se observaron escrupulosamente los viejos modales y hábitos rusos. Cuando nos levantábamos de la mesa, cada uno de los invitados se acercaba al anfitrión y a la anfitriona para estrecharles la mano en señal de gratitud, a lo que ellos respondían en la forma prescrita: «Os ruego que me disculpéis por lo que Dios me ha dado hoy de comer, cuando tenga el honor de recibiros». Y a esto añadían cumplidos como: «A vuestra salud» o «los que están ausentes no se equivocan».

Estas costumbres elogiosas, por muy amables que parezcan externamente, pierden gran parte de su sinceridad cuando se pone de manifiesto el motivo que las origina; y este es, sin duda, la vanidad, y especialmente el vano deseo de exhibir un poco de magnificencia y dispendio. El verdadero sentido de estas bellas frases es: «Te ruego que tomes nota de que acabo de ofrecerte una botella de champán, y la satisfacción que me produce hacerte testigo de este lujoso hábito supera cualquier otro placer que pudiera obtener de ello».

La población tártara que anima las calles de Kazán contribuye en gran medida al pintoresquismo de la ciudad. A pesar de haber sido privados de su territorio desde 1552, los tártaros pueden, con muy buena gracia, alzar la cabeza dondequiera que se muestren en Kazán, ya que no sólo son los fundadores de la ciudad, sino que la defendieron con gran valentía contra sus enemigos, que la capturaron sólo después de sufrir graves pérdidas. Después de haber realizado varias audaces incursiones y rechazado muchos asaltos desesperados, soportaron valientemente sus sufrimientos por la falta de agua, una calamidad que los rusos les infligieron cortando sus comunicaciones con el Volga. Según una leyenda, cuando la última esperanza de victoria se desvaneció, la reina tártara se arrojó de cabeza desde lo alto de la torre Siuyumbiké, un edificio que se conserva en buen estado hasta nuestros días.

Esta interesante torre, por su combinación de minarete y pagoda, recuerda a un pueblo cuyos rasgos son mitad árabes y mitad mongoles. Se alza sobre un promontorio dominante de la ciudad y constituye, sin duda, uno de sus objetos más bellos y atractivos.

Los harenes tártaros son mucho menos accesibles que los del Bósforo o Túnez, quizá porque el fanatismo mahometano, al despertarse aquí por la impaciencia de la dominación cristiana, se ha vuelto aún más intransigente. Por eso me resultó imposible vislumbrar a un solo individuo de estas comunidades celosamente vigiladas; y me sentí bastante decepcionado, porque, a juzgar por sus señores, me había formado la idea de que debían de ser muy hermosos. La regularidad y simetría de los rasgos de la raza árabe se asocian en los tártaros con una gran fuerza muscular y la mirada digna y altiva de una raza impaciente por la conquista. Este físico tan favorecido va acompañado de atributos morales igual de elevados, y los rusos, por muy desdeñosamente que traten a este pueblo, han adoptado, sin embargo, el proverbio: «Honesto y fiel como un tártaro».

Kazán es la última ciudad europea en el camino a Siberia que todavía conserva un aspecto europeo, en la medida en que muchas de sus casas están construidas con piedra, y están dispuestas en calles de forma definida. Estaba, pues, impaciente por abandonarla y ver algo de carácter asiático.

Konstantín y yo fuimos juntos a comprar provisiones para nuestro viaje. Compramos salchichas, caviar y queso, sin olvidar el pan blanco, que, mojado en té, es la base de la subsistencia en un viaje por Siberia. Para aventurarse en un viaje por estos parajes, uno no debe ser un gourmet. A menudo me he asombrado al comprobar lo poco que se necesita para mantener el cuerpo humano, y me pregunto por qué los franceses en casa nos tomamos tantas molestias para dar a nuestros estómagos tan poco descanso y tanto trabajo innecesario.

Nos pusimos por segunda vez nuestras tres pesadas prendas de piel, y el 22 de diciembre, a las cuatro de la tarde, volvíamos a deslizarnos cómodamente, uno al lado del otro, sobre el polvo helado y nevado de la carretera que conduce a Siberia.

Para que un trineo pueda avanzar a buen ritmo, es necesario que la nieve sobre la que se desplaza esté bien batida. Los trineos privados no son lo bastante numerosos como para preparar un camino aplastando la nieve, por lo que este trabajo lo realizan los trineos que transportan mercancías; y como estos se desplazan en fila india, la parte batida del camino, por la que se desea deslizar, es de anchura muy limitada. La consecuencia de esta estrechez del camino elegido es que nunca pasan dos trineos sin chocar el uno contra el otro; ni los *yemschiks* se preocupan mucho por evitar una colisión, ya que saben perfectamente que sus propios cuellos están bastante a salvo, pues las largas protecciones de madera que sobresalen, y que ya he descrito, son ampliamente suficientes para protegerlos del peligro. Los trineos así protegidos se deslizan rápidamente a lo largo de la vía, a veces golpeándose unos a otros con un choque en el que caballos y trineos son arrojados al suelo y salen disparados en una tangente a través del camino.

La peor de estas colisiones es el choque de dos trineos de tamaño desigual: el más grande de los dos, siendo generalmente demasiado pesado para ser simplemente arrojado a un lado por su adversario, como es el caso del vehículo más ligero, es levantado por debajo, y ocasionalmente lo suficientemente alto casi como para volcar.

Pero nunca se trata de un vuelco completo; el trineo, así arrojado o levantado, se desliza sobre un solo patín y sobre el extremo de la larga guarda de madera, y no se detiene por este asunto tan insignificante. El *yemschik*, incapaz de mantenerse en un plano inclinado sin sujetarse, se cuelga del travesaño y se mantiene en su sitio con la pura fuerza de sus brazos; los caballos siguen al galope y los viajeros avanzan trescientos o incluso quinientos metros en esta postura medio inclinada hasta que algún surco en el camino hace que el trineo vuelva a caer sobre ambos patines.

Cada parte del camino a Siberia tiene sus ventajas y desventajas propias, pero los incidentes que acabamos de mencionar son de ocurrencia común cuando el aventurero errante ya no viaja sobre un río helado. El efecto más desagradable de este constante traqueteo, para un viajero inexperto, es la falta de sueño. Durante toda la noche que siguió a la salida de Kazán no cerré los ojos ni un momento, mientras que Konstantín daba pruebas evidentes de la solidez de su sueño con un prolongado y sonoro ronquido, igualmente ininterrumpido, tanto si caía sobre mí como si yo caía sobre él, incluso cuando lo aplastaba con todo mi peso.

Me lamentaba tristemente de una larga y tediosa noche, pasada sin dormir, cuando al amanecer alcanzamos a una caravana de exiliados. Estos pobres desgraciados, arrastrando sus cadenas a pie, caminaban fatigosamente, con un largo viaje por delante, hacia el extremo de Siberia oriental. En aquella época no sentía más piedad por los asesinos y ladrones que ahora, y desde el día en que pasé la frontera rusa, los conspiradores no me han parecido mejores, tal vez incluso peores; aun así, me llegó al corazón ver a estas infelices criaturas, con un fatigoso viaje de tres mil leguas por delante, y su destino también —si es que vivían para llegar al final de la lúgubre marcha— en lugar de encontrar allí un hogar que les alegrase, ¡no encontrarían más que una cárcel!

Unos cuantos trineos seguían a esta caravana, y cuando pregunté por qué la acompañaban así, me informaron brevemente: «Para los inválidos y los príncipes». Una frase que, pensándolo bien, tenía un gran significado, y sugería muy forzosamente el formidable poder del emperador en Rusia, un poder soberano ante el cual todo súbdito, desde el más humilde siervo hasta el más alto príncipe del reino, debía inclinarse, con sus diferencias casi perdidas en el mismo grado de sujeción.

El emperador, de hecho, puede condenar sin juicio previo a cualquier súbdito a dos años de prisión, e incluso, si lo considera oportuno, desterrarlo de por vida.

Mientras observaba a estos pobres exiliados, se me ocurrió que podría haber un inocente, y este pensamiento me habría inquietado mucho si no me hubiera convertido ya en un súbdito ruso demasiado bueno para aventurarme a albergarlo por mucho tiempo.

En Siberia no es raro encontrar viajeros a pie. He visto muy pocas mujeres que recordaran a «la muchacha siberiana» de Xavier de Maistre; si así fuera, y nuestro camino hubiera ido en la misma dirección, les habría ofrecido tal vez un lugar en mi trineo, igual que los campesinos de los montes Urales ayudaron compasivamente a la heroína, donde se hizo tan popular, a llegar al final de su penoso viaje. Pero he conocido hombres, muy a menudo en toda clase de climas y situaciones, caminando a pie, a pesar de la nieve y el intenso frío, a través de una lúgubre extensión de terreno donde no se veía residencia humana alguna, con el fin de llegar a alguna región remota con la esperanza de satisfacer una necesidad doméstica, cumplir una peregrinación, o dirigirse a algún destino bajo la coacción del gobierno.

Entre ellos había un joven soldado que estaba de permiso en casa de sus padres y que había recibido la orden repentina de unirse a su regimiento en la guarnición de Kazán. En ese momento se encontraba enfermo, pero a pesar de su débil estado, partió inmediatamente, y podría decirse que incluso con placer, porque la voluntad del emperador estaba en entredicho. Se vio obligado a hacerlo, me decían; sin duda lo estaba: pero el sentimiento de obediencia y lealtad está tan profundamente implantado en el campesino ruso, que se someterá sin un murmullo a sufrimientos cuya mitad no soportaría por ningún otro personaje que no fuera su soberano.

Cuando casi había llegado al final de su viaje, este valiente joven, no pudiendo ya arrastrar un pie tras otro, y presa de vértigos y desmayos, se había alejado unos metros de la pista batida por los trineos, y allí yacía casi enterrado en la nieve, cuya superficie uniforme había ocultado engañosamente una repentina caída del terreno. Justo cuando pasaba por allí, un hombre de extraño aspecto le había salvado de un terrible destino y velaba por él: este buen samaritano tenía barba y pelo rojos bajo un grueso gorro de piel peluda; sobre su hombro llevaba un largo arco y algunas flechas, y sus pies estaban atados a dos largas y estrechas tablas de longitud suficiente para evitar que, mientras se deslizaba sobre la nieve, se hundiera en ella, incluso en el lugar donde el joven soldado yacía casi perdido de vista en su ominoso abrazo.

Como ya había reunido mucha información sobre las razas indígenas, reconocí, casi de un vistazo, que se trataba de un *votiak*. Con la ayuda de este buen hombre, ayudamos al pobre soldado a subir a un trineo de mercancías, uno de una fila que afortunadamente pasaba en ese momento, como si fuera casi un milagro. Una vez hecho esto, le dimos un poco de brandy para que entrara en calor, un poco de comida, y luego, estando seguros de su seguridad, nos separamos, cada uno por su lado.

Me interesó mucho examinar este miembro de una raza que ha ocupado el país, no sólo antes que los rusos, sino antes que los tártaros. Los *votiaks** parecen haber conservado toda su antigua libertad, y vagan por los intrincados e ilimitados bosques de Rusia oriental en busca de caza con la que subsistir. Casi me arrepentí de la dirección

---

*   También conocidos como udmurtos.

que tenía que tomar mientras veía a este *votiak* desaparecer gradualmente entre los árboles como un espíritu del bosque, despreocupado
de las grietas por las que pasaba sin parecer darse cuenta de ellas,
una unión mitológica de mitad bestia y mitad hombre: externamente,
en color y rudeza de maneras, una bestia; e internamente, en humanidad y ternura de corazón, un hombre, como este acto que he
relatado demostró que era. Una curiosa combinación de salvajismo y
sensibilidad. De buena gana habría seguido a este hombre para tener
la libertad de cazar, en su compañía, el ciervo, el lobo y el oso, y estudiar sus modales sencillos y su extraña vida. No obstante, yo, que
apenas podía hacer sin fatiga una simple excursión en trineo, me sentía en comparación humillado ante la idea de tener tan poco poder
de resistencia.

UN *VOTIAK* CON ESQUÍS

En 1774 los *votiaks* eran cincuenta y cinco mil, y desde entonces no se ha hecho ningún censo. Muchos se han convertido al cristianismo, aunque un gran número sigue siendo idólatra y practica las ceremonias supersticiosas de su culto en las profundidades de sus bosques.

Tiendas levantadas a cierta distancia unas de otras, generalmente en algún lugar pintoresco, cubiertas de grupos de pinos y abedules, les sirven de santuario; estas tiendas tienen una sola abertura, y siempre orientadas al sur. Están totalmente desprovistas de muebles y adornos.

Los *votiaks* tienen tres divinidades principales: un amo y señor supremo de todo, llamado Inmar; un dios que protege la tierra y las cosechas; y un tercer dios que tiene dominio sobre las aguas. Inmar habita en el sol, que es objeto de su máxima veneración.

La fiesta principal del año es en el mes de agosto, y entonces el gran sacerdote conocido como Toua se dirige a uno de los santuarios que acabo de mencionar, y allí sacrifica, en el orden debido, uno tras otro, un pato, un ganso, un toro y un caballo. El caballo debe ser castaño, aunque en casos de necesidad puede ser de cualquier otro color, excepto negro. A continuación, los fieles comen la carne de estos animales; después, el Toua recoge la sangre y la grasa y, tras introducirlas en los estómagos, las quema junto con una parte de los huesos; las cabezas se cuelgan en un pino cercano y las pieles se venden en beneficio del sumo sacerdote.

Antes de enterrar a sus muertos, los *votiaks* los lavan cuidadosamente y los visten con ricos ornamentos. Cuando están a punto de cerrar la tumba, arrojan unas cuantas piezas de plata y dicen: «Esta tierra es tuya». Por último, cuando un miembro de la familia está peligrosamente enfermo, los padres acostumbran a sacrificar una oveja negra.

Es costumbre en Rusia, cada vez que un nuevo emperador sube al trono, obligar a los *votiaks* a prestar un nuevo juramento de fidelidad. La ceremonia es curiosa. Extienden una piel de oso en el suelo y colocan sobre ella un hacha, un cuchillo y un trozo de pan. Cada *vo-*

tiak corta un bocado de este pan y, antes de comerlo, recita esta fórmula: «Si no permaneciera siempre fiel a mi soberano durante mi vida, o si me rebelara contra él con mi libre albedrío y conocimiento; si descuidara el cumplimiento de los deberes que le son debidos, o si le ofendiera de cualquier manera, que un oso como éste me despedace en el corazón del bosque, que este pan me ahogue de inmediato, que este cuchillo atraviese mi cuerpo y que esta hacha me corte la mano». Según el viajero alemán Johann Gmelin, no existe ningún caso en el que un *votiak* haya violado su juramento, a pesar de haber sido perseguidos tan a menudo debido a su religión.

El camino que conduce de Kazán a Perm atraviesa inmensos bosques de árboles de hoja perenne. Mi viaje a través de esta región estuvo acompañado de un grado de frío bastante severo. El termómetro oscilaba entre veinte y treinta grados centígrados bajo cero. A esta temperatura, nada rara en Siberia, apenas llega la menor brisa a perturbar la tranquilidad de la atmósfera. Todos los árboles del bosque estaban, pues, casi en perfecto reposo: el único movimiento perceptible de vez en cuando era una rama que se inclinaba lentamente para aliviarse de una carga demasiado pesada de nieve.

Este silencio completo, esta quietud omnipresente de la naturaleza, en la que parece descansar de las terribles manifestaciones de su poder, como la tempestad y las olas del océano, no carece de grandeza, y para el pensativo, quizás, aunque menos imponente, es más solemne que sus otras fases. Por un lado, nos presenta la vicisitud y la transitoriedad, y por el otro, la inmutabilidad y la permanencia; la agitación y el tumulto de una pueden, en efecto, recordarnos más vívidamente la vida, pero la quietud y el silencio sepulcral de la otra acercan nuestros pensamientos a la eternidad.

El aspecto de la Rusia asiática produce en la mente una impresión no muy distinta de la que se deriva de la contemplación del océano o del desierto africano, y es la inmensidad, la inmensidad doliente.

Perderse en medio de este espacio inhóspito e ilimitado no es simplemente consumirse de hambre y sed, como en las arenas del desierto, con alguna perspectiva, aunque remota, de alivio; aquí uno muere traspasado de frío hasta los tuétanos, demorándose sin esperanza; porque, ¿qué esperanza podría existir para escapar de una región interminable para el ojo abatido, cuya temperatura glacial sin movimiento significa la muerte inevitable?

Con el silencio y el aspecto inmutable de estos bosques sin límites se asocia otro de carácter fantástico, sin duda una de las causas de la superstición omnipresente en este país. En lo más profundo de estos bosques, que pueden llamarse bosques vírgenes —no es que estén vírgenes, pues están habitados—, la nieve cae de forma muy desigual. Aquí y allá, enormes cedros conservan bajo sus ramas grandes espacios desnudos; y más allá, las avalanchas de las ramas más débiles se acumulan formando altas pirámides. Por un lado, el viento moldea los bordes, y por el otro, perforan las ramas salientes de arbustos vigorosos. De ahí que la nieve, así amontonada en estos parajes, adopte muchas formas irregulares que, para la imaginación excitada, pueden convertirse fácilmente en terroríficas, sobre todo al acercarse la noche, cuando estos fantasmas blancos surgen de la misteriosa oscuridad bajo los cedros extendidos.

Cuando desmontamos al final de nuestra etapa, se produjo una pequeña aventura que me hizo sonrojar, debo admitirlo, por mi galantería francesa. Encontramos aquí a dos mujeres, que habían estado esperando todo el día, hasta que el jefe de la diligencia tuvo a bien darles caballos para continuar su viaje. Este autócrata había cedido por fin poco antes de que subiéramos; los caballos fueron colocados en su trineo, y ellas iban a partir enseguida, cuando Konstantín presentó nuestra *podarojnaia* de la Corona. «Esta es mi última *troika*», exclamó el encargado de los relevos; «me veré obligado, siento decirlo, muy a mi pesar, a haceros esperar aquí».

«Bajad los caballos de ese trineo», dijo Konstantín autoritariamente, perfectamente indiferente a la angustiosa situación embarazosa en la que había metido a estas dos pobres viajeras.

Al principio no comprendí claramente el asunto, pero dudo que, después de haber examinado a estas dos señoras, mi galantería hubiera prevalecido sobre mi egoísmo, pues su partida o detención dependía de uno u otro. Si por la noche todos los gatos son pardos, en Siberia todas las mujeres envueltas en mantas para un viaje son uniformemente poco atractivas; y el rostro, además, está desfigurado con un aspecto de suciedad por el frío intenso y prolongado.

No sé qué habría hecho don Quijote en presencia de estas dos Dulcineas: como me era del todo imposible seguirlas, la única alternativa era precederlas.

El lector sabrá pronto lo que siguió a este incidente. Me avergüenza decir que tuve la cobardía de aprobar, al menos con mi silencio, la decisión de Konstantín; y continuamos nuestro viaje, sin ninguna otra aventura, hasta Perm, adonde llegamos el 26 de diciembre al amanecer.

CAPÍTULO 6

De camino a Ekaterimburgo

Alojamiento en hoteles de Siberia — Un consejero — Opiniones y ejemplos de la administración rusa — Música nacional — La pasión por el engrandecimiento del territorio — Entrada en Asia

AUNQUE Perm aún se encuentra dentro de los límites de Europa, tiene el aspecto de una ciudad siberiana: las casas están construidas de madera, sin pisos superiores, y dispuestas sin regularidad unas respecto a otras. Su situación recuerda un poco a la de Nizni Nóvgorod. Con vistas al Kama desde la cima de una colina, Perm domina también, desde la misma eminencia, una inmensa llanura cubierta de bosques.

Me alojé en el hotel de correos. El lector sonreiría, sin duda, si pudiera ver el edificio al que doy el nombre de *hotel*. Sin embargo, la pobreza de nuestra lengua me obliga a emplear este término: no podría dar el nombre de albergue o posada al lugar de descanso más importante que el viajero puede encontrar en una ciudad, una ciudad que es la capital de una provincia tan grande como Francia.

En cuanto a términos familiares, la lengua rusa posee una riqueza casi desalentadora para quienes han tenido el valor de iniciar su estudio. Konstantín intentaba con frecuencia satisfacer su curiosidad, haciéndome preguntas como estas: «¿Cómo llama usted en francés, *monsieur*, a un campo de maíz cuyas espigas apenas empiezan a asomar?». «¿Cómo llama usted en su idioma a un libro al que el lector va cortando las hojas a medida que avanza en la lectura?». A veces yo respondía: «No tenemos ningún término especial que corresponda al significado de esta perífrasis»; pero con más frecuencia dije que no lo sabía; prefiriendo que tuviera una opinión menos favorable de mis conocimientos que de la amplitud de nuestra lengua.

Las paredes de mi habitación, como todas las de Siberia, estaban encaladas. El mobiliario consistía en unas cuantas sillas y un sofá, pero no había mesa de tocador, ni lavabo, ni siquiera cama. Esta es, en Siberia, la habitación del viajero, y de hecho, una de las más lujosas; porque el sofá, aquí todo un objeto de lujo, a menudo falta. Nadie, además, en esta tierra de costumbres primitivas, conoce la refrescante comodidad de reposar en una cama. En Kiajta, donde acepté la hospitalidad de un rico comerciante, me bastó con enrollarme en una manta y estirarme sobre dos sillas colocadas frente a frente.

El sustituto del lavabo y sus accesorios es, para el forastero, aún menos satisfactorio que el improvisado sustituto de la cama. En todos los hoteles, consiste en un pequeño depósito de agua, provisto en el fondo de un diminuto tubo de cobre, y fijado contra la pared en el pasillo. El viajero, deseoso de hacer sus abluciones habituales, levanta este tubo, y un diminuto chorro de agua brota y gotea sobre sus manos, que él se esfuerza por apropiarse y utilizar tan bien como puede, aunque permite que «se le escurra entre los dedos». Esta operación de limpieza, sin embargo, parece ser considerada por todos los siberianos de ambos sexos, si no tan eficaz, desde luego tan útil, como el proceso más elaborado de un baño turco.

Pocas veces he experimentado en el curso de mis viajes tanta desilusión como en Perm, donde, después de un largo y fatigoso viaje en trineo, había esperado la refrescante comodidad de una ablución completa, y no encontré nada más que este goteante arroyo bajo el cual permanecer. Bien sabía que era perfectamente inútil ir a otra parte en busca de un alojamiento superior, así que decidí ponerme a prueba de inmediato, y salí a comprar una gran palangana de cobre, que me procuré, llevé a mi habitación e insistí en que la llenaran de agua. Mis baños se convirtieron entonces, más de una vez, en objeto de animados altercados entre los propietarios del hotel y Konstantín. Este último, afortunadamente, comprendiendo perfectamente la importancia que yo les concedía, asumió mi defensa con tanto ardor, que invariablemente salía victorioso, pero no sin grandes esfuerzos, y no sin muchos reproches por mi falta de limpieza, como se manifestaba por las manchas que salpicaban todo alrededor.

Hay también otro gran inconveniente para el viajero, y es que no hay medios de ventilar la habitación: se le encierra allí con todos los resquicios bien tapados, y la temperatura se eleva a veintiocho, treinta e incluso treinta y cinco grados centígrados de calor, es decir, la temperatura estival de Bombay. Y como el frío invernal de Siberia central rara vez es superior a treinta grados centígrados bajo cero, al salir al exterior hay que someterse a una diferencia de sesenta o setenta grados.

Cuando hubieron sacado todo de mi trineo y lo llevaron a mi habitación —pues cuando estos objetos, por diversos que sean, ya no están en movimiento, deben estar siempre ante los ojos del viajero—, y yo ya casi me había retirado a dormir, Konstantín hizo entrar en mi cuarto a un caballero que me fue presentado como miembro del consejo general de Perm.

Un consejero, cualquiera que sea su origen, sus derechos o sus funciones, parece ser un signo de las instituciones liberales. Este dignatario, con sus ideas un poco descentralizadoras y su ambición de aumentar sus prerrogativas, no suele encontrarse, salvo en tierras democráticas. Por lo tanto, debo admitir que no me sorprendió un poco encontrar, respirando en la atmósfera rusa, a un hombre marcado con el título de «consejero». Lo encontré muy comunicativo y cortés, conocía a fondo la historia de Francia y sus instituciones, y se expresaba con facilidad en francés. Ocupaba además el cargo de ingeniero de minas. Sentí, por tanto, que podía tratar muchos temas con él, y la cortesía de sus modales y su deseo de ser comunicativo me animaron a hacerlo. Tal vez, bajo el color de sostener opiniones similares, podría haberse aliado con el viejo noble que conocí en Kazán contra el emperador, reservándose el poder disimulado de deshacerse de la aristocracia cuando esta hubiera servido plenamente a sus propósitos.

Cuando le felicité por la dignidad de su cargo, cuyo ejercicio le atraía entonces a Perm, me contestó: «Puedo prescindir muy bien de este honor, pues nuestras asambleas provinciales están lejos de gozar de las prerrogativas de las suyas. El emperador, al crearlas, quisiera hacer creer en su liberalismo, pero en realidad no les ha concedido más que derechos ilusorios. En primer lugar, los miembros del consejo son nombrados por importantes propietarios de la provincia de Perm, que han recibido del zar la facultad de enviar a las sesiones uno o varios representantes. El presidente del consejo es nombrado por el Gobierno. En ningún caso se permite discutir de política. El gobernador general de Perm puede, si lo desea, hacer caso omiso de los deseos o votos del consejo. Es cierto que el consejo puede apelar al Senado de San Petersburgo, pero la respuesta es invariable: emana directamente del gabinete del emperador y pronuncia la disolución del consejo. Nuestros votos, por lo tanto, están muy lejos de tener fuerza de ley. Tres veces hemos exigido alguna reparación de la carretera de Perm a Ekaterimburgo; pronto veréis en qué estado se encuentra».

Entre las interesantes opiniones con que me entretuvo este hombre agradable y bien informado, mencionaré una relativa a las finanzas del imperio. Expresé mi asombro por no ver en Rusia, un país supuestamente rico, más moneda en circulación. «El Gobierno», dijo, «se equivoca al no buscar sus principales ingresos en la agricultura y en los recursos metálicos de los que abundan en el país. Se ha dejado deslumbrar por las riquezas auríferas del distrito de Transbaikalia, y espera con ellas mantener su posición financiera. Un decreto castiga con las penas más severas a los propietarios de minas de oro que no envían a San Petersburgo todo el metal precioso que extraen de la tierra. El emperador monopoliza así, en su fuente, todo el oro ruso, y luego reembolsa a sus súbditos sólo con billetes de banco. Este estado de cosas sólo puede empeorar, a menos que se haga una reforma inmediata e importante en la administración y en la distribución del impuesto. En efecto, el presupuesto asciende a cuatrocientos o quinientos millones de rublos, mientras que el Estado no saca de las minas más que setenta y cinco u ochenta millones de rublos. ¿A qué tasa de depreciación no caerá la moneda rusa, si continúan emitiendo tal cantidad?».

Este interesante ingeniero de minas pasó entonces de las finanzas al tema más amplio de la política en general, y añadió: «Es imposible que un solo hombre sepa todo lo que ocurre en un territorio tan inmenso. Pero si el emperador pudiera realmente ilustrarse mediante las interpelaciones de una oposición sabia e inteligente, aún tendría buen cuidado de no introducir este elemento en la Constitución. Para darle un ejemplo de la ignorancia de la alta administración del imperio, sólo le diré que yo recibo regularmente cada año cuatro mil rublos, oficialmente como ingeniero, ¡por supervisar el funcionamiento de una fábrica del Gobierno que ha estado cerrada durante cinco años!».

No pude evitar sonreír ante esta cándida confesión; y al conocer este significativo hecho, me pareció concluyente y perentorio.

Agradecí a mi visitante su agradable compañía y pensé que este proverbio ruso podría aplicársele con justicia: «Nadie deja escapar un pájaro del Gobierno sin arrancarle algunas plumas». Le rogué que me presentara por la tarde a una sesión del Consejo General, y luego fui con Konstantín a visitar una importante fundición de cañones situada a unas tres millas de Perm.

El director de esta fundición se jacta de que los cañones fabricados aquí son superiores a todo lo que se ha hecho hasta ahora en Prusia.

Esta sesión del Consejo General careció de interés y terminó pronto por falta de oradores. Los miembros, tras responder a sus nombres, se marcharon inmediatamente para asistir a un concierto ofrecido por una compañía de músicos ambulantes bajo la dirección del señor Slavenski.

El pueblo ruso, esencialmente musical, canta en todas las ocasiones. Después de una ceremonia matrimonial, los invitados se montan en ocho o diez trineos y hacen una excursión, siguiéndose unos a otros en fila, cantando todo el tiempo. Lo mismo hacen en los funerales y bautizos; a veces, siempre que la estación no sea demasiado rigurosa, sólo porque es invierno y no hay trabajo que hacer. Estas canciones, interpretadas por una compañía de cuarenta artistas que viajan por todo el país para dar sus aires populares, constituyeron todo el espectáculo: sus voces unían una exuberante riqueza a una notable sencillez de armonía.

Cuanto más se acerca uno a un objeto que persigue, más impaciente se vuelve; por lo tanto, ansiaba pisar por fin suelo siberiano. Como la distancia que me separaba de Ekaterimburgo no era muy grande, imaginé que la superaría muy pronto. Pero, el consejero estaba en lo cierto. El camino se encontraba, en efecto, en un estado deplorable. No sé, de hecho, cómo podían dar el nombre de camino a un largo trecho de tierra cuya superficie no estaba nivelada ni una sola yarda, y en el que se sucedían sin interrupción, anchos hoyos, no simples surcos, ¡sino hoyos de hasta metro y medio de profundidad! El *yemschik* tiene que calcular muy bien la caída del trineo en estos hoyos, para que las patas de los caballos no se rompan por el choque del vehículo que sale disparado hacia delante contra ellas; luego tiene que subir por el otro lado de la zanja, pero no sin grandes esfuerzos, y no bien sale de ella tiene que prepararse para zambullirse en otra.

El lector puede concebir fácilmente cuál debe ser el resultado de semejante locomoción para un pobre viajero: está doblemente cansado a causa del paso arrastrado que acompaña a la fatiga habitual. Tardé veinticuatro horas en recorrer veintiocho millas. Estaba exasperado. Mi esperanza era vislumbrar la cadena de los montes Urales, pero un viento huracanado barría la nieve y la arremolinaba en columnas móviles que llegaban hasta el cielo; más allá de unos cientos de metros no se veía nada.

Para pasar las horas tediosas, empecé a interrogar a Konstantín.

—¿Qué hay en verano bajo esta nieve?

—Hierba.

—¿Para qué sirve?

—Para nada.

—¿Quién la recoge?

—Nadie.

—¿Quién tala estos bosques?

—Nadie.

—¿Estas tierras, pertenecen a alguien?

—No siempre.

—¿Estas tierras, entonces, no son capaces de producir nada?

—Al contrario, serían muy productivas si las cultivaran.

—Pero entonces, ¿por qué tiene vuestro emperador tanta pasión por la conquista, cuando puede obtener tanto de su propia tierra? ¿Por qué va en busca de oro en Transbaikalia, en el valle del Ussuri, y pronto quizás en Corea, como se dice entre vosotros, cuando tiene en casa fuentes de riqueza más abundantes y seguras? ¿Por qué lleva sus ejércitos a los ardientes desiertos de Tartaria, que antes eran independientes? ¿Por qué malgasta tanto dinero en la conquista de Jiva cuando podría obtener mucho más en sus propias tierras?

Cuando esperé una respuesta a estas preguntas, Konstantín, que se aferraba como un abrojo a la gloria de su emperador —y le felicito por su espíritu—, me ofreció una respuesta con desdén:

—Yo puedo comprender fácilmente, que los franceses, cuyo país es menos extenso que nuestro gobierno de Perm, estén celosos de la inmensidad de nuestro territorio. Ya ve, *monsieur*, que marchamos a la conquista de Asia entera, que es la cuna de nuestra raza, y también de Constantinopla, donde se originó nuestra religión.

Mi compañero estaba muy ofendido, era fácil darse cuenta de ello, y yo me mordí la lengua para darle tiempo a recobrar la ecuanimidad. Una hora después de esta conversación, quise ver si seguía guardándome rencor.

—¡Cuánto deseo llegar al final! —exclamé—, este largo camino me cansa.

—¡Ah! En efecto, *monsieur* —exclamó, conteniéndose— ¡qué grandiosa es Rusia! No hay otro imperio en el mundo de tan vasta extensión.

—Se equivoca usted —repliqué, estimando debidamente las tierras desoladas y absolutamente salvajes que acabábamos de atravesar.

—¿Entonces cuál es el más grande, por favor?

—¡El Imperio de los mares! —respondí con gravedad. Sus achatadas fosas nasales se distendieron entonces y temblaron de indignación, y yo esperé pacientemente a ser saludado con alguna enfática execración rusa.

A pesar de su amor propio, Konstantín tenía un humor agradable, al menos conmigo. A veces despertaba en mí un sentimiento casi de lástima, que apenas podía disimular. Justo cuando pasábamos los Urales —esa elevación casi imperceptible que se llama montaña porque está en Rusia, pero que sería una simple colina en los Vosgos, un mero montículo en medio de los Alpes, una cresta en el Himalaya—, justo aquí, llegamos a una aldea de casas de madera, como todas las aldeas rusas, pero encaramada contra una pendiente que le daba un aire pintoresco. Un poco más abajo había una casa de menos madera que las demás, rodeada de algunos árboles. Los ojos de Konstantín se clavaron en este lugar en una especie de ensueño. «¡Qué morada tan encantadora! Esa gente debe ser muy feliz», exclamó. Esta observación me conmovió un poco, y me pregunté qué entusiasmo sentiría si pudiera ver nuestros sonrientes Pirineos o nuestros valles normandos, radiantes de alegría en un soleado día de mayo.

Dos días después de nuestra salida de Perm, el 30 de diciembre, hacia las nueve de la mañana, pasamos la frontera que marca la separación de Europa y Asia. Es una construcción de piedra, ni muy alta ni muy elaborada, pero que impresiona al viajero por su sencillez y aislamiento.

La Providencia ha ocultado decididamente a esta parte del Imperio ruso las imponentes marcas de sus límites europeos. Las regiones del mundo en general (y sus estados en particular) tienen sus límites definidos por grandes y prominentes fronteras, como el mar, las altas montañas, el desierto o algún río noble. Pero aquí la frontera de los Urales es tan poco elevada, tan indigna de su papel de límite, que el hombre ha creído su deber interponerse con su trabajo, y decir: ¡Es aquí!

¡Y aquí está por fin! Nos adentraremos con el corazón palpitante y avanzaremos todo lo posible en las extrañas tierras de la antigua Asia, el sueño de todo viajero. Nos esforzaremos por alcanzar, tan pronto como podamos, las orillas del lago Baikal, Mongolia y las fronteras de China; porque me temo que mis lectores se están cansando de la monotonía de mi narración, como yo mismo he sufrido desde que dejé Perm, la monotonía de esta larga ruta.

CAPÍTULO 7

Nuestro grupo camino de Tiumén

Comercio y manufacturas en Ekaterimburgo — Querubines — Navidad en Kamejlov — Gran gala en una etapa de publicación — Tiumén — Su situación — Sus gitanos — Frutas conservadas en hielo

DESPUÉS de nueve o diez horas de viaje por Asia, llegamos a Ekaterimburgo. Esta ciudad debería servir de ejemplo a muchas otras ciudades rusas. Sus habitantes son muy trabajadores y saben aprovechar los recursos de su tierra. Tienen fundiciones de hierro y muchos otros trabajos en metal. Esculpen artísticamente las piedras coloreadas y transparentes que se encuentran en los Urales en gran abundancia, convirtiéndolas en objetos de muy buen gusto para la ornamentación doméstica.

El director del establecimiento donde tan artísticamente se cincelan estas piedras, me mostró una pieza de chimenea de incalculable valor que acababa de recibir los últimos retoques, y que iba a ser enviada al emperador. Le pregunté quién era el propietario del establecimiento. Me contestó: «El Estado». «¿Y quién pagará por semejante maravilla de arte?». «El Estado», y añadió: «El Estado pagará, el emperador recibirá». No hay muchos soberanos, quizás, que tengan más derecho que el emperador de Rusia a decir: «El Estado soy yo».

Cuando regresé a mi posada, me enteré de que el señor Pfaffius acababa de llegar a Ekaterimburgo y que deseaba verme. Me alegré tanto más cuanto que era algo inesperado, y por consiguiente no perdí tiempo en hacerle una visita.

Y, en la casa que me señalaron, me alegré de encontrar de nuevo al hombre cortés y distinguido que había dejado en San Petersburgo.

—¿Tiene intención de partir pronto? —me preguntó de inmediato.

—Lo antes posible.

—¿Viajaremos juntos, entonces?

—¿Acaso lo duda?

—Entonces está decidido.

Durante la conversación, dos damas hicieron su aparición en la habitación del comisario de Kiajta: una de ellas tenía unos treinta años, era alta y tan bella como una estatua antigua; la otra era de menor estatura y mucho más joven. El hermoso, frondoso y rubio cabello de esta última caía perfectamente libre y encantadoramente sobre sus hombros. Su semblante juvenil rebosaba frescura y vivacidad.

—Voy a presentarle, si me lo permite —dijo monsieur Pfaffius—, a la señora Grant y a la señorita Campbell. Estas damas también van a Kiajta, y no dudo de que estará usted encantado, como lo estaré yo, con su agradable compañía.

Hablando unos instantes con estas bellas viajeras, me enteré de que la señora Grant no era inglesa, sino rusa, y que se había casado con el señor Grant, inglés, en Kiajta; que su marido se había visto obligado a regresar a Inglaterra durante dos o tres años, y que ella le había acompañado hasta allí, y que ahora regresaba a Kiajta, su lugar natal, para reunirse con su marido, a quien esperaban allí, llevando consigo a la señorita Campbell como acompañante.

Esta última, una joven inglesa, un poco aventurera, como muchas de sus compatriotas, había abandonado su tierra natal con la misma facilidad y alegría con que se hubiera quedado en ella, y ahora parecía complacerse en esta vida errante, aunque no podía prever ni el fin ni las consecuencias de la misma; y día tras día, se adentraba aún más profundamente en Asia, feliz de correr por todas partes y contemplarlo todo, y recoger cualquier pedazo de información.

—¿Se han fatigado con el camino? —les pregunté, esperando oír amargas quejas al respecto.

—En absoluto, *monsieur* —respondió la señorita Campbell, con un aire que parecía decir que le dolía la sospecha de haber sufrido por una nimiedad como el traqueteo.

—¿Va usted por el camino de Omsk a Kiajta? —interrogué.

—Eso sería desviarnos inútilmente: vamos directamente a Tomsk.

—¿Van a viajar rápido entonces?

—Tan rápido como podamos.

—Yo, por mi parte —comenté—, prefiero ir despacio.

Ante esta observación, sus ojos parecieron brillar con algún pensamiento vivo.

—En efecto, no se nos habría ocurrido.

—Bueno, ¿y por qué razón?

—Dicen que es usted muy hábil para conseguir caballos por todas partes —espetó la dama.

Esta observación me hizo abrir los ojos con asombro, y añadí:

—¿Incluso a costa de las damas?

—Es muy posible.

—Entonces, ¿conoces a alguna que haya tenido la desgracia de ser víctima de mi impaciencia, en cierta etapa?

—No es improbable.

Nunca habría podido creerlo si no me lo hubieran afirmado con seguridad. No podía creer que las elegantes damas que entonces tenía ante mis ojos hubieran podido adornar jamás dos figuras tan incapaces de embellecerse como las que se me aparecieron en la etapa entre Kazán y Perm. Porque estaban totalmente encapuchadas y sobrecargadas de pieles ásperas y gastadas; se parecían tanto a fardos de pieles crudas, tan poco a seres humanos, que uno nunca habría sospechado que la belleza residía allí a tantas pieles de profundidad. El lector comprenderá fácilmente lo mal adaptado que está el riguroso clima de Siberia para resaltar los encantos de la belleza femenina.

Pedí encarecidamente perdón por mi conducta y en nombre de Konstantín, que era el más culpable de los dos. Al día siguiente nos deslizábamos rápidamente en tres trineos, uno tras otro, camino de

Tiumén; felices por la oportunidad de charlar juntos en cada etapa, sonriendo ante las vergüenzas de los jefes de correos, que el señor Pfaffius ignoraba fríamente, y enfrentándonos alegremente a la nieve y al frío —esos dos enemigos con los que los viajeros en Siberia están condenados a luchar—, pero sin aventurarnos al menor murmullo.

Por supuesto, el lector sabe muy bien que Rusia no ha aceptado la reforma introducida en el calendario por el papa Gregorio XIII; por lo tanto, cuando llegamos a la pequeña ciudad de Kamyshlov, el 6 de enero, al amanecer, en realidad era sólo el día de Navidad en Rusia. Estábamos tranquilamente sentados a la mesa, tomando nuestro té, como es costumbre con los viajeros rusos en cada etapa, cuando cinco o seis niños pequeños entraron en nuestra habitación, cantando villancicos.

Pocas veces he visto un cuadro más conmovedor y adorable que este pequeño grupo de hermosas cabezas, celebrando, con la voz pura y gorjeante de la primera infancia, el episodio más poético de la historia sagrada. ¿Hay algún día más apropiado para cantar? De hecho, siempre he pensado que si Dios levantara por un instante el velo del mundo sobrenatural en el día de Navidad, veríamos pasar, de un lado a otro, grupos de inocentes, alrededor de los cuales resonaba una dulce música, que infundía paz y alegría al hombre de abajo. Los niñitos, que nos sorprendieron tan agradablemente a una hora tan temprana en Kamyshlov, sugirieron en mi imaginación un rebaño errante de esta hueste celestial.

Esta visión, breve como su visita, apenas se había desvanecido cuando vimos aparecer desde el otro lado —esta vez mundano— a una joven pareja, acompañada de una enfermera, que llevaba en brazos a un bebé muy pequeño. «¡Iván Mijáilovich!», exclamó Konstantín. «¡Señora Nempshinov!», gritó la señora Grant, y luego siguieron apretones de manos y abrazos; estábamos de nuevo entre conocidos.

Esta señora Nempshinov era la esposa de un comerciante de té de Kiajta, que, a pesar de su acomodada situación, había ido a ver a una de sus hijas a un internado de Moscú; su hijo la había acompañado, y el pequeño ser que había venido al mundo durante el viaje estaba ahora de camino a Kiajta.

En nuestro país, sin duda, pocas mujeres habrían estado a la altura de emprender semejante viaje, sobre todo en tales circunstancias; en Rusia, sin embargo, semejante empresa es bastante común.

Entonces, antes de que hubiéramos terminado nuestro té, otro grupo de niños entró, cantando la misma canción, pero estos habrían disipado rápidamente cualquier espejismo de querubines, porque estos muchachitos nacidos en la tierra, algo rudos, eran claramente profanos y poco cariñosos.

Habiendo descansado lo suficiente, reanudamos nuestro viaje.

El caballo, colocado en el centro ante la *troika* siberiana, tiene su collar siempre rematado por un arco, que sirve de soporte o resorte, para mantener las astas separadas, y estas, al mismo tiempo, se mantienen juntas en su sitio por medio de una cuerda tensada. El collar, sostenido por el arco superior y apoyado en esta cuerda, no cuelga del cuello del caballo, disminuyendo así su fatiga. Este sistema de enganche es realmente ingenioso. Generalmente, se cuelgan cinco o seis cascabeles delante del trineo, cuyo tañido animado alivia un poco la monotonía del viaje.

Nuestra salida de Kamyshlov, con las campanas de nuestra caravana de cuatro trineos en movimiento, fue bastante ruidosa. Pfaffius y su criado encabezaban la marcha; luego seguían, en un segundo trineo, la señora Grant y la señorita Campbell; yo ocupaba con Konstantín el tercero, y la señora Nempshinov y su *smalah* seguían la retaguardia de la caravana en un enorme trineo cerrado tirado por cuatro caballos.

Esta parte del viaje, si no la más interesante, fue al menos la más agradable.

Era el nuestro, un grupo de siete personas muy agradable, el que se sentó a cenar por la noche. El menú contribuyó en gran medida a nuestra diversión. Cada uno de nosotros compartió sus heladas provisiones, y fue un pícnic encantador, que proporcionó anécdotas interesantes en abundancia. Sacamos pan congelado, caviar congelado, frutas en conserva congeladas y salchichas, tan rígidas, que resistían cualquier intento de ceder, incluso contra la rodilla, cualquiera que fuese la fuerza empleada.

Imaginémonos a siete invitados famélicos sentados alrededor de una mesa con treinta platos, cada uno de los cuales rompería inevitablemente sus dientes si no tuviera la paciencia de esperar los efectos de un poco de calor. Pero poco a poco este elemento hacía su trabajo; y en la medida en que cada alimento cedía ante él, una sonrisa de satisfacción se dibujaba en todos los semblantes, y, cuando la punta del cuchillo lograba, por fin, atravesar alguna parte, gritos de triunfo anunciaban una victoria cercana.

No faltaron temas de conversación y, como yo era francés y los rusos hablaban bien francés, con gran ventaja para los extranjeros que no conocían la lengua rusa, el francés fue el único idioma utilizado en la mesa esa noche.

El joven Nempshinov, que no había vagado mucho ni muy lejos de Kiajta, era el menos versado en francés; conociendo bien el chino y el mongol, pensaba, tal vez, que esta adquisición compensaba bien su ignorancia de las lenguas occidentales. Para expresar satisfacción, aprobación o placer, sólo utilizaba dos palabras: *très gai* (muy alegre), y la pronunciaba con gran dificultad; su acento hacía aún más extraña la expresión. «Si quieres enseñarme inglés», le dijo a la señorita Campbell, «estaré *très gai*». Esta joven, que conocía muy bien el francés, parecía aprovechar cualquier oportunidad que se le presentaba para divertirse rebatiéndole sus frases.

Cuando terminó la cena, las incesantes bromas entre la joven inglesa y su nuevo conocido ruso, que tanto nos habían entretenido con un destello ocasional, como una botella fresca de champán, se habían calmado en una relación más seria y probablemente más genuina entre la joven pareja; reminiscente de la suavidad y ternura de la música de Glinka. Este cambio me llevó a especular sobre el posible desenlace de un aparente flirteo, al que las bromas habían preparado el camino de forma tan eficaz, aunque probablemente involuntaria.

Estuviera o no justificada mi conjetura, la señora Grant adoptó otro punto de vista y, al subir al trineo, me susurró:

—Estoy completamente segura de que su señor Konstantín está enamorado de mi joven compañera inglesa, y, por lo tanto, nunca conseguirá convencerle de que vaya por el camino de Omsk. Veo claro, en consecuencia, que todos formaremos un solo grupo hasta Irkutsk.

—¡Konstantín enamorado! —exclamé con una sonrisa de incredulidad—. Eso me parecería muy gracioso, demasiado gracioso para ser probable. Me decepciona verme privado del placer de su compañía en el camino, pues he decidido ir por el camino de Omsk, y Konstantín me es tan útil que no puedo, siento decirlo, prescindir de sus valiosos servicios y de su agradable compañía.

Konstantín, tal como yo calibraba la naturaleza de sus sentimientos, era mucho más probable que obtuviera gratificación, contemplando la influencia que podría ejercer sobre alguna justa víctima de su amor, en vez de entregarse en su propio corazón a cualquier vaga emoción similar. La señora Grant pareció decepcionada por mi opinión.

—No por ello —añadí— se verá privada de disfrutar de un incidente romántico; porque, si no me equivoco al confiar en mis ojos, el joven Iván, que ya no es *très gai*, está un poco prendado de las gracias de su bella y joven compañera, y ha sido, creo, tan favorecido como para despertar al monstruo de ojos verdes. Ya veremos.

Al día siguiente llegamos a Tiumén. Esta ciudad, como casi todas las del imperio, domina un río desde una eminencia en sus orillas, y este río aquí es el Turá.

El único rasgo llamativo de Tiumén es que está construida en la confluencia del Turá con otro pequeño río, que aquí se considera un mero riachuelo, cuya existencia incluso ignoran los geógrafos. Sin embargo, es tan ancho como el Sena en París, y con fuerza suficiente para haber excavado un profundo desfiladero en la colina de Tiumén que desemboca en el Turá.

Se ha construido un puente sobre este río, pero está en el fondo del barranco. No se ha tenido cuidado de disminuir la pendiente de las orillas opuestas, de modo que, para ascender por la última, el viajero se ve obligado a descender por la primera con gran rapidez y mantener el impulso sobre el puente y durante cierta distancia más allá.

Los trineos realizan esta hazaña a todo galope. En cuanto a los caminantes a pie, descienden la pendiente generalmente de otro modo que de pie y mucho más rápido de lo que debieran. El ganado, generalmente tan lento, baja rodando en pocos segundos, como si se tratara de montañas rusas. Allí todo baja a un ritmo vertiginoso. La ciudad ofrece poco para interesar al forastero, pero tiene todo el aspecto de Oriente; los bazares al aire libre, a pesar del rigor del clima, traen a la memoria los de Siria y África.

En los cafés, las mujeres se visten de seda a ciertas horas, sin despojarse de sus sucias enaguas, y se dedican a cantar y bailar para entretener a los clientes.

En África se complacen con los bramidos de las danzas del vientre árabes, por amor a lo pintoresco y porque no hay otra cosa que escuchar; pero en Rusia, el país de las melodías dulces y místicas, no puedo entender cómo se anima a estos repulsivos gitanos a levantar la voz. Los que han elogiado a los gitanos de San Petersburgo y Moscú no están del todo equivocados en su apreciación; allí están civilizados, educados un poco y, en cierto modo, desnacionalizados en su carácter. Pero aquí, en Tiumén, están en su elemento más salvaje. Tuve la desafortunada curiosidad de adentrarme en uno de estos cafés, y no perdí tiempo en escapar de nuevo, para unirme con placer a mis compañeros de viaje.

Al final de nuestra cena, tomamos unas excelentes frutas conservadas en hielo. Este método de conservación de la fruta es muy especial en Siberia. En cuanto llega el frío intenso, estas frutas se exponen al aire libre, a ser posible de cara al norte, donde no les da el sol; de este modo se congelan por completo y se conservan, como la carne y otros alimentos frescos en Siberia.

Estas frutas conservan su sabor, a pesar de haber pasado de un estado de congelación rígida. Cuando se sirven, son tan duras como la madera, y si caen al suelo, suenan como una piedra.

El calor ablanda gradualmente su textura, y entonces recuperan su forma primitiva. En Tiumén probé una pera que se había vuelto demasiado madura y en la que se había detenido por completo cualquier cambio en cuanto al sabor. Este método de conservación de los alimentos parece sencillo, económico y muy eficaz.

En verano, Tiumén es un gran lugar de escala para los vapores que vienen de Tomsk por los ríos Tom, Obi, Tobol y Turá. Esta ciudad es, por lo tanto, un mercado considerable de mercancías; su única pretensión es, aparentemente, la atención, ya que no tiene ni las manufacturas para interesar a los curiosos en las artes útiles, ni la belleza de la situación para atraer a los amantes de la naturaleza.

CAPÍTULO 8

Una peligrosa aventura nocturna en la estepa de Omsk

Una ostentosa costumbre siberiana — La estepa — Los cementerios — Omsk — Su situación — Su sociedad — La emancipación de los siervos relatada por un ciudadano — El señor Kroupinikov - Visita a un campamento de kirguises — Mascarada en Omsk

SALIMOS de Tiumén hacia las ocho de la mañana. Konstantín, muy familiarizado con las costumbres siberianas, había puesto en el trineo varias botellas de champán, para prever lo que estaba a punto de ocurrir. La precaución era buena, pero el suministro insuficiente.

Abrir una botella de champán es, en Siberia, el mayor lujo que puede exhibirse ante ojos admiradores. Esto es consecuencia de su elevado precio y del capricho de la moda. En América se dice que «guardar las propiedades es tan indispensable como la ropa limpia»; aquí, tal vez, si hacer lo correcto se considerara como una de ellas, la ropa limpia tendría que ceder el paso a las propiedades. Una cena, una fiesta, un aniversario, o cualquier ceremonia similar en Siberia, sin champán, sería señalada como carente de su elemento más necesario. Ciertamente, no es aquí donde el sentido común es tan robusto como para hacer caso omiso del caprichoso consenso de opinión que mantiene al mundo civilizado sometido a la moda, desde el Indo hasta el Polo Norte.

Unas seis horas después de haber salido de Tiumén, llegamos a un lugar donde debíamos tomar caminos diferentes. El señor Pfaffius, la señora Grant y la señora Nempshinov iban a tomar el camino de Tomsk, mientras que yo tenía que desviarme un poco más hacia el sur. Para desbaratar este proyecto, la señora Grant recurrió a una pequeña maniobra que estuvo a punto de hacer perder la cabeza a Konstantín. Con objeto de disuadir a éste de ceder a mi plan, la señora Grant se había colocado en el trineo cerrado de la señora Nempshinov; luego había dispuesto juntar a Iván y a su joven compañera, haciéndolos montar uno al lado del otro. Konstantín, que al parecer estaba prendado de los encantos de la joven inglesa, al verla cara a cara con Iván, cogió una botella de champán y, cortando el alambre, dirigió el corcho a la cabeza de su rival, que la señorita Campbell protegió cuidadosamente con su gran guante de piel; entonces comenzó el fuego por todas partes, mientras yo me preguntaba qué bacanales intempestivas y escandalosas estarían a punto de inaugurarse con tanto vino descorchado. Felizmente, sin embargo, no probamos más que una cantidad muy moderada. Entonces todos mis compañeros, de acuerdo con una ostentosa costumbre de Siberia, se apearon de sus vehículos, cada uno de ellos con dos botellas en la mano, y, avanzando unos pasos delante de mis caballos, vertieron la preciada bebida sobre el suelo nevado, justo en el lugar por donde estaban destinados a pasar los patines de mi trineo. Yo cumplí escrupulosamente la misma ceremonia, demasiado solemne para profanarla con una carcajada, que apenas pude reprimir, y luego me despedí de esta caravana tan agradable, pero no sin la perspectiva de volver a encontrarnos, ya fuera en Tomsk, Irkutsk o Kiajta.

Cuando reanudamos nuestro camino, ahora en direcciones diferentes, oí unas cuantas detonaciones más de corchos; y cuando el sonido de las campanas se hubo apagado y todos desaparecieron de nuestra vista, Konstantín me miró muy lastimeramente. Evidentemente, había en su corazón algún tipo de escozor que habría resistido cualquier intento de consuelo si yo me hubiera aventurado en una tarea tan delicada; porque, por lo que pude ver, no había recibido ningún tipo de señal de la señorita Campbell, y como, en este caso, las heridas de la autoestima y del amor despreciado no podían curarse con este mismo remedio, al no tener ningún otro que ofrecer, dejé que la enfermedad se curara sola.

Lo que más me llamó la atención de esta ruta fue su absoluta soledad. Los trineos que traen té y otras mercancías de China y los productos de Transbaikalia a Nizni Nóvgorod evitan pasar por Omsk; sería desviarse del camino sin ningún propósito. Por lo tanto, es raro encontrarse con un trineo en este distrito. Por otra parte, la nieve apenas está lo suficientemente batida como para permitir una marcha fácil. Aquí, en ausencia de tal movimiento, uno se siente oprimido por una impresión de salvaje desolación, alegre inmensidad, lúgubre silencio. Poco a poco, la vegetación disminuye, se vuelve más dispersa y rala, luego desaparece por completo, y el viajero entra por fin en las grandes estepas.

Pero, ¡cómo cambia durante el verano! Entonces la estepa es una inmensa pradera, cuya hierba rica y rizada tranquiliza la vista con su tinte refrescante y protege el cuerpo de las sacudidas con su lecho exuberante.

Y en invierno, es una vasta llanura que se vuelve plana y blanca por la nieve que la cubre. La lengua francesa, desgraciadamente, es aquí de nuevo insuficiente para explicar en una palabra el carácter de su contorno. La región de Beauce, entre los ríos Sena y Loira, por ejemplo, es un territorio llano, pero la estepa nevada no es como Beauce; tampoco es llana como el Mediterráneo en tiempo de calma, ni como el lecho de un río. La superficie de la estepa es estrictamente horizontal. Pero la Providencia —como para compensar en cierta medida al ojo del artista por la ausencia de paisajes interesantes— ha difundido, sobre este país desnudo, algunos de los más bellos efectos de luz con los que cualquier tierra podría embellecerse y resplandecer. Y, sin embargo, a pesar de este atractivo, por variado y diversificado que sea, su aspecto sin alegría se apodera de la mente del viajero que se adentra en semejante desierto.

Habíamos pasado Ishim a las nueve de la mañana; hacia las cinco de la tarde, habíamos vuelto a cambiar de caballo, cuando ya estaba bastante oscuro, y cansado por la fatiga, me había quedado dormido.

De pronto me despertó un sobresalto que sacudió a Konstantín. Nuestro *yemschik* se había extraviado en este espantoso desierto. La ausencia de la luna y el velo de las estrellas, con pesadas nubes de nieve, eran conjuntamente la causa de esta desventura. Su temor a ser menospreciado, y tal vez a la animadversión, le habían impedido confesar inmediatamente su torpeza y desatino, y durante tres horas, por lo menos, había estado vagando por donde el azar le llevaba, con la esperanza de volver a encontrar el camino, una esperanza ciertamente pobre cuando había perdido toda idea de dirección y todo vestigio de un punto de referencia. La caída en un pozo, oculto por la nieve, que acabábamos de experimentar, le obligó ahora a confesar su error.

Konstantín y yo nos desenrollamos de nuestras mantas, bajamos y nos pusimos a trabajar, linterna en mano, para encontrar el camino. Al mirar alrededor, contemplamos el espectáculo de nuestro trineo y nuestros caballos casi enterrados en la nieve, y era de un significado terrible. Del trineo sólo se veía la capota, y de los caballos poco más que los hombros y la cabeza.

Hundidos hasta la cintura, y, por lo tanto, incapaces de mover un pie delante del otro sin gran esfuerzo, teniendo que luchar además contra el violento viento cortante cargado con la nieve que había barrido a su paso y arrojado a nuestras caras; luchamos así desesperadamente para ver unos pasos, todo lo que podíamos esperar ver ante nosotros, pero sin ningún propósito, y nos vimos obligados a volver a nuestro trineo desesperados, para coger aire y recuperar un poco más de fuerza.

Después de una hora de este penoso trabajo, no teníamos más claro que al principio el camino que debíamos tomar y, además, estábamos agotados. Sobre la tierra no se veía otro vestigio que la nieve, pues a corta distancia alrededor no había más que oscuridad impenetrable; no se veía ni una estrella en el cielo, ni se oía un solo sonido en el aire que nos indujera a arriesgarnos a probar una dirección en vez de otra. La situación era portentosamente crítica y, a menos que nos resignáramos entonces a nuestro destino, era necesario hacer un esfuerzo supremo. En esta disyuntiva, consultamos juntos sobre el siguiente recurso que debíamos intentar. Decidido esto, el *yemschik* desenjaezó uno de los caballos con el objeto de cabalgar lo más rápidamente posible en busca de alguna aldea, y comenzó, con una linterna en una mano, guiando al caballo con la otra, a buscar a pie algún rastro del camino por el que se había desviado.

TRAYECTO PELIGROSO SOBRE LA ESTEPA DE OMSK

Lo vimos luchar contra los elementos hasta que se apagó el último rayo de luz; entonces Konstantín y yo, replegados sobre nosotros mismos en la oscuridad —una noche sin día cercano y una soledad sin refugio, ni perspectiva clara de retirada—, no tuvimos más remedio que contemplar nuestra consternación. Pensamos en nuestros pobres caballos expuestos sin movimiento, en nuestra incapacidad para aliviarlos del frío y, viendo lo completamente desamparados que estábamos, nos envolvimos en nuestras pieles y mantas y volvimos a entrar en nuestro refugio. Allí hicimos algún esfuerzo por animarnos mutuamente. Vimos pasar, imaginariamente, caravanas de kirguises, de los que en realidad no estábamos lejos, y nos creímos prisioneros en el corazón de Tartaria, en algún territorio salvaje y sin ley que aún no estaba sometido. Observamos también —pero esta vez no fue una visión— cinco o seis manadas de lobos merodeando alrededor de nuestras pobres bestias, en busca de una comida, aunque fuera moribunda, pero, afortunadamente, estos merodeadores huyeron al sonido de mi revólver. El primer disparo no estuvo exento de un momento de terror, pues no estaba seguro en absoluto de que el resultado no fuera desastroso. Habiendo guardado mi rifle en el baúl, por no haber previsto lo que probablemente sucedería, me encontré absolutamente indefenso, en caso de que se envalentonaran, en la solitaria posición en que nos encontrábamos, para unirse en un ataque conjunto. No teníamos retirada, excepto detrás de la lona; podíamos cerrarnos por delante, pero, ¿cuánto tiempo resistiría esto su asalto, si nos encontrábamos con el disparo de un solo revólver? Por lo tanto, su desaparición fue saludada con alegría.

Así transcurrieron muchas horas tediosas y, como nuestros pensamientos estaban ocupados en esperar el regreso de nuestro hombre, que podría traernos el alivio del que aún no habíamos desesperado, cada hora transcurrida parecía en conjunto como muchas noches seguidas. Hacía mucho tiempo que se había ausentado, cuando empecé a atormentarme con la sospecha de su honestidad. Si alguna vez nos movíamos del sitio y teníamos la suerte de llegar a la primera aldea, ¿no podría esperar allí un severo castigo por las graves consecuencias de su negligencia culpable, que implicaba tal vez la pérdida de los caballos, de la que podría pensar escapar impunemente abandonándonos a nuestra suerte? Entonces pensamos en las escasas provisiones que habíamos traído y, decididos a no entregarnos todavía a nuestro futuro destino de deserción, hambre y frío prolongados, propuse a Konstantín descender y seguir a pie las huellas del *yemschik*, con la esperanza de salir de nuestra peligrosa posición.

Estábamos a punto de poner en práctica nuestro proyecto, cuando nos dimos cuenta, para nuestro horror, de que no se podía encontrar ninguna huella. Las ráfagas de viento habían sido lo suficientemente fuertes como para barrer la nieve a través del camino que había tomado; ninguna depresión, por leve que fuera, era visible; todo vestigio de huellas había sido borrado. Si nos alejábamos de donde estábamos, nos perderíamos rápidamente; si permanecíamos en el lugar, nuestro destino no parecía menos inevitable, pero como teníamos algunas provisiones y refugio, se prolongaría, y la vuelta del día podría traernos el rescate. «Esperemos a que amanezca —dijo Konstantín—; entonces tal vez podamos vislumbrar a nuestro hombre en la distancia, si es que aún está vivo; porque en este momento, si no ha tenido éxito, debe haber renunciado a seguir buscando».

Llevábamos una hora sentados uno junto al otro en el vehículo, aproximadamente, cuando me pareció oír gritos a lo lejos. Pero eran tan débiles, que temí que mi excitada imaginación me hubiera engañado. Respondí, sin embargo, aunque mi voz era demasiado débil, y Konstantín se negó a unir la suya a la mía. Creí que se había resignado a su destino, pero fue el miedo, un miedo abrumador, lo que le cerró la garganta. Cedió al fin a mis súplicas, y entonces nuestras voces se unieron en respuesta, con un último atisbo de esperanza.

Al cabo de un rato, intentamos gritar de forma más inteligible algunas palabras, y luego vinieron réplicas. Por fin, para nuestra infinita alegría, vimos a nuestros libertadores. Venían en gran número y con muchos caballos, para rescatarnos de nuestro inminente destino.

Ningún marino que permaneciera en un naufragio y esperara ser rescatado, ante cualquier señal de movimiento en una costa solitaria, podría haber aclamado a los libertadores con mayor exultación. Nuestros ánimos aumentaban ahora en proporción a su reciente depresión. Bromeábamos con bastante libertad sobre la estupidez de nuestro *yemschik*, a quien sus camaradas convertían ahora en objeto de burla. Las dos pobres bestias, que permanecían enganchadas al trineo, pagaron cara esta aventura. Cuando intentaron sacarlas de la hondonada, estaban rígidas y entumecidas por el frío; no podían seguirnos ni un paso, y Konstantín comprendió enseguida que aquellos hombres habían decidido poner fin a su sufrimiento.

Acababa de amanecer cuando entramos en la aldea. Todos los habitantes, al enterarse del gran peligro que habíamos pasado, salieron corriendo a vernos pasar, se inclinaron e hicieron la señal de la cruz al gran San Sergio y a la Virgen de Kazán en señal de gratitud por nuestra salvación.

Nuestro viaje continuó este día sin ningún incidente particular. La reflexión sobre el de la noche anterior, y la felicitación por haber escapado por los pelos de semejante peligro, bastaron para absorber nuestros pensamientos. El aspecto de este gran desierto, que cubre con su nívea mortaja los vestigios de tantas catástrofes anónimas, me hacía estremecer al recordarlo, y desde entonces he pensado a menudo que si nuestro *yemschik* no hubiera acudido en nuestro socorro a tiempo, la única morada a la que nos habría conducido habría sido un cementerio. En la estepa, los lugares de descanso de los muertos son los únicos sitios plantados de árboles y, por esa razón, se ven a gran distancia. Traen a estos lugares melancólicos abedules de Krasnoyarsk, con un gran costo, y estos pequeños grupos de troncos blancos, brillando en los rayos del sol, se convierten en tantos puntos de referencia para el vagabundo solitario. Dan también a este paraje desolado, a pesar de la lúgubre asociación, un aspecto de serena alegría, cuando la solemnidad de la escena acerca los pensamientos a la esperanza y a la resurrección, más que a la desesperación y a la aniquilación definitiva. Cuando el cielo está despejado y el frío es intenso, estos cementerios de las estepas resplandecen con los rayos reflejados, incluso allí donde todo es luminoso en la inmensidad circundante.

A la mañana siguiente, cuando me desperté al amanecer, descubrí que habíamos hecho un alto en la ruta. Abrí la cortina de lona que cerraba la parte delantera del trineo, para cerciorarme de que seguíamos en el camino, y al comprobar que así era, no pude evitar reírme de la situación en que nos encontrábamos. El paisaje no había cambiado; seguía siendo la estepa, y nada más que la estepa a la vista; pero nuestro conductor estaba profundamente dormido, con la cabeza apoyada en nuestras provisiones; los caballos también, sintiéndose autorizados a seguir su propio camino, estaban inmóviles, y probablemente también dormían; pero en cuanto a Konstantín no había duda, porque sus ronquidos, lo bastante fuertes «para asustar a los lobos», proclamaban su feliz estado, y considerando el efecto agotador de las emociones que debía haber experimentado, al principio me dio reparo despertarlo. Sin embargo, esta indulgencia no podía durar mucho con la perspectiva de un viaje de mil ochocientas leguas ante nosotros, y después de haber contemplado unos momentos la gracia de esta actitud quiescente —una gracia tanto más irresistible cuanto que contrastaba con la gravedad de la situación— resolví despertarle, y así lo hice con la mayor suavidad posible. Ya completamente despierto de su somnolencia, miró al conductor un momento con irritación, y luego, en vez de emplear el suave procedimiento que yo había adoptado con él, comenzó a golpear la cabeza del *yemschik* con su puño, el único método eficaz, según él, para un cráneo tan grueso. Los caballos, a su vez, se pusieron rápidamente en marcha con medios aún más enérgicos, y mientras avanzábamos a paso ligero en el aire fresco de la mañana, admiré con arrobo esos sublimes cambios de luz que acompañan invariablemente la salida del sol en un cielo sin nubes en estas latitudes, y su reflejo en tintes más pálidos que pasan sucesivamente sobre la superficie de la nieve.

Por fin, después de este accidentado recorrido, llegamos a Omsk, en una atmósfera cortante de cuarenta y cinco grados bajo cero, una intensidad de frío que apenas disminuyó durante el resto de mi estancia en Siberia.

Muchos geógrafos consideran erróneamente que Tobolsk es la capital de Siberia, pero ese honor corresponde a Irkutsk. Tobolsk ni siquiera es la sede del Gobierno, ya que Omsk es la capital de Siberia Occidental.

No necesité más que una breve estancia en Omsk para felicitarme por haber elegido mi ruta por esta ciudad. Este lugar fortificado, como tal, está situado en la cima de una pequeña colina, a orillas del río Irtish. La vista, por lo tanto, es dominante sobre este río; luego más allá, sobre su orilla opuesta, que está marcada por un montículo, la estepa se extiende delante y a derecha e izquierda hasta perderse de vista en el horizonte. La estepa, vista desde este punto, no tiene para el ojo la misma uniformidad que he mencionado antes. La nieve toma aquí y allá tintes tan distintos y disímiles, y estos varían siempre con una belleza y una combinación artística tan inimitables, que la estepa vista desde Omsk es más hermosa, más diversificada y más imponente, incluso que el mar. Un francés, a quien ya he mencionado, y en cuya compañía he pasado horas contemplando este magnífico espectáculo sin cansarme nunca de él, me dijo que, durante el verano, la estepa era aún más interesante. La hierba, me dijo, adquiere tonalidades tan profundas que llega a ser casi negra; entonces parece que en lugar de una pradera verde sin límites, hay un vasto golfo de profundidad inconmensurable bostezando ante el espectador; y luego, tal vez, una hora después, según la posición del sol y el estado del firmamento, un campo ilimitado de brillante verdor se levanta bajo la vista, y reemplaza, como por encanto, la misteriosa penumbra del abismo sin fondo por la alegría inspiradora de un paisaje vernal.

La estepa es para los habitantes de Omsk lo que el desierto es para el beduino errante, el mar para el navegante o los Alpes para el suizo. Buscan en sus aspectos cambiantes pronósticos del tiempo, y estos determinan sus movimientos diarios. En Omsk, la población siente un gran apego por la estepa, que proporciona abundantes pastos a los rebaños y es un apasionante coto de caza para estos amantes de la cacería, a los que no les faltan animales salvajes. Las fiestas públicas se celebran aquí, y la propia estepa es el equivalente de su paseo marítimo. Ir a la estepa, o simplemente contemplarla, constituye, de hecho, la principal ocupación de la vida de los habitantes de Omsk, y, en efecto, cuando uno ha visto una vez la estepa, no es difícil concebir este apasionado apego. En cuanto a mí, que me había librado por muy poco de dejar que mis huesos se blanquearan en su lecho nevado, y que por ello, tal vez, debería haberme sentido más repelido que atraído por ella, probablemente estaba más entusiasmado por sus encantos que nadie, y con pesar y tierna melancolía me vi obligado a retirarme de la contemplación de un espectáculo tan verdaderamente magnífico y sublime.

La sociedad de las ciudades siberianas está compuesta por funcionarios, considerados la aristocracia, y comerciantes y mineros. Sólo en Omsk se encuentra un tercer elemento, una verdadera clase media de ciudadanos jubilados, es decir, hombres que, habiendo hecho fortuna, dedican su tiempo al estudio o a la diversión.

El primero de estos ciudadanos que me presentaron, después de haberme hablado muy favorablemente del decreto de emancipación de los siervos, le mencioné la conversación que había tenido con el viejo aristócrata de Kazán.

«Este caballero no te ha contado todo el enojoso procedimiento al que los siervos eran constantemente obligados a someterse por sus señores, y las extorsiones de las que eran víctimas. No os ha dicho que los siervos nunca tenían derecho a abandonar la tierra de su señor, ni cuántos azotes les hicieron sufrir, ni cuántas veces los señores se jugaron entre ellos, al lanzamiento de un dado, una propiedad que comprendía cinco o seis familias. No ha dicho una palabra sobre la maniobra de los señores, que, obligados cada año a entregar al servicio del emperador a un cierto número de sus vasallos, elegían, como era de esperar, a los menos vigorosos, que, a pesar de su débil estado de salud, se convertían en soldados de por vida. Ciertamente, no gozamos aún de completa libertad; no podemos abandonar el territorio ruso antes de haber cumplido los requisitos de la ley militar; no podemos cambiar ni de religión ni de patria; pero después de todo, todos somos tratados por igual, y la soberanía del emperador no es comparable con el vejatorio trato de los señores», dijo.

Hará falta, ciertamente, una gran pericia para que el zar introduzca, sin transición violenta o revolución, las reformas liberales necesarias. Es de esperar que lo consiga, gracias al fetichismo que rodea a su persona. Tal vez confíe demasiado en el poder cada vez mayor de la clase comerciante, poseedora de la gran riqueza del país, que sigue siendo devota del emperador debido a su odio a la aristocracia, pero que podría volverse contra su benefactor en cuanto se encontrara en una posición suficientemente fuerte.

Otro ciudadano de Omsk me entretuvo con sus opiniones sobre otro tema, no menos interesante. Era el señor Kroupinikov, que había estado quince años entre los kirguises, como funcionario del Gobierno, encargado de una difícil tarea.

Los kirguises, cuyo territorio está sometido al zar, han permanecido, sin embargo, en su estado nativo, y con el anhelo de recuperar tarde o temprano su perdida independencia nacional. Para evitar que se unan en grandes masas, el Gobierno ha asignado a cada tribu una zona, y se les prohíbe traspasar este límite bajo pena de muerte.

Era deber de Kroupinikov cuidar de que cada kirguís se mantuviera dentro de los límites de su respectivo territorio.

Para llevar a cabo esta difícil y peligrosa tarea, no contaba más que con una escolta insuficiente. Afirmó: «Fui a darles un ejemplo, pero me atacaron e hicieron prisionero, y no sé qué habría pasado si no hubiera logrado escapar con fortuna, y, por cierto, sin caballo y casi sin nada que comer. Esta empresa, probablemente, fue mucho más arriesgada para mí que pasar una temporada entre los kirguises, cuyo carácter en general no es feroz. Lo que detestaban en mí era al funcionario, y no al hombre».

«Durante catorce días y catorce noches estuve expuesto al riguroso frío de la estepa, vagando a pie en medio de una profunda nevada. Sufría de hambre y, sin embargo, apenas me atrevía a probar un bocado de la comida que había logrado traer conmigo, por temor a que desapareciera la última migaja mucho antes de que pudiera llegar hasta Omsk. Pero arribé en un estado doloroso incluso de recordar; porque fue en esta aventura cuando me atacó la enfermedad con la que, como veis, estoy ahora atormentado, sin esperanza de curarme jamás». Este pobre hombre, en efecto, tenía un temblor nervioso de pies a cabeza, que no le permitía un momento de reposo, y cuya sola contemplación bastaba una la primera mirada para estremecerse.

«Si lo desea, señor», me ofreció cortésmente, «le llevaré a ver un campamento kirguís que conozco, no muy lejos de aquí; estaré encantado de organizar una pequeña excursión en su compañía; eso recordará mis antiguas ocupaciones». Acepté de buen grado su propuesta, y a la mañana siguiente, temprano, partimos en trineo hacia el sur.

Antiguamente, los kirguises formaban parte de la gran familia mahometana y vagaban por las orillas floridas del Tigris y el Éufrates. No se sabe con exactitud en qué época y catástrofe fueron derrotados por los turcos, y posteriormente expulsados de sus antiguas moradas a la gran estepa tártara. Intentaron muchas veces reconquistar su antigua tierra, pero fue en vano. Se menciona una expedición de los kirguises que, en 1738, penetró hasta Tashkent.

El etnólogo alemán Gerhard Müller nos da cuenta de algunas de las instituciones de este pueblo durante el período que precedió a su sumisión final a los rusos. Cuando se declaraba la guerra, el jefe nombraba a los que debían alistarse y les asignaba la cuota de armas y caballos que debían proporcionar al ejército.

Para administrar justicia, los juicios eran dictados por una asamblea de ancianos. El culpable de asesinato sufría primero las penas dictadas por el tribunal y luego era entregado a los parientes de su víctima, que tenían libertad para matarlo o mantenerlo como esclavo. En este último caso, el asesino tenía que proporcionar a sus amos cien caballos y dos camellos, con la libertad de sustituir cada caballo por cinco ovejas.

Si la víctima de un asesinato era una mujer o un niño, los familiares de éstos no tenían derecho a exigir la cadena perpetua del asesino, y la multa se reducía a la mitad. El delito de violación se castigaba del mismo modo que el asesinato de mujeres o niños.

Los kirguises siguen teniendo entre ellos un gran número de adivinos, en cuyas revelaciones tienen más o menos fe, según el método que emplean estos magos para predecir.

Algunos adivinan con libros sin recurrir a las estrellas. Otros emplean el omóplato de una oveja. Es absolutamente necesario que este hueso esté desprovisto de carne con un cuchillo, y que los dientes humanos no lo hayan roído, pues de lo contrario no tendría ninguna virtud. Cuando se consulta a uno de estos magos, este pone la paletilla en el fuego, y hace sus predicciones según las fisuras producidas por el calor. Estos adivinos pretenden con su ciencia determinar a qué distancia puede estar una persona ausente.

Los kirguises llaman *bakshi* a la tercera clase de magos. Para obtener de ellos una predicción, exigen un caballo, una oveja o una cabra. El mago comienza la ceremonia cantando y tocando un tambor provisto de anillos; mientras está así ocupado, realiza una sucesión de saltos y contorsiones del cuerpo durante media hora. Una vez concluida esta parte de la ceremonia, hace que le traigan una oveja y, tras matarla, recibe la sangre en un recipiente fabricado expresamente para este fin; luego se queda con la piel y distribuye la carne entre los espectadores, que se la comen. Después coge los huesos y, tiñéndolos de rojo o azul, los arroja hacia el oeste. Seguidamente, esparce la sangre en la misma dirección, comienza de nuevo sus contorsiones y, tras un intervalo, da su respuesta a la pregunta que se le propone. Una cuarta clase de adivinos se llama *kamtscha*. Auguran por el color de la llama que surge de la mantequilla o la grasa arrojadas al fuego. Esta última clase de adivinos no es muy apreciada.

Llevaba unas dos horas de excursión conversando con Kroupinikov, cuando percibí tres tiendas hechas con estacas puntiagudas, montadas una al lado de la otra y cubiertas de fieltro. Como ya habíamos sido anunciados, el cabeza de familia nos recibió ante su campamento. Este hombre era alto y de aspecto altivo, y su atuendo, compuesto en su mayor parte de trofeos de caza, era realmente muy pintoresco. Llevaba la cabeza cubierta con una capucha de lana roja, rematada con una cabeza de lobo disecada, cuyas orejas, vueltas hacia delante, parecían las suyas propias. Sus hombros estaban cubiertos con una camisa roja y una piel de lobo. De la cintura le colgaba una bolsa, parecida a la de un escocés de las Tierras Altas, pero hecha con la piel del ciervo blanco del desierto. Sus piernas estaban envueltas en pieles de diferentes colores; sus sandalias eran de paja trenzada, y sus pies desaparecían bajo unas polainas de cuero, que se expandían por debajo como pantalones mexicanos. A imitación de los antiguos nativos, este hombre llevaba al mismo tiempo su arma de guerra y de caza. Portaba un arco al hombro, flechas suspendidas de un cinturón, un enorme garrote colgado de la cintura y un halcón posado en la mano. Este garrote le servía para abatir a los lobos en cuanto los atropellaba con su veloz corcel. Cerca de él había un perro de caza, de una raza que, al parecer, sólo se encuentra entre esta gente. Carecen de pelo en todo el cuerpo, excepto en las orejas, donde el pelo es de una longitud inusual. Al verlo, me pareció que había sido afeitado por los kirguises, que estaban muy apegados a estos perros, pero Kroupinikov me aseguró que ese era su estado natural. Según ellos, estos animales son más rápidos e inteligentes que los sabuesos escoceses o sirios. Exceptuando la peculiaridad del pelo largo en las orejas, que les resta belleza, son animales extremadamente gráciles.

Como los kirguises son mahometanos, las mujeres de esta tribu se escondieron de nuestras miradas en sus tiendas. Kroupinikov, que no quería disgustar al jefe pidiéndole entrar en la tienda, prefirió pedirle que me mostrara cómo cazaba el lobo con el garrote.

Montó en un instante y ejecutó ante nosotros una maniobra con una destreza que los árabes habrían envidiado si hubieran podido verle. Se fue, cortando el aire como un dardo, ocultándose de la vista al inclinarse cerca del hombro de su jinete, y lo suficientemente bajo como para golpear la nieve con su *tomahawk*. Y al momento siguiente, colgado de alguna parte del arnés, apareció completamente cerca de su corcel.

Aquella figura salvaje, con orejas de lobo, vestida de rojo; aquel cazador del desierto, nervudo y sinuoso, guiando a su corcel como un tigre a una presa imaginaria, era en conjunto un espectáculo sorprendente, tan interesante como asombroso y fantástico. Nos despedimos de este descendiente de Gengis Kan y regresamos a Omsk, con esta visión siempre presente en mi imaginación, como un sueño vívido.

Me divertí con una distracción bastante peculiar de esta ciudad, que tiene lugar durante los tres primeros días del año. Consiste en ir a visitar a los amigos disfrazado y enmascarado, de una manera tan eficaz, que es imposible ser reconocido. Para animar todavía más la parranda, las familias intercambian mutuamente sus casas, disfrazándose también, y entonces los visitantes y los visitados se encuentran igualmente desconcertados. Estas alegres reuniones suelen ir acompañadas de bailes y refrescos. La sociedad de Omsk es demasiado limitada para dar facilidades a cualquier intriga, y demasiado estricta, incluso para que esta, si la hay, tenga consecuencias serias; pero, a pesar de todo, quizá haya pocas ciudades en el mundo donde durante estos tres días pueda oírse tanta alegría bulliciosa como en este lugar privilegiado de la estepa tártara.

CAPÍTULO 9

El frío camino a Tomsk

El frío intenso — Sus inconvenientes — Los bellos efectos de la luz a muy baja temperatura — La fiesta bautismal de Cristo en el Obi — Tomsk — Su comercio — Una velada a orillas del Tom

SALÍ de Omsk el 17 de enero a la una de la tarde. Este día fue intensamente frío; ¡el termómetro marcaba casi cincuenta grados bajo cero! Apenas podía abrir mi *bachelique* cuando deseaba admirar los bellos efectos de luz que acompañan invariablemente a una temperatura tan baja.

La nieve, por algún efecto óptico que soy incapaz de explicar, presentaba, desde ciertos puntos de vista, reflejos tan oscuros que eran casi negros; y luego, en contraste con éstos, innumerables pequeños cristales, reflejando los rayos del sol, brillaban con tal resplandor, que uno podría pensar que estaba admirando partículas de diamantes esparcidas sobre una suave tela de terciopelo. Después de algunas horas de viaje, llegamos a una parte de la estepa llamada la hierba larga, debido a su abundancia en estas partes, que alcanza una gran altura.

Cuando lo vi, estaba cubierto de escarcha. Hacia el atardecer, cuando el sol desaparecía en el horizonte, la masa recibió los rayos que se extinguían y se volvió de un blanco deslumbrante. Al mismo tiempo, la nieve, dispuesta a tomar su tonalidad del cielo, presentaba un tinte azul oscuro. Desgraciadamente, este bello espectáculo duró poco. El sol se había puesto, y un débil y místico crepúsculo comenzó a extenderse sobre esta inmensa llanura, que pronto fue iluminada por la aurora boreal, cubriéndolo todo con su tono rosado.

Sería imposible describir con palabras los diversos y siempre variados tintes que he presenciado, que de vez en cuando embellecían los paisajes siberianos. Cuando el frío es muy intenso, el juego de luces que entra en escena es demasiado sutil para que el arte pueda dar una idea de él. Durante algunas de estas hermosas transformaciones, el vapor ligero del aire se congela; en esos momentos, he visto bancos de finos cristales, casi imperceptibles, flotar en el aire bajo los rayos del sol, y proyectar sus arcoíris superpuestos en el horizonte. Como vemos estos colores en Francia, generalmente en un cielo más sombrío, son apagados en comparación con las tonalidades vivas, fascinantes y místicas que se presentan aquí sobre un azur de pureza infinita.

Un frío tan riguroso no deja de causar graves inconvenientes a los pobres seres humanos que se aventuran a afrontarlo. La parte de la cara que rodea la nariz y la boca desaparece por completo, en unos instantes, bajo una gruesa capa helada, formada por la humedad del aliento; y como es necesario quitar esta costra glacial de vez en cuando, la operación ocasiona mucho sufrimiento.

Para prepararse a dormir por la noche, los trotamundos siberianos acostumbran a humedecer sus *bacheliques*, que rápidamente se congelan y endurecen, formando así un sólido tabique o caja, a pocos centímetros de la cara. La respiración se congela entonces contra la superficie interior de esta pared improvisada. Pero a pesar de estas precauciones, cuando me desperté por la mañana, encontré mis párpados completamente sellados con pequeños carámbanos alrededor de las pestañas, que me vi obligado a disolver entre mis dedos calientes antes de poder abrir los ojos a la luz del día.

Otro efecto extraño de un frío tan intenso puede observarse al entrar en un pueblo, a una hora temprana, cuando los habitantes acaban de encender sus hogueras. El aire caliente y humeante que sale de las chimeneas asciende en línea recta hasta cierto punto, donde, tras enfriarse y condensarse rápidamente, se encuentra con un estrato de igual densidad y comienza a extenderse horizontalmente, por todos lados, como una especie de techo o dosel, y éste, aumentando de espesor, obstruye la radiación, formando así una nube protectora para todo el pueblo.

Entre Koliván y Diorosno, dos pequeñas ciudades situadas frente a frente en colinas opuestas, los hilos telegráficos que se extienden hasta Kiajta están enterrados en un cable subterráneo, un recurso adoptado para evitar las repetidas destrucciones de la comunicación por inundaciones que ocurrían cuando antes se colocaban en postes.

El Obi se hiela de la misma manera que el Oka; las protuberancias son de una magnitud tan exagerada, que es difícil darse cuenta de que cubren el seno de un río; forman, de hecho, colinas y valles, obligando al viajero a ascender y descender por estos accidentes geográficos.

Llegamos a Diorosno a las ocho de la mañana, en el aniversario del bautismo de Cristo. Se había hecho un agujero de un metro de diámetro a través de un grueso suelo de hielo y, a través de esta abertura, se podía ver el Obi fluyendo rápidamente hacia el norte, como si pareciera burlarse del frío que intentaba detener su curso en la superficie. El clero del pueblo, seguido de una multitud de devotos, acudió con gran pompa a este agujero para bendecir el agua de este río. Cuando terminó la ceremonia, todos los habitantes se acercaron con sus cubos, vasijas y recipientes de todo tipo, para llenarlos y luego llevarse a sus moradas el agua que acababa de ser bendecida. Cuando todos hubieron tomado lo que deseaban, tres o cuatro fanáticos se despojaron de sus ropas en un abrir y cerrar de ojos, se sumergieron en el agua helada y, vistiéndose de nuevo con la misma prisa, corrieron a casa para calentarse en sus hogueras. Esta gente considera un milagro si uno escapa sin perecer de las consecuencias de un acto de tal temeridad. Creo que la corta duración del baño y la reacción producida posteriormente por la violenta carrera son las principales salvaguardas contra el peligro.

Después de haber pasado el Obi, entramos en un territorio de aspecto muy singular; era todavía llano, pero inclinado, que se elevaba gradualmente, aparentemente sin fin, hasta el horizonte. Creo que la magnitud de los ríos de Siberia se debe, en primer lugar, a la inmensidad de sus cuencas, y luego a estos prolongados planos inclinados, que tanto facilitan el descenso de las aguas que se acumulan. Sea cual fuere la causa, este extraño terreno inclinado causa asombro y al principio produce vértigo, sobre todo cuando uno se desliza hacia abajo. Aunque la pendiente no es muy pronunciada, la sensación de deslizarse suavemente hacia un abismo lejano y desconocido evoca desagradablemente el peligro. A medida que el suelo se hunde bajo uno, es fácil imaginar que el mundo se ha soltado de sus amarras y flota hacia un destino inconcebible. Uno se siente instintivamente impulsado a extender la mano para agarrar algo, pero como no hay nada más que el suelo desnudo a la vista, se ve arrojado de nuevo a sí mismo más completamente, y esta singular impresión se hace aún más vívida y dolorosa.

Llevábamos ya tres días de viaje desde Omsk, cuando, hacia las cinco de la mañana, nos despertaron unas violentas sacudidas del escarpado hielo del Tom, que anunciaron nuestra aproximación, lograda no sin dificultad, a la ciudad de Tomsk. Siempre es un gran alivio en Siberia, después de un largo viaje, tener a la vista un lugar de descanso y llegar a él. Decidí quedarme un tiempo en esta ciudad, donde la posada, en comparación, parecía relativamente cómoda.

La cámara que me dieron no contenía nada más de lo habitual en otros lugares, pero aquí se consideraba completamente amueblada; aun así, la habitación estaba iluminada por cuatro grandes ventanas, y el suelo estaba bien barrido. Encontrándola, pues, bastante acogedora, abrí todos mis baúles y rogué a Konstantín que me hiciera compañía durante algún tiempo en este importante centro del comercio siberiano.

La ciudad está dividida en dos partes: la ciudad baja, situada en el valle del Tom, y la ciudad alta, encaramada en una colina a lo largo de la orilla derecha del río. La primera es el barrio comercial; allí se encuentran los bazares y almacenes. La otra, por el contrario, se compone de elegantes viviendas, al menos elegantes en este país, ocupadas por quienes han adquirido grandes fortunas o están en camino de conseguir este envidiable objetivo.

Para tener una buena idea de la naturaleza del comercio de Tomsk y de su importancia, es necesario haber sido testigo presencial de esa disposición de los habitantes de Siberia occidental a una existencia relajada, por un lado, y, por otro, conocer esa pasión absorbente con la que los siberianos orientales se dedican a la búsqueda y explotación de las minas de oro.

En Irkutsk, centro de esta segunda parte de Siberia, la tierra es fértil y, sin embargo, no se pone en ella ni un grano de trigo; la ciudad está en la confluencia de tres ríos, pero, a pesar de ello, no se saca de ellos ni un pez. Aunque en los alrededores hay minas de hierro y arcilla china de excelente calidad para la fabricación de porcelana, todas estas materias primas se descuidan, y el material de construcción se trae de los Urales, y los utensilios domésticos de Moscú e incluso de San Petersburgo.

Los habitantes de Tomsk sacan provecho de la indolencia de los siberianos occidentales y de la fiebre del oro de los orientales, y se convierten en comerciantes de maíz, proveedores de forraje, carniceros y, lo que es sorprendente, en los pescaderos de casi toda Siberia. La enorme distancia entre Tomsk y otras ciudades importantes, de las que he hablado, podría hacer dudar de la solidez de tal opinión; pero este comercio es muy posible por los curiosos efectos del frío extremo sobre los alimentos.

MERCADO EN TOMSK

Un día, al cenar un ave rolliza que me habían puesto delante, pregunté, por curiosidad, cuánto tiempo hacía que la habían matado; me contestaron, para disminuir la repugnancia natural de un francés por todo lo que no fuera fresco: «Dos meses solamente; no más». En cuanto a la carne de vacuno, no se requiere ninguna precaución para conservarla; se cuida sola. Casi todos los carniceros matan, al comienzo del frío, una cantidad suficiente de provisiones frescas para el invierno. No hay temor de que ningún alimento fresco cambie bajo tal temperatura. Lo mismo ocurre con el pescado, que se vuelve tan sólido y rígido que se coloca con la cola contra las paredes de los mercados, por muy larga que sea la cola y por muy pesado que sea el pescado.

El clima de Siberia también tiene un efecto muy marcado en la germinación y el crecimiento del grano. La siembra sólo se realiza en mayo, y en julio el maíz está maduro para la cosecha.

Es evidente, además, que la primavera aquí en Siberia hace sentir sus efectos mucho más rápidamente que en Inglaterra o Francia. Si uno observa los árboles, sus hojas y ramas, percibirá diferencias muy sensibles en el desarrollo de un día a otro. Esto se debe en parte al mayor vigor de una savia que ha permanecido latente durante mucho tiempo bajo la nieve. Pero sobre todo a la gran duración de los días y al consiguiente aumento de la insolación, por lo que la vegetación no sólo disfruta de mucho más calor y de períodos más largos de actividad diurna, sino que, al ser más cortas las noches, sufre una parte proporcionalmente menor de refrigeración y retraso en su desarrollo.

Los habitantes de Tomsk, siempre ocupados en el cultivo de la tierra, han conservado, más escrupulosamente que en otros lugares, las antiguas costumbres siberianas. Mencionaré sólo algunas de ellas. En cada casa, e incluso en cada habitación, pueden verse una o varias lámparas encendidas ante algún cuadro, algún objeto de piedad, según el día o la solemnidad religiosa. Cuando un visitante se presenta, se inclina dos o tres veces, haciendo al mismo tiempo la señal de la cruz ante el cuadro; luego, pero no antes, saluda a su anfitrión de una manera acorde con su ocupación en ese momento. Si está comiendo, dicen: «Té y azúcar», que significa: «Espero que puedas poner azúcar en tu té». Este lujo aquí no se da a todo el mundo. Al salir de la habitación, dicen: «¡Descansa en paz!». Cuando los habitantes de Tomsk entran en una tienda, utilizan una expresión con este significado: «Me gustaría que pudieras hacer un trato conmigo en tu propio beneficio».

Durante el verano se traen de China y Transbaikalia grandes cantidades de mercancías que se descargan en Tomsk para ser transportadas en barcos de vapor a Tiumén, y este tráfico adicional aumenta considerablemente la riqueza de la ciudad.

Tomsk es, al parecer, uno de los lugares más fríos de toda Siberia. Durante algunos inviernos, el termómetro ha descendido hasta los cincuenta y cinco grados bajo cero y ha permanecido durante algún tiempo a esta temperatura. ¡También se tiene constancia de uno incluso tan bajo como cincuenta y ocho grados bajo cero!

Cuando estuve aquí, la temperatura, por el contrario, era menos rigurosa que durante mi estancia en Omsk. Nevó copiosamente durante algunos días, lo que me indujo a encerrarme en mi habitación, cosa que no lamenté en absoluto, con la incomodidad de tantos largos días y noches, recién pasados al aire libre, todavía fresca en mi memoria.

Excepto una noche, que impulsado por algún motivo de ejercicio, y tal vez de aventura, salí solo a pie, y seguí mi camino, meditabundo, a lo largo de las orillas del río. La noche era muy oscura, y pesadas nubes velaban las estrellas; pero el suelo estaba iluminado por la nieve caída durante el día. La superficie helada del Tom no era uniforme en ninguna parte, y pude darme cuenta de las sacudidas que habíamos experimentado en el trineo al cruzar este río. Los bloques de hielo se elevaban unos sobre otros, a veces a gran altura, presentando sus bordes hacia arriba, y el aspecto de haber luchado con tremenda fuerza para escapar del aplastante abrazo de la masa sólida sobre la que descansaban. Podría decirse que era el resultado de un terrible combate entre dos grandes fuerzas de la naturaleza, entre el río y la escarcha, una visible y vencida, y la otra invisible y victoriosa. Ahora, sin embargo, esta lucha estaba suspendida hasta que llegara el momento de revertir la victoria, y mientras tanto, todo estaba inmóvil y silencioso.

Permanecí contemplándolo con temor durante algún tiempo, como el pálido rostro de la muerte, en cuyas facciones las convulsiones de la agonía relataban una historia espantosa. La noche era demasiado oscura para distinguir la otra orilla de este gran río; y lo que tenía ante mí, en su escalofriante estado inhóspito —total alejamiento del mundo en esta blanca soledad, hasta donde alcanzaba la vista a través de la penumbra— me hizo estremecer en mi desamparo. Era la primera vez que me sentía tan completamente abandonado, tan aislado del mundo, exiliado de mi país y de mi hogar y de todo lo que me era querido. Pensar en volver a subir al trineo y continuar mi viaje a través de este aire helado y la oscuridad, me hacía encogerme de repugnancia y miedo.

Luchar contra una fuerza como la que había detenido el curso de este gigantesco río me parecía una temeridad. Era, en efecto, una verdadera imagen del extremo norte que había venido a ver tan lejos como Siberia; y aunque había satisfecho mi anhelo de turista de ver maravillas, me dirigí a casa abrumado por este aspecto de la naturaleza, y necesité todo el brillante sol del día siguiente para iluminar mi mente con pensamientos más alegres, y darme algo de valor para reanudar mi viaje.

Una cosa que noté peculiar en Tomsk fue el gran número de sirvientes coreanos, hombres y mujeres, que allí se encuentran. Pregunté al gobernador la razón de esto, y me informó que muchos nativos de esta tierra se refugiaron entre los rusos para escapar de las severas leyes vigentes en su país de origen. «Saben que serán bien recibidos entre nosotros, pues ya tenemos un protectorado sobre su país».

Este anuncio de un protectorado me dio motivos para reflexionar. Corea, como es sabido, sólo es tributaria de China. El soberano de este territorio se opone a los europeos, a quienes no sólo no se les permite establecerse allí de ninguna manera, sino que a menudo son perseguidos por este tirano con extrema crueldad. La probable conquista de Corea por los rusos —conquista bastante inminente, según la opinión del gobernador de Tomsk— podría, de llevarse a cabo, ocasionar importantes modificaciones en nuestros intereses comerciales del Lejano Oriente. Sería un paso significativo hacia la conversión completa de China y Japón a las ideas modernas.

CAPÍTULO 10

El Gobierno de Yeniseisk y Krasnoyarsk

Aspecto miserable de los pueblos de esta provincia — El territorio por fin se vuelve
montañoso — Los vigilantes nocturnos de Krasnoyarsk — Las tres colecciones de
Lobatin — Un baile de exiliados polacos

SALÍ de Tomsk el 26 de enero. Al principio, el aspecto de la carretera no difería sustancialmente de la que había recorrido hacía poco.

En los pueblos, sin embargo, había una gran diferencia. Ciertos detalles mostraban la ausencia de civilización e industria de cualquier tipo. Los pobres habitantes, en lugar de admitir la luz en sus viviendas a través de cristales, que les resultarían demasiado costosos, taponan los agujeros con las pieles de sus ovejas. Es fácil imaginar la poca luz que puede penetrar por esas pequeñas aberturas y lo sombría que debe ser la existencia de esas miserables criaturas durante la oscuridad de un largo invierno.

Estas viviendas se levantan sin cimientos preparados y se componen de vigas firmemente unidas entre sí. Cuando se produce un deshielo, el resultado es un hundimiento, y estas casuchas, en lugar de caerse del todo, al estar aseguradas lateralmente, simplemente se inclinan en masa sobre un lado. Generalmente, permanecen en esta posición, ya que sus habitantes no se toman la molestia de enderezarlas de nuevo. La consecuencia es que, con frecuencia, el suelo del interior está tan inclinado que cuesta un gran esfuerzo caminar por él. Este accidente, tan común en esta parte de Siberia, da un aspecto miserablemente ruinoso a las aldeas; los tejados parecen estar a punto de caerse unos sobre otros, o de desprenderse en otra dirección; el piso superior en algunas chozas está fuertemente inclinado, casi hasta el suelo, y en otras la planta baja está lanzada sobre un plano escorado hasta la altura de los primeros pisos. Al contemplar este desorden, el espectador supondría que el pueblo ha sido azotado por un huracán o un terremoto.

Al día siguiente de nuestra partida de Tomsk, entramos en un inmenso bosque de abedules, tan extenso que cubre toda la región central de Siberia. Estos árboles, que en nuestro país nunca alcanzan grandes dimensiones y que consideramos como uno de los ornamentos más atractivos de nuestros bosques, adquieren aquí enormes proporciones, pero al mismo tiempo, debo decir, en detrimento de su gracia y belleza. Al envejecer, la corteza de sus troncos pierde su brillante color pálido, que estamos acostumbrados a admirar, y parece sucia junto a la nieve; y luego, cuando avanzan hacia la decrepitud, se vuelve completamente negra. La peculiaridad más notable de estos bosques es que nunca han sido talados ni aprovechados. Una masa tan enorme de árboles dejados perecer es algo inaudito en Francia. Aquí y allá pueden verse enormes troncos, tendidos en el suelo o apoyados en otros, a punto de caer, o rotos por la mitad, atestiguando la violencia de algún ciclón pasajero o el poder destructor de un rayo. Enormes pájaros de color negro o azul oscuro, conocidos generalmente con el nombre de gallos del bosque, se posan en las ramas de estos venerables árboles, y luego pueden verse enormes búhos, todos blancos, que vuelven perezosamente sus caras planas hacia el viajero que pasa, mirándole sin moverse, con la mayor indiferencia. Aquí, tal vez, más que en otros lugares, está el dominio de lo extraño y fantástico, y se requiere poca imaginación para poblarlo con todas las creaciones fantasiosas y grotescas de la poesía medieval.

Seguimos viajando largo rato a través de este bosque primitivo, cuyo lúgubre silencio y salvaje grandeza me disponían a meditar más que a hablar. Mi compañero también parecía tener sus pensamientos absortos en algo de peso; pensaba en el futuro, en sus padres y en los amigos con los que pronto se reuniría y, lo que yo sospechaba, en la señorita Campbell, que nos había precedido en el camino. Los míos, por el contrario, estaban más bien en el presente y en el pasado; pensaba en la larga distancia que ya había recorrido en mi trineo; luego mi alma vagaba del bosque oscuro y misterioso a la estepa desvelada y prosaica, y finalmente se extraviaba desconcertada ante la inmensidad de este espacio sin huellas.

La superficie por la que nos desplazábamos se iba ondulando suavemente, luego se sucedieron pequeñas lomas y, por fin, desapareció la monótona llanura.

Esto me recordó de forma muy convincente lo indiferentes que nos volvemos con el tiempo a las interminables escenas repetidas o continuadas de la vida cotidiana, por muy agradables que sean, y lo rápido que nos despertamos, incluso a una conciencia desnuda de ellas después de un intervalo meramente moderado de su interrupción.

Desde que dejé los Urales, había viajado de seiscientas a setecientas leguas sobre un país absolutamente llano, que presentaba algunas características interesantes, es cierto, y no menos los maravillosos efectos de la luz; pero por todo ello, estaba vacío de variedad y vida; y este nuevo contraste reveló cuán queridas eran para mí las animadas y cambiantes escenas a las que había estado acostumbrado, y cuán poco, por demasiada familiaridad con ellas, era entonces capaz de apreciarlas.

Durante los dos días que precedieron mi llegada a Krasnoyarsk, pasé por varias colinas, unas veces abruptas y otras suavemente inclinadas, y de nuevo por otras que se elevaban como picos sobre valles que me parecieron muy profundos. Mi vista se interesaba por fin en algún cambio, y podía ser atraída a la derecha por los reflejos de los rayos del sol que desde la nieve cubrían llamativos objetos diversos, o reposar a la izquierda en las impenetrables sombras. En resumen, la monotonía había cesado, y a las fatigas del viaje había sucedido la excitación del movimiento, la variedad y la vida de la naturaleza pintoresca. Al ver este cambio, sentí vívidamente lo solitaria y triste que había sido la llanura muerta e inmutable que había dejado atrás. Pensé en los pobres habitantes de Omsk, que tan a menudo contemplan la estepa con ojos anhelantes. No es por amor a esta inmensa llanura, me dije entonces, sino por una vaga esperanza instintiva, de la que apenas son conscientes, aunque sí sensibles, de ver más allá, en el horizonte, el amanecer de algo más brillante que esta uniformidad sin fin, y tal vez en tal esperanza encuentren su felicidad.

Al acercarse a Krasnoyarsk, las colinas se elevan cada vez más y se convierten, al fin, alrededor de la ciudad, en imponentes montañas. Entramos en esta capital de la provincia de Yeniseisk el 29 de enero a las tres de la tarde.

Como el día se terminaba, salí enseguida y pude contemplar y admirar la pintoresca posición de Krasnoyarsk. Está construida a orillas del Yenyséi, que serpentea entre dos montañas muy altas, cuyas escarpadas laderas dan una profundidad más llamativa al valle que dominan. La ciudad se levanta en una hondonada al pie de uno de estos imponentes acantilados.

Mi primera impresión de Krasnoyarsk fue, pues, favorable. Me pareció que los habitantes de esta ciudad, teniendo ante sus ojos una vista tan hermosa de la naturaleza, debían ser más alegres e inventivos que los que acababa de dejar atrás, y mi expectativa en esto no fue engañada en absoluto. Sin embargo, la sociedad de Krasnoyarsk, por otra causa, podría haberse creído sedentaria y poco dispuesta a la hospitalidad, ya que se compone de exiliados polacos con pocos motivos para la alegría, y de algunos buscadores de oro, a quienes cualquier otra cosa que no fueran pesadas pepitas brillantes les parecía indigna de ocupar sus pensamientos.

No busqué mis cartas de recomendación para hacer uso de ellas hasta el día siguiente. Durante la noche, un ruido singular y continuo me impidió conciliar el sueño; era el chasquido áspero producido por el choque violento de dos piezas de metal. Los sonidos se repetían a intervalos rápidos, y parecían moverse de una parte a otra de la casa. Las conjeturas sobre la causa de este extraño ruido aumentaron la excitación de mi mente y contribuyeron a mantenerme despierto. La explicación llegó a su debido tiempo. Parece ser que los siberianos han tomado prestada de los chinos esta extraña costumbre de advertir a los ladrones, mediante este incesante ruido, que los moradores de la casa están alerta y que cualquier intento de robo será descubierto y frustrado. ¡Afortunados los ladrones que saben así qué casa evitar y cuál saquear! ¡Dichosas las familias que tienen los oídos aturdidos y el sueño insomne con semejante música!

La primera visita que hice en Krasnoyarsk fue a un sabio, el señor Lobatin, que posee tres colecciones notables: en primer lugar, una colección de utensilios de piedra prehistóricos de los aborígenes de Siberia, que son bastante similares a otros que he visto en otros países de Europa y en otras partes del mundo. El señor Lobatin parecía muy dedicado a este estudio, y yo comprendía perfectamente el placer que le producía sin poder entrar yo en él.

A continuación, había una colección numismática, sobre la que me dio algunas explicaciones interesantes. Mencionaré, entre otras, una medalla acuñada bajo el reinado de Pedro el Grande, cuya posesión eximía en aquella época del cumplimiento del reglamento general prescrito por este gran reformador a sus súbditos, en virtud del cual estaban obligados a despojarse de la barba. A los que deseaban permitirse el lujo de este apéndice hirsuto se les hacía pagar muy caro por ello, pues el emperador no era indulgente con los que no aprobaban sus órdenes, y así se obtenía un impuesto sobre un lujo. La forma de esta medalla es bastante singular, ya que tiene un trozo recortado en un lado, como la brocha de afeitar de un barbero.

La tercera colección era geológica, a la que Siberia, con su abundancia y variedad de minerales, podía contribuir en gran medida. En relación con esto, el señor Lobatin tenía algunas teorías políticas, la principal de las cuales era que cuanto más al sur vivía la gente, más turbulenta y más difícil de gobernar era, y que las tierras del sur se adaptaban mejor a los déspotas.

Los siberianos bailan mucho; los bailes son frecuentes y muy elegantes, pero rara vez tienen lugar en casas particulares. En todas las ciudades hay generalmente dos clubes, el de la nobleza y el de la burguesía, a cualquiera de los cuales se invita a uno a acudir y pasar la velada, según su posición; el de la nobleza está compuesto por los funcionarios del Gobierno y el otro por comerciantes.

Al día siguiente de mi llegada a Krasnoyarsk, fui invitado a un baile en el club de la nobleza. No siendo numerosos los funcionarios en esta ciudad, habían invitado a unos cuantos de la clase comercial, y en particular a algunos exiliados polacos. Un baile de presidiarios parecía algo incongruente, pero sería un error suponer que los polacos exiliados en Siberia son actualmente todos maltratados, y que pasan el tiempo llorando por su amada patria. Cuando hable de Irkutsk más adelante, tendré ocasión de ofrecer más detalles de la suerte de los polacos exiliados en Siberia. Pero ahora, aquí en Krasnoyarsk, casi todos eran miembros de la buena sociedad. Sus opiniones políticas, como las de todos los polacos que he conocido, son, es cierto, extremadamente avanzadas. No sólo habían tomado parte en su guerra de independencia, sino que casi todos habían estado implicados en insurrecciones más allá de las fronteras de su país; admiraban a nuestros violentos demagogos franceses, y encontraban excusas para nuestra comuna; pero a pesar de estas opiniones absurdas, que la ignorancia de la historia contemporánea y la distancia de la escena de la acción pueden haber hecho excusables, encontré en Krasnoyarsk una sociedad de polacos ilustrados y hombres perfectamente bien educados. Como estos formaban la mayoría, el baile era bastante «a la moda polonesa», y es un tipo de baile, en mi opinión, que debería sobrevivir para siempre a su perdida nacionalidad. Uno nunca da pasos como en un baile ordinario. Para ir de un lado a otro, es necesario adoptar el paso llamado «la polonesa», bastante difícil de dominar, es cierto, pero que es, sin duda, muy elegante. La consecuencia es que en estos bailes, y especialmente en el cotillón, hay una vivacidad que nunca se ve en nuestros salones, considerados los más alegres del mundo. Como otra prueba del conocimiento que los rusos y los polacos tienen de nuestra lengua, me limitaré a observar que aquí, en esta ciudad perdida en las profundidades de Siberia, cuando terminó el baile y nos sentamos a cenar, un grupo muy numeroso no hablaba otra lengua que el francés.

Es aquí, en Krasnoyarsk, donde uno empieza a familiarizarse con algunos buscadores de oro. Primero fui recibido en casa del señor Rodosvenny, quien, aunque enormemente pudiente, se considera aquí simplemente en circunstancias bastante cómodas, a causa de su vecino, Kuznetsov, cuyas minas son considerablemente más ricas. Después de haber visto en Irkutsk y en Kiajta las casas de Nempshinov, Bazanov y Trapeznikov, el lujo de Kuznetsov no me pareció más extraordinario; pero conociendo el costo de la vida para un simple viajero en Siberia, y habiendo recogido alguna información sobre el costo de una elegante casa de piedra y hierro, materiales que hay que traer principalmente desde los Urales, me quedé maravillado ante este palacio de Kuznetsov, tan extenso como nuestras grandes mansiones parisienses y casi tan lujosamente decorado.

Para mencionar dos o tres lujosas locuras de estos grandes propietarios de las minas de oro de Siberia oriental, me referiré al cenicero —donde los fumadores del salón dejan caer las colillas de sus cigarrillos, según la costumbre rusa, después de comer— compuesto de una pepita de oro puro, valorada en mil seiscientas libras esterlinas, y en el mismo estado en que fue encontrada en la mina. El zar ha permitido, en un caso excepcional, que Kuznetsov conserve en su casa esta pepita, debido a la rareza de semejante regalo del cielo. El propietario de este tesoro no omitió informarme de que, habiendo tenido este precioso receptáculo durante treinta años, había perdido no sólo las mil seiscientas libras esterlinas, sino también los intereses, dos mil cuatrocientas libras, y, en consecuencia, este lujo le había costado cuatro mil libras. Después de satisfacer mi curiosidad pesando en mis manos una y otra vez esta enorme pepita, me despedí de esta opulenta familia.

Al día siguiente, nos encontrábamos de nuevo sentados en el trineo con un viaje de doscientas cincuenta leguas que cumplir sin descanso, al final del cual esperábamos encontrarnos en Irkutsk, la capital de Siberia.

CAPÍTULO 11

De Krasnoyarsk a Irkutsk

*Posición social y educación de la gente del campo y de los ciudadanos — Abandono
de los bosques siberianos — Viaje a Irkutsk — Una manada de lobos — Limpieza de
los pueblos — Congelación del Angará — El Gobierno de Irkutsk — La universidad
— La cárcel — El cuerpo de bomberos*

RECORRIMOS las orillas del Yeniséi y, por el camino, observamos a unos ociosos que se divertían pescando con sedal. Su procedimiento era bastante ingenioso: abrían un agujero en el espesor del hielo, y por esta abertura dejaban caer un extremo de su sedal, con el otro extremo unido a un pequeño aparato que se deslizaba sobre dos patines como un trineo. El pez, al picar, ponía en movimiento este pequeño vehículo, anunciando así su sencillez. El resto de la representación no difería de la que se practica en otros lugares. Como es el caso con muchos otros ingenios, la astucia desafía la credulidad.

Poco después Krasnoyarsk desapareció de nuestra vista, y entonces nos encontramos de nuevo en medio de la más completa soledad. El seno del Yeniséi era realmente un hermoso espectáculo; ocupaba todo el valle, el cual, a pesar de su anchura, parecía muy estrecho y profundo, a causa de la imponente altura y de las escarpadas laderas de las montañas que formaban precipitados acantilados a lo largo de las orillas. En presencia de este grandioso paisaje, era divertido oír el tintineo de nuestras insignificantes campanas, agitadas más allá de toda medida para anunciar nuestro importante paso sobre el áspero hielo; era un contraste entre lo ridículo y lo sublime. Seguimos así hasta llegar al final del barranco, cortado por una abrupta curva de la montaña, cuando abandonamos el río y continuamos nuestro curso hacia el este.

Durante dos días más, el terreno no presentó nada que pudiera interesar al viajero.

Al atravesar estos bosques de pinos, que se extienden desde Krasnoyarsk hasta Irkutsk, cuyos árboles son gigantescos en altura y circunferencia, supuse que proporcionarían al Gobierno ruso, de quien son propiedad, sumas considerables; pero estaba equivocado. El Gobierno permite al campesinado cortar madera para su propio uso, pero prohíbe la tala como empresa comercial, y en particular la exportación de esta madera, incluso por cuenta y beneficio propios. Pero la razón de esta estricta reglamentación es un misterio. Los mongoles, a falta de madera, utilizan estiércol seco de camello como combustible, igual que los egipcios. Los chinos y los japoneses apenas tienen combustible para calentarse; el Gobierno ruso, por tanto, podría encontrar una gran fuente de riqueza en estos bosques, así como en los yacimientos de carbón de la isla de Sajalín. Puede haber razones válidas para descuidarlos, pero de qué naturaleza son no tengo la menor idea.

Una noche, cuando la luna derramaba un torrente de luz plateada sobre los árboles nevados, divisamos una manada de lobos enormes, a unos doscientos metros por delante de nuestro trineo. «¡Lobos!», gritó nuestro *yemschik*. «¡Lobos!», repetí, sacando mi revólver y poniéndolo en el suelo, mientras me apresuraba a cargar mi fusil, que, desde la peligrosa huida cerca de Omsk, había tenido buen cuidado de tener a mano, y no guardado en algún equipaje inaccesible. Lo tenía todo preparado y esperaba un ataque serio. Como era el mejor armado, me arrodillé junto al *yemschik*, con mi revólver, mi fusil y un formidable cuchillo grande. El conductor y Konstantín sonrieron, preguntándose qué proeza estaba a punto de realizar, y sus sonrisas, evidentemente, demostraban su experiencia. En cuanto los lobos nos oyeron, se detuvieron todos, se volvieron atentamente para mirarnos, luego nos observaron unos instantes sin moverse, y viendo que nos acercábamos cada vez más, dieron la vuelta y trotaron por el camino ante nosotros en la misma dirección como una jauría de sabuesos cansados después de un buen día de carrera.

Alabada sea la viva imaginación de poetas y artistas, a los que debo un sentimiento emocionante. Esperaba con la respiración jadeante la realización de un sueño excitante, largamente acariciado, y convertirme en un participante real en esas aventuras que conmovían el alma y que había estudiado muchas veces con fascinante deleite en el *Magasin Pittoresque*, la *Habitation au Desert*, y muchos libros similares, con todas sus fantásticas ilustraciones; y ahora, en lugar de una vibrante escena de la vida real, tuve que contentarme con un espectáculo provocadoramente prosaico; pues no había nada más que me interesara que la mansa marcha de quince hermosos lobos, huyendo tranquilamente a nuestra aproximación, con una respetuosa distancia frente a nosotros. Parecía como si la profundidad de la nieve en el bosque impidiese su libre curso; y las pobres bestias, en consecuencia, preferían tomar su camino por una senda bien trillada, incluso por sus enemigos. Nos hicimos compañía, de este modo, durante una milla o más, cuando la proximidad de una aldea, con la que probablemente estaban bien familiarizados, aunque no hasta el punto de los cerrojos de las puertas, les indujo a desviarse, y sumergirse en la profundidad del bosque. Sin duda, la discreción más que el miedo fue el motivo de este movimiento para evitar el conflicto con una fuerza dirigida por la inteligencia superior del hombre. ¿Qué mejor prueba podría haber de su sagacidad y justa apreciación del valor?

Las aldeas y las propiedades adyacentes de los habitantes están todas cercadas juntas. El emperador concede a cada aldea una cierta porción de tierra, que generalmente se distribuye a partes iguales entre los habitantes varones. En el bosque, más allá del recinto, tienen el privilegio de pastorear sus rebaños, pero no se les permite labrar la tierra. Esta aparente libertad no tiene mucha importancia, debido a la inmensa extensión del territorio para el reducido número de habitantes; las pequeñas parcelas, en comparación con el suelo no utilizado, son meros pececillos para una ballena.

Pero el barón de Haxtäusen no admite este acto de gracia del soberano hacia sus súbditos, pues sostiene que el sistema tuvo su origen en el desarrollo natural del modo de vida del pueblo ruso. «El pueblo ruso», observa, «era nómada, y entre los nómadas no existe una propiedad individual definida: la tierra se utilizaba en común, en beneficio de toda la tribu. Luego, gradualmente, estas hordas nómadas, establecidas en Rusia, cesaron su vida errante, y se fijaron en viviendas permanentes, y fue en ese momento cuando los pastos se hicieron constantes, en lugar de temporales, como habían sido anteriormente. Entonces avanzó la agricultura, en combinación con la ocupación pastoril y la cría de ganado, la vida ordinaria del nómada. Pero el antiguo elemento de la vida nómada estaba profundamente implantado en la existencia y el carácter del pueblo, formaba parte de su naturaleza y no podía erradicarse. Todos los miembros de la tribu o de la comunidad trabajaban juntos, y las cosechas eran recogidas por su trabajo conjunto, y luego distribuidas en partes iguales a cada miembro con derecho aparte. En Serbia, Bosnia y Eslovenia se pueden ver aldeas que aplican el mismo principio. En Rusia han mejorado esta organización sin, por ello, atacar el principio. Han dividido y distribuido la tierra en partes iguales entre todos los miembros de la comuna, no a perpetuidad, pero sí por un período de muchos años».

El mismo autor muestra todas las ventajas de una organización de este tipo: «Desarrolla en la gente el deseo de permanecer en el país; fortifica los sentimientos de homogeneidad, comunidad, fraternidad y justicia, así como el amor a la patria y el apego a un lugar. Fortalece los lazos de la vida familiar, y en los pueblos rusos, al contrario de lo que se ve en otros lugares de Europa, un gran número de niños son una fuente de riqueza».

Acabo de mencionar que los campesinos siberianos tienen derecho a talar madera en los bosques para su propio uso. Como obtienen el combustible gratuitamente, mantienen en sus casas una temperatura extremadamente alta. En las casas elegantes, construidas de piedra, no se ven ni estufas ni chimeneas; el aparato de calefacción está entre las dos superficies de las paredes. El calor se transmite por contacto con la superficie, y de manera uniforme desde el techo hasta el suelo. Este proceso no tiene los inconvenientes de nuestro sistema de estufas cerradas, y no afecta a la cabeza con gases carbónicos difundidos en la habitación. En las viviendas de los campesinos, las paredes de madera no admiten la misma disposición. En el centro de la vivienda se levanta una construcción de piedra o arcilla cocida, y esta, calentada en el centro, expulsa el calor de la superficie.

Las mujeres rara vez salen de sus casas, por lo que no llevan más vestimenta que una especie de bata, como los *felah* (campesinos) del Bajo Egipto. Esta escasa vestimenta parece extrañamente incompatible con la nieve que hay en el suelo al aire libre. Tan pronto como se abre la puerta exterior, el aire caliente del interior, cargado de vapor, se condensa de repente y forma una nube alrededor del visitante que entra, durante unos instantes y tan densa, que impide que se le reconozca. Hace su aparición, como en los cuentos de *Las mil y una noches*, envuelto en una nube que acompaña su paso, y que se dispersa tan pronto como cumple su misión. En una de las etapas donde me detuve, entre Krasnoyarsk e Irkutsk, el calor era tan grande en la habitación de los viajeros, que a pesar de la estación, una mariposa, algunas moscas y mosquitos revoloteaban y zumbaban con todo su vigor.

Me informaron de que en esta parte de Siberia los mosquitos forman enemigos muy formidables contra los que luchar. Konstantín me dijo que, durante el verano, aquí uno está obligado a meter la cabeza en un saco, y a pesar de esta precaución, es a menudo víctima de estos terribles insectos. La señora de Bourboulon, que pasó por allí en el mes de julio, menciona estas plagas, y que los viajeros, e incluso caballos, han perecido por los efectos de sus picaduras.

Después de ocho días y ocho noches de camino, penetramos por fin en el valle del Angará. Este río procede del lago Baikal, pasa por Irkutsk y finalmente se pierde en el Yeniséi. Como la diferencia de nivel entre Irkutsk y el lago Baikal es considerable, aunque la distancia es sólo de quince leguas, la corriente del Angará es extremadamente rápida. Las heladas, por consiguiente, no consiguen detener su vivo curso hasta muy tarde y después de grandes esfuerzos. En ningún otro lugar de Siberia, esta lucha entre una corriente y la congelación hibernal —la detención del movimiento y la transmutación de la fuerza— produce efectos tan notables. Para dominar a su adversario, la escarcha ataca al agua corriente primero desde abajo, empezando por las orillas. Es en el fondo del Angará, y contiguo a sus orillas, donde aparecen las primeras solidificaciones. Mientras estas se extienden, pequeños bloques de hielo se forman y flotan sobre la superficie, y entonces estos dos adversarios, reuniendo fuerzas, tratan de unir sus empeños en un ataque simultáneo y combinado. El río, amenazado de ser detenido en su curso, lucha desesperadamente. Perseguido y acorralado, se precipita frenéticamente hacia delante, y si así pudiera soltarse y arrastrar consigo a su enemigo flotante, tal vez obtendría la victoria. Pero estos inquietos enemigos, cada vez más grandes y numerosos, mantienen su dominio y amenazan con retirarse. El Angará recurre entonces a un esfuerzo supremo. Cambia repentinamente su curso ordinario y, saltando en torrentes sobre las barreras, se esparce por el valle, dispersando su fuerza en todas direcciones, como si hubiera sido derrotado por su implacable enemigo. Es entonces cuando se decide la victoria. Las aguas que se han desbordado son rápidamente vencidas tan pronto como se relajan en su retirada, y son congeladas en un instante; y las que también se retiran a lo largo del curso del río, debilitadas en cuerpo y velocidad, ceden también a su vez a un terrible conflicto de ocho o diez días de duración, y allí, al final, descansan bajo un sudario blanco, vencidas y quietas, dejando monumentos de poder que golpean el ojo con asombro.

Estas montañas de hielo se amontonan en este río hasta una gran altura. Se elevan irregularmente, sosteniendo enormes y dentados bloques torcidos en su masa de contorsiones, presentando el más singular y grotesco espectáculo de desorden inexplicable. Toda la anchura del valle, a causa de la inundación, estaba llena de esta sorprendente convulsión de la naturaleza. Cuando mi vista se posó por primera vez en este maravilloso espectáculo, el sol brillaba a través de uno de estos bloques, colocado en uno de los pináculos más altos, y producía un faro natural de deslumbrante esplendor; aquí sus rayos, refractados por innumerables carámbanos, coloreaban el valle con arcoíris, o caían sobre diminutos cristales de hielo, formados por el vapor acuoso que flotaba en el aire, y con ellos dibujaban dos columnas luminosas, que se elevaban y se derretían en la profundidad del cielo. Evocaba en mi imaginación aquel palacio solar cantado por Ovidio, sostenido por columnas resplandecientes. Cuando el poeta describió estas maravillas, ¿había conocido ya la amargura del destierro en tierras hiperbóreas? ¿Había contemplado, como yo, este extraño fenómeno en las mismas latitudes?

Mi llegada a Irkutsk estuvo acompañada de estas grandiosas escenas de luz, tan sorprendentes por su novedad y esplendor.

Esta ciudad está construida en la confluencia de tres ríos: el Angará, el Irkut y el Kuda. En lugar de estar encaramada en una colina dominante, como la mayoría de las demás ciudades siberianas, está, por el contrario, situada en el centro de un anfiteatro, formado entre las montañas, que se abre sólo por el lado formado por el curso del Angará. Irkutsk está habitada por los representantes de una gran variedad de razas, que conservan allí no sólo su tipo físico, sino también sus trajes y modales; el aspecto de las calles es, por tanto, extremadamente pintoresco. A cada momento se cruzan en el camino buriatos, tunguses, samoyedos, chinos, mongoles, manchús e incluso algunos kirguises, a quienes el Gobierno de Omsk ha permitido abandonar sus distritos. Pero primero presentaré a mis lectores la sociedad rusa de Irkutsk y los exiliados polacos.

La sociedad rusa puede clasificarse en tres categorías: los funcionarios, los buscadores de oro y el clero.

A la cabeza de la primera está el gobernador general; representa directamente al emperador en toda Siberia Oriental; tiene, además, plenos poderes, y sus actos son controlados únicamente por el emperador. Este apelativo podría hacer suponer que esta dignidad suprema debe recaer en un militar; pero no es así. En Rusia, hay grados en cada departamento de la administración civil, correspondientes a los del ejército, que tienen las mismas designaciones. En el momento de mi estancia en Irkutsk, el gobernador general era el señor Silenikov. Le presenté mis recomendaciones de San Petersburgo, y me recibió con toda la hospitalidad habitual de un funcionario ruso y la cortesía de un gran señor de este país. Nombró a un joven adscrito a su oficina para que me acompañara adonde quisiera ir o ser admitido.

Inmediatamente después del gobernador general en la jerarquía viene el gobernador militar, que no sólo es comandante de las tropas, sino en cierto modo ministro de Guerra de Siberia Oriental.

El primer establecimiento de Irkutsk que visité fue el Liceo. Sólo hay una cosa que destacar allí, sobre todo cuando la instrucción libre está a la orden del día. En Rusia no hay profesiones libres e independientes. No sólo los ingenieros son, como en Francia, funcionarios del Gobierno, sino también los abogados y los médicos. El Gobierno les da nombramientos según su rango, igual que a los demás servidores de la Corona. Los ricos, es cierto, acostumbran a pagar por los servicios que reciben, pero un paciente pobre puede llamar a cualquier médico que le plazca, sin estar obligado a darle la menor recompensa. El Gobierno, contrariamente a la opinión general, está deseoso de extender la instrucción; temiendo, sin embargo, las consecuencias de una educación absolutamente gratuita, entra en un compromiso con sus jóvenes súbditos deseosos de instrucción, en virtud del cual ofrece al estudiante la instrucción necesaria, y después éste, a cambio, está obligado a dar al Estado cinco años de servicios gratuitos en la profesión que ha elegido. Sin embargo, si el joven no logra aprobar el examen final, se ve obligado a ingresar en el ejército para saldar la deuda de cinco años de servicio. Como esto da indudables facilidades en la elección y adopción de una carrera, me parece una organización muy ingeniosa.

Después visité la prisión, pero fue una visión que me hizo estremecer. Estar atado no sólo a Irkutsk, sino a una prisión en Irkutsk, es algo terrible. Cuando hube contemplado los rasgos de estos asesinos y ladrones, rostros ya no humanos, donde, en lugar de inteligencia y sensibilidad, no se ve representada más que la rabia y la sed de sangre, mi conmiseración se desvaneció rápidamente. Sólo lamenté una cosa aquí, y más que en otras partes, y es la perniciosa costumbre siberiana de mantener las ventanas siempre cerradas; ¡algunas cámaras de esta prisión estaban ocupadas por setenta u ochenta prisioneros sin haber sido ventiladas jamás!

Antes de abandonar esta lúgubre visión, mi guía me llevó a la cámara de los presos políticos. Había allí unos quince hombres, casi todos muy jóvenes, arrojados juntos sin ninguna consideración, y probablemente durante largos períodos. Corramos un tupido velo sobre tan desdichados seres. Lejos de lanzarle cualquier reproche al zar, considero la enorme responsabilidad que descansa sobre él. Debe necesariamente ser conducido a veces a decisiones crueles, si no hay otros medios de asegurar la tranquilidad y el bienestar de su pueblo; pero por todo ello, tiemblo al pensar en las víctimas de estos juicios arbitrarios, de estos jóvenes espíritus, semejantes a aquellas luces descarriadas que los revolucionarios culpables extraviaron en Francia, y que tan inocentemente imaginan que la verdadera libertad se encuentra en otra parte que no sea el respeto a la ley y al orden. Si la justicia pudiera ser ubicua y alcanzar a todos los culpables, sé qué clase de delincuentes predominaría en la prisión de Irkutsk y también en las nuestras.

A las esposas de estos prisioneros se les permite seguir a sus maridos a Siberia; incluso se las mantiene a expensas del Estado, pero, al mismo tiempo, están sujetas a una severa reglamentación que las obliga, en primer lugar, a renunciar a todos los derechos derivados de su nacimiento o posición social. Y en segundo lugar, no pueden enviar ni recibir cartas ni dinero si no es a través de las autoridades. Además, sólo ven a sus maridos en horas y lugares fijos. Si el marido es exiliado de por vida, la mujer no puede bajo ningún pretexto regresar a Europa. La administración local tiene derecho a exigirles los servicios más humildes, como fregar el suelo y trabajos similares.

Al salir de aquí, fui a ver el cuartel de los bomberos. Este cuerpo, segundo en utilidad después de la policía en todos los países, es de primera importancia en Siberia, donde las ciudades están construidas de madera. En cada uno de los cuatro cuarteles de bomberos de Irkutsk hay un observatorio y un vigilante que da constantemente la primera alarma de peligro. Mi guía suplicó al oficial al mando que hiciera un simulacro de la salida. Enseguida hizo sonar una campana y ordenó izar ciertos colores en lo alto del observatorio. En dos minutos, ni más ni menos, se encontraron dieciséis caballos enjaezados a una máquina y accesorios, y aparecieron en el patio donde yo me encontraba; y cinco minutos después, llegaron otras tres máquinas de los otros establecimientos. La rapidez con la que el fuego se propaga en los edificios de madera requiere los recursos más rápidos, y estos son proporcionados por sesenta y cuatro caballos que traen cuatro máquinas totalmente equipadas al lugar en cinco minutos.

CAPÍTULO 12

Irkutsk

Los mineros del oro — Su lujo, su riqueza y sus esposas — Unas palabras sobre el clero y la doctrina de la religión — Los exiliados polacos — Los maníacos viajeros — Una cena en familia

Y A he hablado de los buscadores de oro en Siberia oriental, y he dado un ejemplo de su prodigalidad en el maravilloso receptáculo de cenizas de cigarro del señor Kuznetsov. Los mineros de Irkutsk son aún más extravagantes en sus fantasías, favorecidos por su mayor riqueza.

Pero no todos los buscadores de oro hacen fortuna; muchos incluso se arruinan cuando no disponen de capital suficiente para el desembolso preliminar y éste no se ve recompensado con un éxito inmediato. En Siberia es raro encontrar oro mezclado con otros minerales, y dudo que los siberianos se preocupen por una búsqueda tan exasperante, al menos para sus ojos, acostumbrados, como están, a verlo en una forma menos oculta. Lo que aquí llaman una mina de oro es un lugar donde se encuentran grandes pepitas brillantes de oro puro esparcidas en la arena, y donde pueden extraerse sin tener que recurrir a costosas maquinarias y manipulaciones químicas. Las mayores acumulaciones de lingotes, aunque no están en la superficie, se encuentran generalmente a unos dos o tres metros por debajo, y donde pueden obtenerse en yacimientos al aire libre.

Las máquinas más utilizadas para separar el oro de la arena consisten en grandes cilindros inclinados en los que se introduce la arena aurífera y se somete a la acción de una corriente de agua. La arena, relativamente ligera, es arrastrada rápidamente por la fuerza del agua, mientras que el oro pesado cae al fondo del aparato. Las partículas de oro más pequeñas, demasiado ligeras para resistir la fuerza del agua y que, en consecuencia, son arrastradas con la arena, pasan a ser propiedad de los trabajadores.

La mina más prolífica de toda Siberia produce anualmente un millón doscientas mil libras esterlinas. Es propiedad de tres personas solamente: Bazanov, Nempshinov y Trapeznikov. Este último, que es un hombre joven, muestra más que los otros las extravagancias de un millonario que parecerían insensatamente pródigas en Europa, pero que en este país de profusión exagerada no parecen sobrepasar los límites de la razón. Un día, encontrando el camino demasiado fangoso para las ruedas de su carruaje, y deseoso de tomar el aire, hizo colocar alfombras a todo lo largo de su camino. Cuando regresó, tuvo la satisfacción de ver su carruaje y sus caballos perfectamente libres de la grave desfiguración de una mancha de barro.

Desgraciadamente, este ejemplo de lujo es imitado en un grado más pobre, aunque tal vez no con un espíritu más débil, por los trabajadores, cuyos efectos se hacen sentir con mayor frecuencia cuando regresan a casa en otoño con sus esposas, a las que apenas les queda un mendrugo, y ni un kopek para recibir de la bonita suma redonda ganada por sus abnegados compañeros durante su trabajo de verano en las minas. El señor Silenikov, el gobernador general, ha intentado remediar este mal. Un funcionario nombrado por él se encarga de mantener en depósito las sumas ganadas por estos trabajadores en la mina, y de restituirles estos ahorros a su llegada al pueblo. El primer año, este funcionario recibió en depósito de los mineros de un solo municipio quince mil rublos. Pero como esta organización no había sido generalmente aceptada por aquellos en cuyo beneficio se había concebido, y se había recurrido a ella, según se suponía, sólo por un pequeño número, puede calcularse que los depositantes habían ganado treinta y cinco o cuarenta mil rublos; alrededor de cuatro mil libras esterlinas. Si estos mineros irreflexivos se enmendaran y adquirieran hábitos de economía, fácilmente podrían enriquecerse; pero estas pobres criaturas ilusas se imaginan que las minas son inagotables, y de ningún modo está claro para el ingeniero que el Gobierno no sea de la misma opinión.

Para demostrar hasta qué punto se despilfarra el oro en Irkutsk, incluso entre las clases más humildes, daré un ejemplo. Al llegar a esta ciudad, me encontré con que no podía abrir uno de mis baúles, a consecuencia de haber perdido la llave durante el viaje, y mandé llamar a un cerrajero, pensando que tendría que pagar unos veinticinco o treinta kopeks, como los que pagaría en París. Este cerrajero dijo a mi mensajero: «¿Cuánto me dará su amo por este trabajo?». «Dos o tres rublos, supongo». «Entonces no voy a molestarme por semejante bagatela». Me vi, pues, obligado a abrir mi baúl.

Tal vez quepa preguntarse por qué estos afortunados propietarios de minas no van a San Petersburgo y a París, para conseguir algo más tentador por las grandes pepitas que han encontrado, y cómo se las arreglan para satisfacer sus exagerados deseos en las vastas profundidades de Siberia. Prefieren, sin duda, ser vistos y conocidos por todos los habitantes de Irkutsk y Kiajta, que pasar desapercibidos entre las inmensas multitudes a orillas del Neva, en Hyde Park o en el bosque de Boulogne. Ya he dado una idea del coste de la más mínima baratija en esta tierra de minas de oro, vacía de toda industria. A pesar del precio exorbitante de todo, de hecho, tal vez por esa misma razón, estos nababs dan rienda suelta a sus fantasías, construyen inmensos palacios de piedra, y llenan sus apartamentos e invernaderos con naranjos, plátanos y todo tipo de plantas tropicales, que han sido arrastradas por medio mundo a un costo enorme para proporcionar frutos insípidos o flores enfermizas y algún signo visible de riqueza.

Deben tener pianos de cola de Erard, o de los mejores fabricantes de San Petersburgo. Ofrecen magníficos banquetes, en los que los esturiones esterlete, traídos vivos del Volga, se sirven en el estilo más suntuoso junto a los vinos más selectos que Francia puede producir. Se visten con pieles de marta, castor y zorro azul, o incluso patas de zorro azul, un lujo que supone la compra de cuatrocientos o quinientos de estos animales; se engastan los dedos con montones de anillos. En resumen, su modo de vida, su vestimenta, su ostentación en general, están en completa y constante oposición a este precepto de Montesquieu, que todos ellos ciertamente ignoran: «En cuestiones de pompa, hay que permanecer siempre por debajo de lo que se puede». Y luego sus esposas, cuya suerte, sin duda, el lector tendrá curiosidad por conocer. Es muy sencillo, al menos desde el punto de vista de los maridos, ya que están necesariamente desatendidas. Absorbidos por esta pasión de engrandecer su fortuna, por la imperiosa necesidad de satisfacer ridículas vanidades, ¿qué importancia tiene una esposa al lado de una pepita? ¿Qué son los suaves susurros de amor comparados con la deliciosa música del oro en el cilindro? Durante el verano todos los señores están en las minas, y sus damas se quedan solas en Irkutsk. Durante el invierno, los primeros están todavía absortos en sus negocios, y cuando no lo están, estos aficionados a los pasatiempos febriles están en la mesa de juego, observando la caída de los dados, mientras sus esposas siguen olvidadas en casa.

Hay una cosa muy curiosa, y que en este caso, aunque subordinada a una pasión dominante, prueba, tal vez, el fuerte espíritu de contradicción de la mujer. Las damas de Irkutsk no manifiestan en modo alguno gusto por las costosas vanidades de sus maridos. Tienen la ambición de asimilarse a las damas de San Petersburgo; aprenden lenguas extranjeras, traducen al ruso a Julio Verne o a Paul Féval, y se imaginan dotadas de altas cualidades mentales. Pero son raros los casos en que estos dones y logros existen en la realidad. Necesitan una alimentación demasiado activa para desarrollarse y fructificar en una colonia tan insignificante como Irkutsk. Las intrigas pícaras y los cánceres forman el alimento básico de todos los cotilleos que usurpan el lugar de la conversación. No sería demasiado severo aplicar a la sociedad de esta ciudad el juicio de la señora de Maintenon sobre la sociedad de Versalles: «Aquí llevamos una vida única. Nos gustaría tener ingenio, galantería e invención, pero todo eso nos falta por completo. Jugamos, bostezamos, nos cargamos de desgracias unos a otros, nos odiamos, nos envidiamos, nos acariciamos, nos destrozamos».

Los propietarios de las minas de oro de Irkutsk y, para terminar con estos ejemplos de ostentación de estupendas riquezas, los comerciantes de té de Kiajta, satisfacen su pasión por excitar la envidia y el asombro, de un modo nada desagradable para ellos mismos ni para los receptores de sus rublos, mediante considerables donaciones a las iglesias.

En Irkutsk, el convento de San Inocencio es el principal objeto de su atención. Entre estos millonarios está muy arraigada la costumbre de no emprender viaje alguno antes de haber hecho una donación al monasterio. Por eso, en pocos años, se levantó una estupenda iglesia sobre la tumba del antiguo obispo siberiano, donde ahora se amontonan inmensas riquezas. La rivalidad entre este convento de San Inocencio y la catedral del pueblo de Kiajta no es en absoluto inofensiva, pues sin duda beneficia a ambos.

En el momento de mi visita, esta última llevaba la palma. Es singular encontrar, en medio de un grupo de casas que en Francia se consideraría una mera aldea, una iglesia donde el altar es de plata y oro macizos, y donde el iconostasio, que oculta el santuario a los ojos de la congregación, está sostenido por catorce columnas de cristal de roca. Estas columnas, de un metro de altura cada una, están formadas por tres bloques de cristal de treinta centímetros de altura y diámetro, y son muy notables.

No entraré en el tema de la religión ortodoxa, ya que no es una cuestión exclusivamente siberiana. Ciertos escritores de Francia han dado un aspecto deplorable a los modales del clero ruso. Estoy lejos de suponer que la conducta de todos los papas griegos sea irreprochable, pues yo mismo he visto a varios de ellos dar propina y cometer faltas aún mayores, pero sería precipitado deducir de un número tan limitado de hechos aislados conclusiones generales. ¿En qué jerarquía no encontraremos lamentables excepciones? El clero ruso se divide en dos clases: los sacerdotes seculares, que pueden casarse, pero a los que están vedados los altos honores eclesiásticos; y los sacerdotes regulares, que viven al principio en los conventos, para ascender después a obispos, archimandritas y arzobispos. Los primeros viven retirados en sus aldeas, educando a sus hijos en sus casas en el temor de Dios y con gusto por el ministerio. Los segundos son contenidos en su juventud por una regla severa, y más tarde por el respeto a su alta dignidad.

El rasgo más llamativo a primera vista de la religión ortodoxa es su organización como poder político. En este imperio de supremo despotismo, la Iglesia destaca como, *imperium in imperio*, una república real. Esta república está sometida a la autoridad del emperador. Es su voluntad y placer ratificar o no las decisiones a las que se llega, pero todas las cuestiones son, sin embargo, discutidas por un sínodo, celebrado en San Petersburgo, compuesto por todos los arzobispos. ¿Qué podría ser más ingenioso que este sistema de completa dependencia, donde se disfruta de la apariencia de libertad? Sería interesante conjeturar cuál habría sido el estado de Europa si la Iglesia católica hubiera estado así sometida a los emperadores de Alemania o a los reyes de Francia. Federico Barbarroja probablemente se habría hecho dueño del mundo; en cualquier caso, habría expulsado a los infieles, no sólo de Europa, sino de Asia occidental. También es igualmente probable que, sin la autoridad y la sabia previsión de los papas, la gran revolución de las cruzadas nunca se hubiera producido, y que Europa, entonces sometida a autoridades civiles más belicosas que guerreras, más caballerescas que políticas, se hubiera visto inundada por el aluvión del islamismo, contra el que sólo los papas fueron capaces de levantar una barrera.

Si los rusos, al adoptar la religión de la Iglesia griega, no hubieran heredado su odio desconsiderado hacia la romana, reconocerían sin duda esta gran obra de los papas. Desgraciadamente, los motivos humanos de acción impiden absolutamente a todo ruso abrazar la religión católica o cualquier otra. Leyes intolerantes castigan con las penas más severas a los conversos, y especialmente a los que intentan convertir a otros.

El zar, investido a los ojos de su pueblo de un imponente carácter sagrado, se beneficia de la inviolabilidad que este le confiere para dominar la revolución, al tiempo que lleva a cabo las reformas que considera eficaces. La libertad de conciencia está, pues, muy lejos del advenimiento de su disfrute en Rusia. Que el emperador, al conservar el respeto de las masas, no sufra ninguna derogación a los ojos de sus ilustrados súbditos, que ya están, como he visto en todas partes, desprendiéndose de todos los lazos de la fe religiosa, y que bien pueden un día reclamar por la fuerza, y antes que cualquier otro derecho, la libertad de abrazar una nueva fe.

Esta intolerancia religiosa es dolorosa para todos, y especialmente para los pueblos recientemente sometidos a la autoridad del zar. Para los exiliados polacos, por ejemplo, que, aunque sinceramente católicos, se ven obligados a educar a sus hijos en la fe ortodoxa. Desgraciadamente, desde la insurrección, este agravio es sólo una parte de los sufrimientos que estos pobres miserables han tenido que soportar.

Al principio fueron conducidos a pie, con las manos atadas a la espalda, al lugar de destierro que se les había asignado en Siberia oriental: algunos a Irkutsk, que eran los más favorecidos; otros a Yakutsk o a la isla de Sajalín, e incluso a Kamchatka. Muchos perecieron en el camino, como es fácil suponer, y los que eran lo bastante fuertes para soportar fatigas agotadoras fueron, a su llegada, arrojados a la cárcel, para hacer compañía a ladrones y asesinos.

Es singular observar una circunstancia que muestra claramente el fetichismo con que se rodea a la persona del emperador; estos asesinos en la cárcel miran a sus camaradas de Polonia con el mayor desdén, y a menudo se abstienen de hablarles, bajo el pretexto de que el crimen de los polacos fue rebelarse contra el zar. Los asesinos rusos tienen, pues, al parecer, una especie de conciencia cuando se trata de una cuestión de conspiración.

Los exiliados polacos que vi aquí fueron sometidos, durante cinco años, al mismo trato que los demás convictos. Llevaban el número en rojo en la espalda, y por una simple nimiedad eran castigados con la camisa de fuerza, o veinte golpes con la vara. Durante cinco años, pasaron el invierno en esta prisión que he mencionado, sesenta u ochenta arrojados juntos en esta horrible cámara sin aire y casi sin luz. En verano, trabajaban en las minas con una hora de descanso durante el día y una alimentación apenas suficiente.

Su suerte, afortunadamente, es ahora mucho mejor: salvo la prohibición de ir más allá de los límites de un determinado distrito asignado, disfrutan de las mismas ventajas que los demás súbditos rusos. Además, en Irkutsk constituyen, hay que reconocerlo, la parte más inteligente de la población; y al no recibir ninguna ayuda del Gobierno, no sólo se ganan la vida, sino a veces incluso una fortuna. Son médicos, profesores, músicos o actores de teatro. Algunos, que en Polonia formaban parte de la aristocracia, han abierto tiendas donde venden toda clase de objetos procedentes de Moscú, San Petersburgo o Varsovia, artículos que, traídos desde tan lejos, alcanzan un alto precio y recompensan a sus vendedores con unos ingresos considerables. Uno de ellos, que gozaba del título de conde y que, por esta razón, no quiso seguir desde el principio el ejemplo general, estaba, en el momento de mi visita, reducido a la humilde ocupación de chófer.

Entre los exiliados que vi en Irkutsk, mencionaré, en particular, al señor Schlenker, porque conocí en su casa a ciertas personas ya presentadas al lector. Este caballero se ocupaba durante el día en vender lino, telas, fuagrás, vinos… en fin, los artículos usuales de un bazar, y por la tarde, después de las horas de negocio, olvidaba todos sus asuntos para convertirse en su salón en un perfecto hombre de mundo, como lo había sido antes en Polonia. Leía la *Revue des Deux Mondes*, muchas publicaciones periódicas francesas y rusas, tocaba el piano y se había congraciado con el gobernador militar, con quien iba a menudo de caza. De hecho, era un hombre muy bien informado y, habiendo visto y leído mucho, podía hablar de la manera más interesante sobre muchos temas.

Para recordar la fecha de cualquier suceso, calculaba esta a partir del año de su condena a trabajos forzados. Nada parecía tan extraño y triste al mismo tiempo como oír a este distinguido hombre decir tranquilamente: «Estoy seguro de que tal cosa ocurrió en tal momento, porque sé que fue tantos meses después de que me metieran en la cárcel».

Y, sin embargo, plenamente consciente de todas estas severidades, debo abstenerme de recriminar demasiado pronto: en primer lugar, porque me enteré a mi llegada a China de que se habían concedido nuevas libertades a los polacos en Siberia; y en segundo lugar, porque los castigos severos, probablemente, han preservado a Rusia de grandes males y de la necesidad de hacer el castigo aún más adusto si uno más indulgente hubiera resultado insuficiente. No debemos ser ciegos ante el hecho de que los polacos no son siempre patriotas, y cuando exigen libertad, no es siempre del lado de la ley y el orden. ¡Cuántos polacos no se mezclaron en nuestra Comuna de 1871, y cuántos otros aventureros sin ley se encerraron en Cartagena con los últimos insurgentes españoles! Rusia, que tiene estos rescoldos humeantes de insurrección en su hogar, ha sido más afortunada que Francia al evitar que estallen en una conflagración consumidora. Pero no puedo dejar de compadecer sus sufrimientos, y especialmente los sufrimientos de aquellos que, con todos sus defectos, poseían en el más alto grado el más noble de los dones de Dios: una cabeza inteligente que obedecía a los dictados de un corazón tierno.

Habiendo sido invitado a cenar un día en casa del señor Schlenker, encontré allí, para mi gran alegría, a toda la pequeña caravana con la que había hecho mi entrada en Siberia. La señora Grant, la señorita Campbell, el señor Pfaffius, la señora Nempshinov y su hijo Iván Mijáilovich, acababan de llegar a Irkutsk, y estaban a punto de partir de nuevo para Kiajta. Konstantín se encontraba también entre los invitados, así como un joven ruso, el señor Isembech, amigo íntimo de Schlenker, que era la personificación completa de esos viajeros en perpetuo movimiento de los que he hablado.

—Os vais a Japón —comentó—, y espero tener el placer de volver a encontraros allí, porque yo voy a ir dentro de poco.

—Venga conmigo —le supliqué—, el placer del viaje será doble.

—Eso será imposible. Debo ir mañana al río Amur, y no habré regresado antes de quince días.

—Tengo la intención de permanecer más tiempo aquí, y no tendré ningún problema en esperarle.

—Pero antes de ir a Japón, debo ir a San Petersburgo durante quince días.

—Entonces no nos veremos más.

—¿Por qué no?

—¿Cuánto tarda entonces en ir a San Petersburgo?

—Veintitrés días y veintitrés noches.

—¿Y no paráis por el camino?

—Sólo cuatro horas en Omsk, para tratar algunos asuntos con el gobernador general. Dentro de dos meses volveré a estar aquí; será la época de descongelación del Amur, y entonces apenas tardaré un mes en llegar a Japón; necesitaré, pues, tres meses para realizarlo todo, y me reuniré con usted el 25 de junio en el Hotel d'Orient de Yokohama.

Este esforzado viajero tempestuoso apenas llevaba más que sus pies alados, pues todo su equipaje consistía en algo de lino y un abrigo negro de vestir.

El abrigo negro, de hecho, es aquí, incluso por la mañana, el traje de rigor. Desde las diez de la mañana hasta el mediodía, los residentes hacen y reciben visitas; a las dos y media cenan, siempre en traje de etiqueta; por la noche, en el teatro y la cena, el mismo abrigo, y uno se ve obligado a conservar todo el día esta incómoda prenda.

La velada en casa del señor Schlenker transcurrió muy alegremente. Recordamos los incidentes de nuestro viaje entre Kamyshlov y Tiumén, el miedo que nos dimos al despedirnos, los tiernos recuerdos que siguieron; y cuando terminó la cena, nuestro agradable anfitrión se sentó al piano para acompañar la dulce voz de la señorita Campbell. Así terminó una velada exquisita.

¡Qué deliciosos placeres se obtienen con unos pocos días pasados así, en el intervalo de un largo y arduo viaje! Uno reflexiona sobre las aventuras del camino ya recorrido, y especula sobre las que pueden venir; la novedad de la escena y la situación, la sociedad y los temas de conversación, la nueva dirección de la corriente habitual de pensamiento, el cambio total, en resumen, de los alrededores, trae un regocijo que nada más puede proporcionar. Cada incidente durante estos días parecía brillar serenamente bajo un sol de poesía. Y, sin embargo, cuando la sensación se vuelve así más viva para el disfrute de la compañía agradable, vemos en las personas que nos rodean sólo los lados más brillantes de su carácter, y la hora en que llega la desilusión ya nos hemos separado cada uno en nuestro camino. ¡Cuántos momentos de este tipo no he encontrado en mi ruta que, desgraciadamente, nunca he tenido la oportunidad de vivir más de un corto día!

CAPÍTULO 13

Intento de fuga de un exiliado polaco

Por qué los exiliados polacos no pueden escapar — Narración de un intento de fuga del señor Bojdanovich — Encuentro con un oso — Disposiciones sanitarias en Siberia — Caza del lobo — Un zorro azul — Diferentes valores de las pieles — Unas palabras sobre la obsesión por exhibir riquezas

DESPUÉS de la descripción que acabo de hacer del modo de vida del señor Schlenker, el lector puede preguntarse por qué los polacos desterrados en Siberia no aprovechan la cuasilibertad de la que gozan actualmente para efectuar su huida. Es cierto que no podrían regresar a su país, pero no cabe duda de que les gustaría vivir en alguna otra tierra de su libre elección, donde el clima fuera menos riguroso que el de Siberia; tal favor, sin embargo, no les sería concedido.

Pero Siberia apenas está habitada, excepto en las proximidades de la gran autopista que conduce desde los Urales hasta las orillas del Amur y su desembocadura. Todo el resto de este vasto territorio, conocido bajo la misma denominación —exceptuando, tal vez, el que se extiende también a lo largo de las riberas de los ríos—, no es más que una inmensa extensión salvaje de estepas y bosques.

Además, la frontera que separa el Imperio ruso del chino está formada por una cadena de montañas muy elevadas y de ningún modo fácilmente accesibles. Y aunque el pobre fugitivo lograra llegar a la frontera, se encontraría después en el gran desierto de Gobi, sin refugio, sin provisiones y hasta sin pasaporte, necesario para ser admitido en China propiamente dicha; entonces tendría que temer ser sometido allí a restricciones, infinitamente más terribles que el exilio en Siberia o, lo que es más probable, la extradición, seguida de un nuevo encarcelamiento, y luego el exilio perpetuo a Kamchatka o a la isla de Sajalín.

Al llegar a Irkutsk, me encontraba indispuesto, a consecuencia de la fatiga de tan largo viaje en trineo. Durante estos largos y sombríos días —pues no hay nada más deprimente y doloroso que la enfermedad lejos de casa y en soledad—, recibí con frecuencia la visita de un exiliado polaco que, habiendo vivido anteriormente en Francia, estaba encantado de venir y charlar durante una hora sobre los lugares donde había pasado su juventud y los días felices que había conocido durante su agitada y problemática vida. Se llamaba Bojdanovich. Nuestras largas conversaciones eran un gran consuelo y un medio eficaz de disipar el tedio. Entre todos los de su nación exiliados en Siberia, él era el único que parecía condenado a sufrir perpetuamente por el propio exilio. Hablaba de la prisión con la mayor indiferencia; repetía muchas veces que daría de buena gana toda su fortuna por volver a ver Francia, especialmente Poitou, donde había vivido largo tiempo, y de donde había partido para unirse a la insurrección polaca y complacer a su padre, que la impulsaba contra la voluntad de su hijo.

En cuanto estuvo libre en Irkutsk, un hombre así no pudo resistir la tentación de volver a Francia. Me hizo una interesante narración de este intento, que reproduciré con sus propias palabras:

«Dos de mis compatriotas y yo habíamos resuelto, en el mes de abril de 1871, llegar a China a través de los bosques. Conseguimos fusiles, aunque estaba prohibido por ley llevar armas. Obtuvimos también unos cuchillos enormes y, con todo preparado, intentamos llevar a cabo nuestro proyecto a finales de mayo. Desgraciadamente, en esta época del año, el deshielo es todavía demasiado reciente y el terreno demasiado pantanoso para que nadie pueda realizar marchas forzadas. Por lo tanto, nos vimos obligados a regresar a Irkutsk, escondiendo nuestros fusiles bajo la ropa, temiendo en todo momento que sospecharan de nosotros y nos registraran».

UNA PAREJA DE BURIATOS

«Nuestra ausencia no pasó desapercibida, pero, como no se sospechó ni por un momento de nuestro proyecto de huir del destierro, considerándose aquí tan impracticable como temerario, fuimos simplemente reprendidos. Después de este tiempo, una numerosa patrulla se movía por todo el país, y nos desanimó tanto, que pensamos muchas veces en abandonar la empresa. Nuestro valor, sin embargo, prevaleció al final sobre nuestras aprensiones, y durante una buena noche de junio, nos escabullimos de la ciudad sin ser vistos».

«Todas las provisiones que llevábamos estaban contenidas en carteras, que tuvimos que echarnos al hombro; pues los espesos y obstruidos bosques de Siberia, no hollados por el pie del hombre, no son fáciles de atravesar. Cruzamos fácilmente el Angará, haciendo creer a los barqueros que veníamos de Yakutsk y que nos dirigíamos en peregrinación al convento de San Inocencio. Apenas habíamos desembarcado en la orilla opuesta, cuando abandonamos el camino y nos internamos en la profundidad del bosque y, tan pronto como nos creímos suficientemente lejos para estar a salvo de cualquier posible persecución, hicimos un alto, para desahogar nuestros sentimientos reprimidos por el emocionante y trascendental acontecimiento. Lágrimas de alegría corrían por nuestras mejillas; ¡por fin nos creíamos libres!».

«Nunca olvidaré», exclamó aquí apasionadamente con toda la amargura del recuerdo, «este momento de alegría entusiasta, que, fue seguido de una pena tan amarga. Nos hicimos votos mutuos de ayuda y protección hasta la muerte, y continuamos nuestra marcha forzada hacia el sur».

«Durante los primeros días, estábamos animados y saltábamos de alegría. Cuando llegó la noche, lamentamos un poco, es cierto, no poder encontrar algún refugio, aunque sólo fuera bajo una tienda, para descansar de las fatigas del día. Sin embargo, nuestra comida, compuesta de provisiones aún frescas, nos devolvió las fuerzas y nos animó con la esperanza de superar todas las dificultades para llegar pronto a las fronteras de China. ¡Cuántos sueños encantadores tuvimos entonces, cuántos proyectos seductores de futuro, que, para mis dos pobres compañeros, iban a transformarse en una muerte dolorosa y prematura, y para mí en un destierro que ahora creo perpetuo!».

«Pasados los primeros días luminosos, nos asaltó una lluvia fuerte y continua. Nuestras ropas se mojaron muy pronto, impidiendo así nuestra marcha; y el fuego, que sólo conseguíamos encender cada noche después de repetidos fracasos, era demasiado débil para secarlas. Durmiendo así, envueltos en nuestras ropas mojadas y sin abrigo, encontramos al despertar, por la mañana, nuestros miembros tan entumecidos por el frío como para impedir seriamente nuestros movimientos. En este estado, la fiebre no tardó en hacer su aparición, para amenazar lo que quedaba de nuestras fuerzas e incapacitarnos, tal vez, para seguir moviéndonos; y para agravar el conjunto, nuestra reserva de provisiones disminuía sensiblemente. Para alimentarnos lo mejor posible debido a estas escasas provisiones, recurrimos varias veces a la caza, pero esto tuvo el inconveniente de retrasar nuestra marcha».

«Y entonces los animales no se dejaban ver a menudo por estas regiones, excepto el gallo de los bosques, que sólo podía ser abatido tomando las mayores precauciones. En cuanto el cazador percibe uno de estos pájaros, se detiene inmediatamente y permanece completamente inmóvil hasta el momento en que empieza a cantar. En cuanto comienza a hacer oír su nota, sus sentidos del oído y de la vista, que son muy rápidos y agudos, se ven, en cierto modo, anestesiados y, por así decirlo, adormecidos. Es el momento de avanzar. Pero si el cazador, en su avance, hace el menor movimiento en el instante en que el cacareo ha terminado, es descubierto infaliblemente, y entonces pierde todo el fruto esperado de su paciencia. Pudimos acercarnos a un gran número de gallos y, por suerte, a veces disparamos un buen tiro; pero fue necesario sacrificar muchas horas preciosas sólo por un pájaro».

«Cerca de las orillas de un pequeño río, que nos vimos obligados a cruzar a nado —un incidente que aumentó mucho nuestras fiebres—, nos encontramos con unas cuantas liebres, mitad amarillas y mitad blancas, color determinado por la estación. Pero todos estos recursos no compensaban en absoluto la fatiga que tuvimos que soportar durante la marcha, la debilidad causada por la fiebre y la incomodidad provocada por la lluvia; y cuando llegamos al pie de la cadena de montañas que marcaba los límites de Siberia, nuestros miembros empezaron a fallar tanto que apenas podíamos arrastrarnos. Habíamos traído con nosotros una gran cantidad de aguardiente, y un poco de éste nos estimuló a seguir esforzándonos, pero las existencias disminuían rápidamente, y cuando habíamos llegado más o menos a la mitad de la cadena de montañas, donde toda vegetación excepto la hierba había desaparecido, y con las desnudas e inhóspitas rocas ante nosotros, lo que quedaba de esta y de nuestras otras provisiones se había agotado».

«Mis dos infelices compañeros, sintiéndose incapaces de seguir adelante, se vieron obligados a acostarse para descansar antes de hacer un nuevo intento, pero fue el definitivo, pues ya no se levantaron. Velé durante dos días sus crueles sufrimientos, esforzándome por calmarlos y aliviar su agonía, y al fin oí sus murmullos moribundos y los consolé con mis lágrimas. Con mis brazos debilitados, los enterré de la mejor manera que pude, e hice dos cruces toscas, que planté sobre sus tumbas. Luego, consumado este trágico fin de mis camaradas, y sintiendo todo el horror de mi soledad y la imposibilidad de continuar viviendo más allá del bosque sin provisiones, tomé la resolución de volver sobre mis pasos, y de intentar regresar a Irkutsk, a pesar de la celda del calabozo, a pesar de los renovados sufrimientos, que infaliblemente me esperarían allí».

«Pero antes de abandonar este lugar fatal», exclamó este pobre hombre con un estremecimiento lleno de desprecio, «amontoné maldiciones sobre las crestas de aquellas montañas que se alzaban ante mí para disputarme el paso como un batallón de gendarmes rusos, y allí aparté de mis ojos anhelantes la vista de alguna otra tierra que debía darme la vida y la libertad».

«Pero este imperio», le respondí, «no es tan duro, ya que no te ha castigado por tu rebeldía».

«Es cierto», dijo; «no sólo me han perdonado a causa de los sufrimientos que había soportado, sino que incluso me han dado más libertad, sabiendo muy bien», añadió apenado, «que nunca repetiría un intento tan temerario».

Entonces le pregunté qué intervención milagrosa le había permitido volver con vida.

«Eso se debió a mi robusta constitución. Me las arreglé para vivir de raíces y savia de los árboles, y de esa pequeña fruta roja con la que los siberianos hacen una especie de vino. Estaba tan débil que sólo podía marchar muy lentamente, pero al cesar la lluvia, empecé a ganar un poco más de fuerza, a pesar de la miserable alimentación con la que me veía obligado a subsistir. Cuando llegué hasta el pequeño río que he mencionado, me propuse construir una pequeña balsa para poder flotar por la corriente y disminuir así mis fatigas. Lo logré, después de muchos problemas, y cuando me aventuré en este artificio, creí que estaba salvado».

«Pero pocos días después de haber sido transportado en esta frágil embarcación, al ver un lugar favorable para obtener una nueva provisión de raíces y frutas, até mi flotador a la orilla y me dirigí en su busca. No había ido muy lejos cuando me encontré en presencia de un enorme oso de una ferocidad espantosa. Mi rifle estaba en la balsa, y yo sólo tenía mi gran cuchillo en la cintura, y aunque había oído hablar del artificio practicado por los siberianos para matar a esta feroz bestia, al principio temí exponerme a semejante peligro. Intenté huir, pero fue inútil; empecé a trepar a un árbol, pero el oso me seguía a todas partes. Por fin, no viendo escapatoria ni medio de evitar la lucha, hice acopio de todo mi valor como último recurso, y me planté frente a la bestia, esperando la embestida con pie firme, decidido a vender mi vida lo más cara posible. El formidable animal se acercó con paso lento y se levantó sobre sus cuartos traseros para agarrarme con sus patas delanteras; justo en ese momento crítico, según el modo siberiano de ataque, salté de repente a sus patas delanteras, como un ser humano lo haría al abrazo entusiasta de otro y, levantando instantáneamente mi mano derecha, le clavé mi cuchillo en la espalda a la derecha de la columna vertebral y hasta el fondo del corazón. Mi sombrío antagonista cayó muerto en el acto, y con unos cuantos rasguños en los hombros escapé».

«Volví entonces sobre mis pasos, arrastrando tras de mí a mi presa, y volví a embarcar en mi nave con una buena provisión de víveres. Por fin, me entregué en Irkutsk a las autoridades rusas, que me perdonaron, como sabéis, pensando probablemente que había sido suficientemente castigado, y convencidos, como sin duda lo estaban, de mi intención de vivir en adelante pacíficamente en esta ciudad a la espera de mi libertad definitiva».

De esta conmovedora narración se desprende lo difícil que sería para los exiliados escapar. Si incluso las mayores precauciones y las más amplias reservas de provisiones les permitieran permanecer ocultos durante mucho tiempo en los bosques, la abundancia de nieve en invierno les empujaría a salir al camino trillado, el único camino practicable, y por consiguiente a caer en manos de las autoridades. Una evasión, por lo tanto, similar a la que se me acaba de relatar, debería ser llevada a cabo en tres meses para tener éxito, y eso sería del todo imposible.

Durante mi estancia en Irkutsk, el señor Silenikov, gobernador general, fue llamado a San Petersburgo. Varias personas, a las que yo había conocido, partieron también y le precedieron en el camino para advertir a las autoridades de todas las aldeas por las que pasaban que nivelaran la nieve en el camino, a fin de evitar a este anciano caballero la fatiga de un viaje tan largo. Cuando estos se hubieron marchado, Bojdanovich fue mi compañero más constante.

En Siberia, durante el invierno, no se puede emplear ninguno de los métodos convencionales para limpiar las calles o eliminar las aguas residuales. Los desperdicios de todo tipo se recogen en carros y se depositan en el lecho del río.

Mientras duran las heladas, esta acumulación no causa ningún inconveniente; pero cuando comienza el deshielo, la situación es muy distinta: el aire se impregna de un olor nocivo y el agua no es potable durante una semana. Las ciudades siberianas son, por lo tanto, muy insalubres al romper las heladas.

Durante mi estancia en Irkutsk, una gran cantidad de enormes pájaros se posaban constantemente en el fétido hielo del Angará, y Bojdanovich y yo nos adentramos en el campo, para dispararles en su camino hacia este repulsivo lugar, donde acostumbraban a alimentarse.

Después hicimos juntos excursiones por los alrededores de Irkutsk, y visitamos algunas casas de campo, las residencias de algunos de los millonarios que he mencionado, y en particular la de Trapeznikov. Cuando un distrito está cubierto de bosques y regado por tres ríos, es fácil crear residencias encantadoras. El gusto francés, con tales elementos, habría hecho maravillas. Aunque el arquitecto de Trapeznikov no ha aprovechado al máximo todas las ventajas naturales, es, sin embargo, notable: lagos y cascadas, montículos y laderas, están allí en abundancia, y estos, aunque moldeados por la mano del hombre, forman en el centro de un hermoso bosque, un asiento encantador.

Tan pronto como el nuevo gobernador general, Solashnikov, hizo su aparición, fui invitado a unirme a él en una cacería de lobos en los alrededores de la capital siberiana.

Estos animales son atraídos, uno o dos días antes, por los cadáveres de caballos o bueyes; luego, cuando están bien reunidos en su festín, la gente acude en gran número y los va cercando poco a poco formando un círculo. Era un deporte muy emocionante abatir este tipo de presa, tan pronto como se deslizaban a través del círculo de cazadores.

Nunca he visto en ninguna colección lobos comparables a estas bestias siberianas; son de una altura y tamaño formidables. Pero cuando están muertos, es casi imposible acercarse a ellos, a causa de su olor y del enjambre de parásitos repulsivos que escapan de su pelaje.

Volvíamos muy perezosamente con nuestros cazadores, que nos habían llevado, por el camino del lago Baikal, a la cita en el bosque, cuando apareció un animalito hacia el cual dirigió mi atención uno de mis compañeros de caza gritando: «¡Un zorro azul!», se escabulló entre los árboles. «¡Un zorro azul!», repitieron todos para avisar al grupo de cazadores que se hallaba a poca distancia. Se oyó un disparo; el animal cojeó, y luego siguió su curso. «¡Disparad!», exclamó el gobernador general, dando al mismo tiempo instrucciones a los buriatos, que, equipados con largos esquís, podían atropellar al animal. Pronto fue emboscado, y al día siguiente recibí como regalo la piel cuidadosamente preparada de este pequeño cuadrúpedo, que había causado más excitación que una manada de lobos.

Como ya he mencionado, en Rusia se aprecia a un hombre según el pelaje que lo envuelve. La más apreciada es, sin duda, la piel del zorro azul, aunque sólo la parte que cubre las patas. Aquí ni siquiera llevan ninguna otra parte de la piel de este animal; pero estas pieles, sin estos trozos selectos, se exportan a Francia e Inglaterra, para gran alegría de las damas de estos países, quienes, si sus maridos están dispuestos a ser serviciales, se consideran muy elegantemente ataviadas con ellas, aunque en Rusia, y particularmente en Irkutsk, sus portadoras serían consideradas por los entendidos como excéntricas y ridículas. Y el valor relativo aquí mostrará la diferencia de apreciación, pues toda la piel, excepto la de las cuatro patas, no vale más que la segunda, es decir, de dos libras quince chelines a tres libras cinco chelines.

Pero la diferencia de apreciación en Rusia es mucho más notable si se tiene en cuenta que ciertos mantos de zorro azul, tan apreciados en todo este imperio, compuestos enteramente de la piel de las patas, se estiman en mil cuatrocientas a mil seiscientas libras esterlinas el manto, ¡todo lo cual podría ser engullido por unas pocas polillas y su progenie en el curso de unas pocas semanas!

La siguiente piel más apreciada en importancia es la del castor; en consecuencia, se ven muy pocos mantos de estas pieles.

Y luego viene la marta cibelina, que se emplea con frecuencia para los mantos, al menos para los puños y los cuellos. Estas pieles de aspecto lujoso se forran por dentro, a veces con otras más comunes; incluso he visto en San Petersburgo algunas que no estaban forradas en absoluto.

La *jenotte* ocupa el cuarto lugar. Es muy apreciada por los viajeros, porque se considera elegante, aunque su valor puede variar considerablemente según la longitud y el grosor del pelo. He visto capas de *jenotte* tan baratas como diez libras la pieza, y otras estimadas en unas cincuenta libras. Como la diferencia de valor no puede apreciarse a distancia, se considera que un hombre va elegantemente vestido con esta piel, aunque su valor real sea muy pequeño.

La marta cibelina se sitúa generalmente en el quinto rango. Se trata de la piel de un animal muy diferente de la garduña, aunque en Francia se designa a esta última, a menudo erróneamente, como marta cibelina. El pelaje de la marta es de color oscuro, muy grueso y un poco áspero al tacto; el de la garduña, por el contrario, es amarillo claro y se siente como un plumón sedoso.

Por último, la piel menos apreciada y, en consecuencia, la menos llevada por el populacho, es el astracán. En ciertas ciudades, como Moscú e Irkutsk, donde se respeta escrupulosamente la moda, se consideraría incluso muy aventurado aparecer en público vestido con esta piel. El gorro de astracán, sobre todo, se mira con el mayor desdén. Cito como ejemplo a ciertos rusos han adoptado como principio de conducta el no inclinarse nunca para saludar a las personas que visten astracán por la calle; pues sentirían repugnancia ante la idea de ser relacionados con alguien tan humilde.

Otras pieles, como las de oveja, oso y alce, son utilizadas por el millón pobre y sin título. Pero, como son las más cálidas, los ricos no desdeñan envolverse en ellas cuando viajan, pensando al mismo tiempo en dar a estos mantos un aspecto más elegante, adornándolos con cuellos de castor, zorro o *jenotte*.

El extraordinario precio de la piel de las patas del zorro azul no es, al parecer, un criterio de su valor a los ojos de la clase pudiente, sino más bien el resultado de un capricho convencional de los millonarios, que encuentran en este objeto una insignia conveniente y un modo de exhibir sus riquezas; porque nadie, tal vez, excepto los muy opulentos y los pródigos, estaría dispuesto a pagar tan caro por ningún otro objeto para brillar como una estrella de la moda.

Esta presunción parece estar bien apoyada por el hecho de que los rusos guardan este lujo especial para sí mismos, y muy naturalmente, porque los ingleses y franceses no lo apreciarían como signo de riqueza, y, en consecuencia, no pagarían por él más que el precio que alcanzaría simplemente como un artículo a la moda.

Pero esta manía de exhibir riquezas no se limita en absoluto al recurso de vestir esta exquisita piel. Las perlas, por ejemplo, han sido durante mucho tiempo uno de los medios favoritos, y parece que los moscovitas lo derivaron de los romanos. Hace doscientos años, «los grandes de Rusia», escribió lord Macaulay, «venían a la Corte dejando caer perlas y alimañas».

Sin embargo, no hay razón para suponer que «dejar caer perlas» —con o sin sus concomitantes en la Corte— fuera un espectáculo considerado pasado de tono; pues dejar caer continuamente perlas «sin aventar» habría supuesto una carga tan intolerable como la casulla moscovita. Pero si este particular arte de exhibición no llegó a convertirse en una moda, fue al menos un dispositivo lleno de significado y «movimiento». Porque una abundancia de riquezas no sólo caía, sino que «se desbordaba», lo que sugería una superabundancia; ¿quizás un signo de algo de más?

El espectador contempla maravillado, sin duda, las numerosas fanegas de perlas preciosas reunidas bajo las vitrinas del monasterio de la Trinidad; pero el espectáculo, después de todo, es un mero cuadro holandés de naturaleza muerta en comparación con esta lluvia de nácares, este retrato vivo de la Corte, tan lleno de vida y de riquezas fluyentes como las gotas de oro que caen animadas a los pies de la princesa Dánae.

Este epigrama de lord Macaulay es tan divertido, que el lector disculpará una digresión más. Pascal ha dicho: «Si la nariz de Cleopatra hubiera sido más corta, toda la faz de la tierra habría cambiado».

Ahora bien, la portentosa diferencia en la historia del mundo, implícita en la liberación de Antonio, ¿no podría haber sido tan fácilmente provocada por la sirena egipcia si, en lugar de disolver y beber sus preciosas perlas para detener a su amante, las hubiera dejado caer a sus pies *a la rusa*?

Pero como la historia no registra ningún precedente que prive a las grandezas rusas del honor de haber sido las creadoras del modo «cortesano», es obvio que Cleopatra no podría haberlo imitado en toda su integridad. Los nababs moscovitas, sin embargo, como sir Thomas Gresham, podrían imitar a Cleopatra. Se dice que el rico ciudadano de Londres, para rivalizar con el embajador español en una magnífica cena, pulverizó una perla del valor de quince mil libras, y luego la bebió en un brindis por su soberana. Y estos nababs, ya que son decididamente de la opinión de que la prodigalidad es el modo más claro de exhibir las riquezas, podrían ganar más aplausos bebiendo igualmente sus perlas en brindis por su zar, o, tal vez, tirando sus perlas y bebiendo su vino, cambiando la costumbre siberiana de arrojar champán en el camino delante de los caballos por arrojar sus perlas delante de los cerdos.

CAPÍTULO 14

De Irkutsk al lago Baikal

Los nativos — Los oljoneses — El chamanismo — Los buriatos — Los tunguses —
Los samoyedos — El carnaval de Irkutsk — Pablo — Adiós a Konstantín — Otra
noche peligrosa en el hielo del lago Baikal

ENTRE otras razas, los nativos de la isla de Oljón se encuentran
ocasionalmente en las calles de Irkutsk. Las orillas del lago
Baikal, antes de la conquista rusa, habían servido, desde los tiempos
más remotos, como lugar de destierro para los chinos. Llamaban a
este país, en su lenguaje figurado, la tierra de las largas noches. Algunos descendientes de estos exiliados aún viven en estos lugares y
habitan una pequeña isla en la orilla occidental del lago Baikal, llamada Oljón. Muchos de estos isleños aún se adhieren a la antigua
religión chamánica, de la que surgió más tarde, según dicen, el culto
a Buda, ampliamente extendido. No se sabe mucho de esta religión
chamánica, más allá del hecho de que adoran a un ser supremo, que
reside en el sol.

Müller, en su importante obra sobre Siberia, se refiere a las su-
persticiones de este pueblo y da cuenta de sus ceremonias.

«Los chamanes», escribió, «temen especialmente a los fantasmas
y a los resentimientos de los muertos, a quienes, cuando vivían, habían hecho algún daño. Para alejar el mal que estos puedan
causarles, en ciertos días saltan sobre troncos ardiendo».

«Creen en brujos que les predicen el futuro».

«Los días de fiesta, se reúnen en torno a uno de sus sacerdotes,
que toca un tambor y recita oraciones, mientras un acólito rociaba a los
fieles con leche y alcohol».

Uno de estos viejos oljoneses me contó un día una leyenda, relativa a la secta que habita Transbaikalia. Para comprender esta leyenda, es necesario saber que hay un gran desnivel entre Irkutsk y el lago Baikal, y que todas las aguas de este lago están contenidas en lo más alto por una enorme roca, en la desembocadura del río Angará. Si esta roca, dicen, se rompiera, toda el agua del lago se precipitaría en una sola ola, aniquilaría Irkutsk y, llevándose todo por delante con espantosa rapidez, formaría un vasto mar que llenaría el valle del Angará. Los chamanistas creen que las almas de los difuntos son transportadas a esta roca después de la muerte. La cima de esta roca, donde permanecen, es tan estrecha y escarpada que les da vértigo, y al estar cerca de la agitación y precipitación de la riada en el Angará, están tan desconcertados que apenas pueden mantenerse en pie. Si lo consiguen, es porque han sido buenos y tienen la gracia de Dios; si, por el contrario, su vida ha sido perversa, son arrastrados y se pierden en las aguas impetuosas. El rugido producido por la rapidez de estas aguas del Angará, no es, según estas gentes, más que los lamentos unidos de las almas que temen perder el equilibrio. Es cierto, que en este lugar, las montañas dan un eco impresionante del estruendo de la caída. Supongo que mis lectores no sospecharán que creo en lo sobrenatural y, sin embargo, podría imaginarme fácilmente, en este imponente concierto de la naturaleza, que a veces escuchaba voces humanas desde la roca chamánica.

Pero los buriatos, un pueblo originario de la vecindad de Nérchinsk, al oeste de Irkutsk y del lago Baikal, y los tunguses, que pretenden ser aún mejores jinetes que los kirguises o los mongoles, son los más numerosos entre las diversas razas vistas en Irkutsk. Estas dos razas se han rusificado tanto en sus hábitos, y casi en sus trajes, que es innecesario decir mucho sobre ellas. Ni la nariz, ni los pómulos, ni la frente son prominentes: uno puede entonces darse cuenta fácilmente de la apariencia del perfil de un buriato. Las mujeres redimen la sencillez de sus rostros con una figura generalmente muy fina y una extraordinaria suavidad de piel, que se ha convertido en proverbial en Siberia. De vez en cuando se ven algunos samoyedos, una raza antiguamente nómada, pero que empieza, según me han informado, a poblar Yakutsk, del mismo modo que los buriatos y los tunguses se han establecido en Irkutsk y sus alrededores. La vestimenta de estos pueblos del extremo norte, está hecha de la piel del reno, ornamentada con pequeños trozos de tela, generalmente de color rojo vivo. He visto a varios de ellos vestidos con pieles de foca y de otros animales anfibios, pero parece que estas son las más pobres, ya que este tipo de pieles son baratas y no abrigan.

SAMOYEDOS

No hay raza más degradada por el motivo de considerar a las mujeres como seres inferiores, y entre ninguna otra estas son tratadas tan duramente como entre los samoyedos. «Son molestadas y oprimidas», dice Pallas, «incluso en sus propias tiendas. Los hombres colocan un poste detrás de la chimenea, frente a la entrada, y a las mujeres no se les permite pasar por encima. Esta estirada e idiota raza de seres cree que si la mujer tiene la mala suerte de pasar por allí, la noche no terminará sin que venga un lobo y devore a uno de sus renos. Estar en un estado de menstruación se considera degradante. Durante este periodo, las mujeres no se atreven a comer carne fresca; se ven obligadas a contentarse con alimentos menos sabrosos. Son especialmente maltratadas durante el periodo de su embarazo. Están obligadas a confesarse en presencia del marido y de la comadrona si han sido infieles a sus señores y, en caso afirmativo, a nombrar al amante. Ellas tienen el buen cuidado de no negar la imputación, pues temen que, al hacerlo, tengan que soportar crueles sufrimientos en el momento crítico: por el contrario, si son culpables, confiesan su pecado con perfecta franqueza. Su confesión, sin embargo, no conlleva ningún inconveniente. El marido se limita a buscar al acusado y a exigirle una pequeña compensación».

El jolgorio del carnaval de Irkutsk es muy diferente del de Francia. Consiste principalmente en continuos paseos en grandes trineos abiertos, alrededor de los cuales están suspendidas numerosas campanas: los arreos también están cubiertos de campanas dondequiera que puedan sujetarse. Pero esto no es suficiente; los entusiastas agitan violentamente otras en sus manos para producir una resonancia más eficaz; y, a modo de acompañamiento, para que no falte nada, los niños y las clases más bajas, que, en tiempos ordinarios, se deslizan rápidamente en sus patines sobre una pequeña calzada de madera, cubierta a lo largo de las casas con nieve endurecida por el hielo y bien batida, pasan revoloteando en mayor número en estos regocijos, en los que tampoco faltan las campanas para completar el agitado bullicio.

Desgraciadamente, mis ventanas daban a la calle principal, donde este abominable tintineo estaba siempre presente. Nunca sentí tanto la necesidad de un poco de tranquilidad como durante estos diez días de carnaval, en los que nada mejor podía ser ingeniado *para llevar al diablo a la tierra*.

Nunca saludé con más placer la llegada de la Cuaresma.

Durante los tres primeros días de este período de penitencia, una singular costumbre permite a los cocheros adscritos a la casa donde uno se aloja hacerle una visita y exigirle un obsequio. Yo, siendo extranjero, me sentí indebidamente honrado al ver desfilar ante mí, en la retaguardia de los cocheros del establecimiento, a todos los *isvostchiks* o chóferes que se habían beneficiado de mis tarifas durante mi estancia.

Para escapar de estas importunidades, fui al convento de San Ino-cencio, donde presencié las solemnes ceremonias del comienzo de la Cuaresma.

Durante este periodo, el santo es objeto de la más alta veneración. Su tumba no sólo está abierta, como la de San Sergio, sino que su cuerpo, a diferencia del patrón del monasterio de la Trinidad, no está cubierto por ningún sudario. El cuerpo está maravillosamente con-servado, excepto en el color de la piel, que es bastante negro. Una leyenda piadosa informa a los habitantes de Irkutsk de que este color se debe a los pecados de los fieles, que abandonaron sus almas en el momento en que besaron esta preciosa reliquia. A menudo he sido testigo del entusiasmo con que los devotos de Siberia oriental abra-zan los venerados restos, y de la satisfacción que sienten al quitar con la uña o con un cortaplumas una astilla del ataúd, cuyo resto desapa-recerá algún día, de este modo, inevitablemente.

También puede observarse, en muchas otras prácticas, cuán sin-cera y profunda es la piedad del campesino siberiano.

He observado muchas veces con qué escrupulosidad esta gente sencilla guarda los ayunos prescritos. A veces, en los días de peniten-cia —y hay muchos—, al llegar a una diligencia, se me ocurría preguntar, por curiosidad, si podían proporcionarme algo de comer. «Es Cuaresma, señor, hoy sólo podemos tomar té; ni siquiera tene-mos pan que ofrecerle», me respondían invariablemente. Parece extraño que un gobierno que ha sabido emplear tan bien una religión como poder político, no modifique un reglamento tan enervante para una población pobre necesitada de más alimento y vigor.

Antes de dejar Irkutsk, visité el museo para ver la colección de mastodontes fósiles, restos que abundan en ciertos estratos de Sibe-ria. Después de haber estado varias veces de caza con el gobernador general, y de haber disfrutado aquí durante seis semanas, pensé que había llegado el momento de reanudar mi viaje.

El señor Pfaffius me había prometido informarme, desde Kiajta, de cuándo se formaría allí una caravana de comerciantes de té rusos para dirigirse al sur de China.

«Procura encontrar un intérprete», me dijo, «para que nunca te resulte difícil entender a estos comerciantes de té, y ellos se encargarán de todos los preparativos necesarios para tu viaje entre los mongoles y los chinos». Pero yo no tenía elección que hacer, pues sólo un hombre se presentó para acompañarme desde Irkutsk en calidad de intérprete. Era honrado hasta la médula, lo reconozco, pero su historia debía de ser curiosa. Afirmaba ser súbdito francés, pero había nacido en Constantinopla y nunca había visto Francia. Se le conocía por el nombre español de Pablo, y su pasaporte estaba escrito en griego.

Pretendía hablar todas las lenguas del Levante, incluso el ruso, así como el italiano y el francés; pero para hacerme inteligible me veía obligado con frecuencia, al hablar francés, a intercalar copiosamente mis frases con palabras italianas, rusas e incluso alemanas. Tenía, sin embargo, la facultad de hacerse entender tan bien a todo el mundo, ayudando su jerga con signos, que me consideré muy afortunado en mi adquisición. Este genio de dilucidar el significado de sus palabras por medio de gestos, provenía evidentemente de su anterior profesión, que era la de actor de pantomima en un circo.

Aunque este Pablo estaba ahora a mi servicio, y estaba dispuesto a hacer todo lo que yo requiriese, Konstantín deseaba ayudarme, por última vez, en la preparación de mi partida. Aunque nuestros caracteres eran opuestos en muchos rasgos, uno no se separa con indiferencia de un compañero de viaje, que ha estado a tu lado día y noche en un viaje de mil quinientas leguas, y sobre todo cuando la despedida ha de ser para siempre. Mi joven compañero de viaje me conmovió por la inquietud que manifestaba ante mi intención de cruzar el lago Baikal. Me rogó una y otra vez, durante tres días, que no me expusiera a este peligro, sino que rodease el lago por el sur; y, como prueba del interés que ponía en mi seguridad, para disuadirme de mi propósito, me trajo, cuando estaba a punto de partir, al jefe de policía, quien me aseguró que el Gobierno no había tomado este año ninguna precaución para el paso seguro del lago por la vía ordinaria.

Al recibir esta indicación, cedí, y, tuve muchos motivos para arrepentirme de mi determinación, o más bien, de haberla modificado, como el lector aprenderá; pues la prudencia, en estas circunstancias, no garantizaba la seguridad. Pablo se alegró mucho de mi decisión. Su exagerado temor a los peligros y su preocupación por su comodidad personal me habían inspirado desde el principio inquietud respecto a nuestras futuras relaciones.

Partí de Irkutsk el 20 de marzo, a la una de la madrugada. Konstantín subió al trineo, entre Pablo y yo, y me hizo compañía hasta la orilla opuesta del Angará. Este corto viaje fue una especie de resumen de los tres meses que acabábamos de pasar juntos y, cuando nos dimos la mano por última vez, nos sentimos igualmente conmovidos por la despedida. Él tenía ante sí la perspectiva de una estancia indefinidamente prolongada en Irkutsk; y yo, un punto de inflexión en mis aventuras; pues las fases de mi viaje, sin él, estaban a punto de cambiar por completo.

Cuando Konstantín se hubo marchado, yo no estaba muy dispuesto a entablar conversación con Pablo. No veía ninguna utilidad en aquel hombre, salvo la perspectiva de un futuro todavía muy incierto, y, como entonces conocía el ruso lo bastante bien como para realizar solo un viaje por Siberia, su presencia por el momento era cualquier cosa menos agradable.

El territorio que atravesábamos era muy pintoresco. Montañas tras montañas, cubiertas de pinos, que producían en la oscuridad un singular y llamativo efecto con su tonalidad sable, parecían volverse más elevadas y más imponentes a ambos lados, a medida que avanzábamos. Ahora estaba mejor situado para disfrutar de una vista completa de la naturaleza, pues ya no estaba encerrado en el trineo con dosel de Nizni Nóvgorod. El que tenía ahora era completamente abierto.

Al amanecer divisamos el Baikal. Como los vientos constantes y violentos en estas partes barren la nieve de la superficie del hielo, la extensión helada asume casi por todas partes un tinte azulado que se asemeja, en cierto grado, al agua lisa.

La escena era impresionante. Muy por debajo de nuestros pies, descansaba una bahía, en el hueco entre dos cadenas de montañas, y luego, más allá, el lago se expandía de repente, y se extendía hasta donde alcanzaba la vista, a derecha e izquierda y ante nosotros, su interminable seno revestido de hielo.

«¡Por fin llegamos al lago Baikal!», exclamé con entusiasmo ante el sorprendente espectáculo. «Señor», dijo Pablo, levantándose de un salto de su asiento, «¿es que nadie se lo ha dicho? Hay que llamarlo mar; si no, se enfadará y causará algún mal».

Este temor supersticioso reveló, de inmediato, el carácter de mi nuevo compañero. Ignorante y de débil intelecto, había tomado prestado, de cada pueblo entre los que había vivido, algo que su miedo a lo desconocido le había impulsado a aceptar como revelación de la verdad. Así, creo que había adquirido de los alemanes y los polacos un poco de melancolía, de los turcos y los árabes, servilismo, y de los rusos y los siberianos, superstición; en cuanto a su honestidad y sencillez, creo que no era deudor de nadie, era nativo.

Descendimos hasta la orilla del lago por el lado sur de la montaña. La nieve, que se había derretido durante el día anterior, se había vuelto a congelar durante la noche, y formaba a cada paso una superficie resbaladiza.

El trineo iba dando vaivenes, de un modo que inspiraba terror, pues la ruta estaba constantemente en la cresta de un precipicio. De hecho, a veces estábamos tan cerca de él, que el *yemschik* llevaba las piernas, de vez en cuando, colgando sobre el borde de un abismo espantoso. En una ocasión, un fuerte golpe de látigo hizo desviar bruscamente la dirección del vehículo y nos salvamos milagrosamente de un precipicio espantoso. Desgraciadamente, el *yemschik* era demasiado confiado y, cuando hubimos escapado en esa ocasión, estaba muy dispuesto a creer que todo peligro había pasado. Justo antes de nuestra llegada a Baikal, se había olvidado de dar una vuelta repentina al trineo administrando un corte brusco a los caballos; en consecuencia, uno de los patines del trineo pasó por encima del borde de la carretera, y todo el vehículo y su contenido lo siguieron al instante. Acto seguido, Pablo y yo salimos rodando y caímos en una zanja de casi dos metros de profundidad y muy empinada, con todas nuestras alfombras y equipaje apiñados unos sobre otros. Pablo estaba demasiado aterrorizado para hablar, y probablemente pensó que no era necesario recordarme la cólera del mar, que ahora era demasiado evidente.

Poco después de este divertimento, llegamos a una diligencia. El jefe de escala me disuadió de continuar mi viaje por tierra. «El camino no sólo es más largo —dijo—, sino que, como usted bien sabe, también es peligroso. En cambio, el hielo sobre el Baikal es extremadamente grueso y no es probable que se rompa en ninguna parte». Seguimos su consejo y proseguimos sobre el hielo.

Pablo se alarmaba ridículamente cada vez que yo hablaba del lago Baikal, y trataba de alejar el peligro diciendo: «¡El mar! ¡El mar! ¡El mar!». A derecha e izquierda se alzaban, sobre nuestras cabezas, las dos cadenas de montañas que acabo de mencionar, cerrando la extremidad meridional del lago, por donde acabábamos de entrar. Ante nosotros no se veía, hasta el horizonte, más que interminables hielos.

Yo estaba completamente perdido en la admiración de este sorprendente espectáculo, inigualable en todo el mundo. No había visto en ninguna otra parte de Siberia un ejemplo tan completo de los poderosos y triunfantes efectos del invierno como este notable mar de hielo, y en ninguna otra parte de este clima había visto la luz asumir tan magníficos tonos cálidos. Sobre todo al atardecer, cuando las crestas de las montañas brillaban con una rica luz rosada, la superficie del Baikal, entonces en la sombra, reflejaba un azul intenso, parecido al del Mediterráneo. Aquella tonalidad me habría hecho creer que me hallaba frente a Niza o en la costa de Argel, si el trineo, y sobre todo el ruido que acompañaba su deslizamiento, no me hubieran recordado forzosamente la realidad. Este ruido espantoso, del que ya he hablado en mi primera experiencia de trineo sobre el Oka, era mucho más inquietante allí, debido a la profundidad de la hondonada debajo de nosotros. Aquí contribuía a la maravilla de esta escena única.

Estaba anocheciendo cuando llegamos al extremo oriental de la bahía. Fuimos a tierra sólo para cenar y cambiar de caballos. Cuando nos pusimos de nuevo en marcha, eran las nueve de la noche, y nuestro *yemschik*, en lugar de mantener un rumbo noreste que nos llevara hacia la costa oriental, se dirigió hacia el norte, hacia el centro del lago.

Como ya me había percatado muchas veces de que los *yemschiks* se desviaban de su curso sobre las aguas heladas para evitar algún pozo o lugar de dudosa solidez, al principio no pregunté nada, sino que me volvía de vez en cuando para ver la tierra que se alejaba. Así ocupado, se hundía cada vez más en el horizonte y al fin desaparecía por completo de mis ojos. El aspecto había cambiado por completo, parecía como si estuviéramos en mar abierto, pues girásemos hacia donde girásemos, no veíamos tierra por ninguna parte.

Debo confesar que, en aquel momento, empecé a avergonzarme un poco de mi jactanciosa indiferencia de unas horas antes. Aquella zona desolada e inhóspita me hizo estremecer, y al mismo tiempo sentí un respeto servil por aquel terrible mar siberiano que tan desconsideradamente había insultado desde la orilla.

Pocas veces había tenido ocasión de quejarme de mi *yemschik* durante el viaje, por lo que no estaba en absoluto dispuesto a encontrarle defectos en este caso; sin embargo, no tardé en darme cuenta de que estaba intoxicado y de que nos había llevado por mal camino.

La superficie se hacía gradualmente más y más irregular; unos pocos bloques sueltos o superpuestos se distribuían aquí y allá; en aquel momento estos no sólo eran más grandes, sino también más numerosos. Este áspero y quebrado camino, de hecho, era amenazador, pues cuanto más avanzábamos más aumentaban nuestras nuevas dificultades, y no pasó mucho tiempo antes de que nos viéramos obligados a abrirnos paso a lo largo de montañas de hielo que superaban incluso a las del Tom y el Angará.

La visión de estos obstáculos, cada vez mayores, habría sido inquietante en pleno día; pero ahora, en la profundidad de la noche, sin un contorno de tierra tan sombrío que discernir, y en completa ignorancia de nuestra dirección, la situación era realmente alarmante. Empecé a interrogar al *yemschik*, de quien no pude obtener ninguna respuesta comprensible, ni siquiera con la ayuda de Pablo.

La pobre criatura estaba paralizada de miedo.

Desconcertado por la absoluta impotencia de nuestra peligrosa situación, se me ocurrió la idea de preguntar por qué lado podríamos ganar tierra más pronto. El *yemschik* extendió la mano hacia el oeste. Comprendí inmediatamente la terrible situación en que nos hallábamos y decidí esperar en el lugar hasta el amanecer. El conductor se negó a detenerse de inmediato, haciendo caso omiso de mis temores, pero el asunto era tan grave que me vi obligado a desenfundar mi revólver y, apuntándole a la cabeza, le amenacé con dispararle en el acto si avanzaba un paso más.

Era ya cerca de la una de la madrugada, y no distinguía más que montañas de hielo que nos rodeaban por todas partes. Al examinar estos montículos, descubrí que estaban construidos con bloques de unos treinta centímetros de espesor.

Estaba claro, por lo tanto, que estábamos suspendidos sobre las profundidades del lago por un suelo de no mayor espesor. ¿Podría soportar el peso del trineo cargado y de los caballos?

Entre el aire que respirábamos y el fondo del lago, sólo había un palmo de hielo. Esa era la distancia entre la vida y la muerte. No sólo estábamos lejos de los seres humanos, sino también de la tierra que habitaban. ¿Quién sabía dónde estábamos? ¿Quién estaría pensando en nosotros a estas horas? ¿Quién, a esa distancia, podría haber oído nuestro último grito desesperado de angustia, en el momento en que el hielo, rompiéndose bajo nuestro peso, se abriera para cerrarse sobre nosotros para siempre?

El lúgubre gemido del viento en las hondonadas de este salvaje glaciar, interrumpido por el ominoso crujido del hielo, como el bajo estampido de un cañón en la distancia, rompía el silencio de la noche. Nunca había sentido la debilidad, la innoble insignificancia del hombre de una manera tan completa y absoluta. Nunca había sido tan sensible al imponente poder de la naturaleza. Contuve la respiración con temor, porque el hombre, en su augusta presencia, sería tan insignificante como un grano de arena o el más pobre gusano, si llegara el momento en que estuviera condenado a ser aplastado en el terrible ejercicio de su poder.

Cuando por fin apareció el sol, pudimos darnos cuenta, aún más forzosamente, del peligro de nuestra situación. Había fisuras que marcaban la superficie en todas direcciones. Los charcos de agua en ciertos puntos mostraban que la congelación en esas partes, por una causa u otra, sólo había sido parcial. Al verme expuesto a tantas insidias, comprendí por qué el Gobierno ruso había declinado este año toda responsabilidad por la seguridad de los viajeros. Me vi abandonado a mis propios recursos y temí por las consecuencias, pues parecía que estaba perdido.

En el dilema no sabía qué hacer; era necesario moverse, pues no podíamos escapar del peligro quedándonos quietos por más tiempo, y di órdenes al conductor, mecánicamente, como hechizado, para que tomara su rumbo hacia el sol naciente. Nos pusimos en marcha. Ningún camino podría haber sido más prudentemente elegido y, a pesar del elemento de peligro que aún existía, estar más repleto de emocionante interés. Nos vimos obligados a dar muchas vueltas para evitar alguna que otra grieta. El *yemschik*, ya recuperado de los efectos de su intemperancia, parecía deseoso de redimir su falta, y se adelantó solo a pie, poniendo en peligro su vida, para comprobar el espesor de los hielos. Nos vimos obligados a detenernos de vez en cuando, cuando nos acercábamos a alguna ominosa línea de agua ondulante que nos impedía el paso. Si nos atrevíamos a desafiarla, decidíamos retroceder un poco, para saltar mejor, y luego, con el látigo bien aplicado, ayudados por gestos salvajes, aullidos y gritos, para dar ímpetu a los caballos, despejábamos, en un abrir y cerrar de ojos, aquellas traicioneras grietas que se abrían para devorarnos, pero no sin un horror enfermizo.

Hacia las ocho de la mañana vislumbramos tierra, y poco después la vimos claramente. Cuanto más avanzábamos, más espeso y seguro se hacía el hielo, y cada paso que dábamos nos levantaba el ánimo hasta que, por fin, desapareció todo peligro. Entonces, por extraño que parezca, sentí una punzada de remordimiento al abandonar el Baikal, pues aunque me había estremecido de miedo, no podía olvidar que seguía pisando tierra encantada.

Por fin, a las diez de la mañana, entré en el pueblo de Slernaya para reflexionar sobre las veintidós horas pasadas en el lago Baikal, la aventura más apasionante y trascendental que he vivido en todos mis viajes.

CAPÍTULO 15

Del lago Baikal a Kiajta

Observaciones sobre Siberia oriental y sus habitantes — Su sueño de independencia — Motivos que podrían contribuir a la independencia — Ejemplo de los chinos — Los yakutos y los habitantes de Kamchatka

MIENTRAS desayunaba a la mañana siguiente en Verjneúdinsk[*], oí una singular conversación entre tres hombres, que probablemente eran nativos de esta parte, pues se declaraban más apegados a Siberia oriental que al Imperio ruso; y éstos me recordaron a los habitantes de Vannes o de St. Brieux, que profesan amar más a Bretaña que a Francia. Si el imperio estuviera en peligro o el trono del zar amenazado, estos hombres cumplirían sin duda con su deber y, tal vez, mejor que muchos otros; pero, por todo ello, era fácil percibir que esta porción oriental de Siberia era, con mucho, la más cercana a su corazón. «¡Qué hermosa tierra! ¡Qué fértil es!», exclamaron, «no sólo tenemos abundancia de trigo y otros cereales, también excelente vino del valle de Ussuri. No comprendo en absoluto por qué nuestro emperador vive en San Petersburgo. Ya veréis que nuestra capital, tan insalubre, será abandonada uno de estos días. Entonces vendrá la Corte y se establecerá a orillas del río Ojotsk».

No creo que el sueño de esta gente sencilla sea digno de consideración. No obstante, en algún período futuro, este sentimiento podría convertirse en un anhelo de independencia nacional de una manera mucho más práctica entre estos habitantes de las orillas del Amur, y en este caso no carecería de importancia.

[*] Actual Ulán-Udé.

No hace mucho que el territorio situado al norte del Amur fue anexionado al Imperio ruso y, dado que antes de este período era un completo desierto, no es de extrañar que esta región siga estando escasamente poblada.

El río Amur tiene un curso de mil leguas, y el gobernador general me informó que en este inmenso territorio había en total, incluyendo el servicio militar y civil, veintiséis mil habitantes. Pero como estos habitantes son nativos del antiguo Imperio ruso, y están aquí como colonos, es natural que sigan apegados a su país natal y a su emperador. En el curso de unas pocas generaciones, sin embargo, los habitantes de las orillas del Amur no dejarán de percibir que la independencia conducirá a la riqueza, y, con este incentivo, ¿qué esfuerzos no harían para obtenerla?

En resumen, los habitantes del norte de Rusia prefieren muy a menudo el maíz de Siberia al de Odesa. Los cultivadores de las orillas del Amur podrían abastecerse no sólo a sí mismos, sino también exportar grano, y beneficiarse en gran medida de la exportación. El valle del Ussuri, que produciría no sólo vino, sino todas las frutas del sur, como naranjas y plátanos, crearía riquezas adicionales. Los habitantes de esta comarca no se verían entonces obligados, como ahora, a enviar a San Petersburgo todo el oro que sacaran de la tierra. También podrían acumular riquezas de otras fuentes de la misma, de los inmensos yacimientos de hierro y grafito, (pues la famosa mina de Alibert se encuentra en este distrito), de la arcilla para la fabricación de porcelana, de los bosques, y también del carbón de la isla de Sajalín. Además, el mar de Ojotsk les proporcionaría una fácil salida y comunicación con los mercados del mundo, mientras que los barcos rusos de San Petersburgo no podrían salir del Báltico, si se les opusieran Alemania, Suecia y Dinamarca, o incluso Inglaterra y Holanda.

De estos hechos se desprende que esta región, que mide diez o mil doscientas leguas de largo por ochocientas o novecientas de ancho, posee todos los recursos necesarios para formar no sólo un Estado independiente, sino uno de los más ricos del mundo. No es nada improbable que, en el curso de unos pocos años, los habitantes de esta comarca, hasta ahora un poco dominados y extralimitados por el zar, abran los ojos a las tentadoras ventajas que tienen a su alcance, e intenten asegurarlas plenamente haciendo un esfuerzo por conseguir su independencia. Puede objetarse, tal vez, que la perspectiva de una revolución en Rusia es demasiado remota para que se produzca tal movimiento; que la religión está demasiado arraigada en los corazones del pueblo y, en consecuencia, que tienen demasiada veneración por la sagrada persona del zar como para aventurarse a atacarlo. Esto es, hasta cierto punto, cierto, y lo que he relatado sobre los sentimientos de los asesinos hacia los polacos, en la prisión de Irkutsk, da cierto peso a la objeción. Sin embargo, en Rusia hay que admitir que el respeto a la religión —contrariamente a su forma de manifestarse en Francia— disminuye en proporción a la elevación del rango social. Y entonces, si el respeto por la religión desaparece, pronto le seguirá el respeto por la autoridad del emperador. En Siberia oriental, de hecho, donde todo el mundo trata de enriquecerse y a menudo lo consigue, no faltan ejemplos de este desprecio por la religión, que he oído expresar tan francamente; y cuando esto se haya extendido entre la multitud, la sagrada autoridad del emperador, que mantiene a este país sometido, habrá perdido su dominio.

Puedo dar ejemplos de esta irreverencia, ya que, estando en Irkutsk, pregunté a uno de los personajes más ricos e importantes del lugar si los sacerdotes procedían del campesinado.

—Oh, no —me contestó.

—¿Pertenecen a las clases altas?

—En absoluto.

—Entonces, ¿dónde se reclutan?

—Dios sabe dónde —respondió, con el mayor desprecio, como si no le llamaran la atención.

Otro habitante de Irkutsk, de posición aún más elevada, me preguntó un día cómo había pasado el domingo. Le dije que, entre otras ocupaciones, había ido por la mañana a oír la misa del archimandrita, y por la tarde, al teatro, a escuchar *Orphée aux Enfers*. «Entonces has asistido hoy a dos *representaciones teatrales*», añadió mi interlocutor.

No afirmo que todos los miembros de la aristocracia rusa hablen tan despectivamente de su religión y de sus sacerdotes. Mas he aquí, ciertamente, dos observaciones que ni siquiera un católico de nuestro país, sin fe y sin respeto aparente alguno por la religión o la autoridad, se habría atrevido a hacer.

No hay en Siberia, como en la Rusia europea, una distancia tan grande entre el pueblo y las clases superiores. Opino que habrá un día en que el campesinado notará la manera en que su credo, ante el que siempre ha doblado la rodilla en veneración, es tratado por sus superiores, y no tardará en reclamar la seductora libertad que ha descubierto en quienes deberían servirle de modelo de conducta.

Puede objetarse de nuevo que este carácter paciente y sumiso del pueblo ruso, y la lejanía de los siberianos orientales de cualquier nación civilizada que pudiera darles ejemplo y alentarlos, retrasaría esta emancipación.

TRAYECTO SOBRE EL LAGO BAIKAL

Los rusos, es cierto, están tan habituados al estado de paciente resistencia en que viven; su resignación se manifiesta de tal modo en su conducta, en sus formas de cortesía rayanas en el servilismo, en su música e incluso en sus diversiones, que parece imposible que surja de entre ellos un gran líder capaz de cambiar su destino. Sus vecinos, los chinos, viven bajo una forma de gobierno, tal vez, aún menos deseable, y, en consecuencia, estas dos naciones parecen incapaces de escapar jamás de la esclavitud bajo la que viven ahora.

Pero los chinos, hay que reconocerlo, están lejos de aceptar su sometimiento con tanta resignación como sus vecinos del norte. Acostumbrados hasta ahora a considerar las fronteras de su imperio como los límites del mundo, e ignorantes de los medios por los que se adquiere la libertad, no es sorprendente que se hayan sometido a una autoridad que se les impuso desde el principio por una fuerza irresistible. Pero para cambiar completamente sus puntos de vista, sólo necesitan conocernos, y entonces esta iluminación se extenderá gradualmente entre ellos. De hecho, no son muy cariñosos con nosotros, pero les asombramos y nos estudian. Pronto apreciarán la diferencia de condición entre las naciones europeas y los pueblos del Celeste Imperio: vendrán entre nosotros para educarse aún más; y puesto que los chinos son naturalmente inteligentes y lógicos, y no hacen nada superficialmente, adoptarán entre ellos aquellas de nuestras instituciones que les parezcan sólidas y adaptadas para asegurar la prosperidad y la felicidad de una nación.

En este caso, probablemente se seguiría el ejemplo en la rica pero desgraciada Siberia.

Los tres hombres que he mencionado, que comían en Verjneúdinsk y que parecían tan convencidos del brillante porvenir de Siberia oriental, no tardaron en entablar conversación con nosotros. Pablo aprovechó la ocasión para explayarse sobre los terrores que había experimentado en el lago Baikal. Los describió con mucho énfasis, sin olvidar el más insignificante incidente, y adornó su narración con un recital de ciertas proezas personales que inevitablemente habían escapado a mi observación. Sin duda habría interrumpido tan ampuloso y prolongado entretenimiento, si no hubiera visto a este hombre tomar de mis provisiones una botella de aguardiente que yo había guardado para otro objeto, para luego llenar deliberadamente su vaso y el de sus compañeros, y continuar tranquilamente su diversión, sorbiendo todo el tiempo como si estuviera tomando su *kirsch* o su anís.

Me extrañaba esta costumbre de tragar así un aguardiente tan fuerte. Supongo que el frío de Siberia lo indujo a este hábito, pues en Constantinopla no era adicto a él. Este gracioso sujeto, al satisfacer este singular gusto, reveló una superstición aún más extraña. Sacaba un pellizco de tierra de una especie de tabaquera que guardaba constantemente en el bolsillo, y echándolo en su aguardiente, lo engullía, como si hubiera sido deliciosamente endulzado con tanto azúcar.

Cuando le pregunté la razón de esta práctica, me explicó: «Este polvo ha sido tomado de mi tierra natal. Si ingiero así un bocado de vez en cuando, estoy seguro de no contraer ninguna enfermedad epidémica en el país donde viajo. Si lo hubieras sabido, antes de salir de Francia, no habrías enfermado al llegar a Irkutsk».

Pablo, como puede verse, era una criatura singular. La bondad y la abnegación eran tan conspicuas en él, que me felicité por haberlo traído conmigo. No obstante, nunca encontraría un final si relatara todas las excentricidades de este espécimen de naturaleza humana, medio chiflado, infantil y supersticioso.

Antes de abandonar Verjneúdinsk y entrar en territorio chino, debo decir unas palabras sobre algunas tribus que habitan en Siberia oriental, muchos de cuyos individuos tuve la oportunidad de ver antes de abandonar esta parte del Imperio ruso.

Los yakutos son cobrizos y tienen el pelo largo y negro. Desprecian a sus esposas. Van invariablemente cubiertos con adornos, generalmente de hierro, pero artísticamente trabajados. Los yakutos son bondadosos, honrados y hospitalarios. Sus creencias religiosas son exageradas hasta la superstición y la idolatría. De hecho, sus sacerdotes son hechiceros que ejercen una gran influencia sobre este pueblo sencillo mediante la práctica de la magia.

Cuando Müller estuvo aquí, quiso ver a una sacerdotisa que, según le informaron los yakutos, se clavó un cuchillo en el cuerpo sin causar la muerte. La primera vez, al parecer, la operación no tuvo éxito, pero al día siguiente, el intento fue renovado, y esta vez el golpe fue mejor dirigido. Realmente había hundido la hoja en los intestinos, y la retiró cubierta de sangre. «Examiné la herida», escribió Müller, «la vi tomar un trozo de carne que cortó de la incisión y, asándolo en un fuego, se lo comió. Después cubrió la herida con un emplasto de resina de alerce y corteza de abedul, y la vendó con un trapo. Pero hubo un incidente aún más singular. Se la obligó a firmar una especie de informe oficial, en el que declaraba que nunca se había clavado el cuchillo en el cuerpo antes de haber operado ante nosotros; que ni siquiera tenía intención, al principio, de llegar tan lejos; que sólo pretendía engañarnos a nosotros y a los yakutos, deslizando con destreza el cuchillo entre su piel y su vestido; que los yakutos nunca habían sospechado la veracidad del hechizo, pero que nosotros la habíamos vigilado demasiado de cerca; que, además, ella había oído decir a otros hechiceros que, cuando uno golpeaba con eficacia, no moría después por poco que probara su propia grasa, y que, ahora que se le exigía por propia voluntad que dijera la verdad, no podía negar que, hasta ahora, había engañado a los yakutos. La herida, que sólo vendó dos veces, se curó completamente en diez días y, probablemente, su juventud contribuyó mucho a esta pronta curación».

La ciudad de Yakutsk, en el centro del territorio habitado por los yakutos, está considerada la ciudad más fría de Siberia. Sirve como lugar de exilio. He oído hablar con frecuencia de un pobre poeta, que fue condenado a vivir indefinidamente en esta ciudad, después de dos años de encarcelamiento preliminar, por haber escrito un pequeño libro desfavorable al Gobierno ruso, que a mí me pareció bastante inofensivo. Este libro se titula *Sto. délaïti*, (*¿Qué hay que hacer?*).

Los habitantes de Kamchatka se dividen en tres pueblos, cuya lengua y costumbres son diferentes. Los koriakos en el norte, los kamchadales en el centro y los kuriles en el sur.

Entre los koriakos, algunos son nómadas, otros sedentarios. Los koriakos errantes tienen rasgos árabes y ojos pequeños, sombreados por gruesas cejas; no son tan corpulentos ni tan altos como los koriakos estacionarios; también son menos robustos y valientes.

Sin embargo, los nómadas desprecian a la tribu sedentaria como a esclavos, y estos aceptan tranquilamente este servilismo. Cuando un koriako errante se presenta ante uno sedentario, este se encoge de hombros ante él, lo colma de regalos y se embolsa todos los desprecios e insultos que le lanza su huésped, sin una palabra de reproche.

Los nómadas son muy celosos de sus esposas. Las matan de inmediato cuando las sorprenden en adulterio, y a veces incluso ante la simple sospecha de infidelidad. Se ofenden por todo. Sus esposas deben parecer sucias y feas por miedo a irritar a sus maridos por exhibir encantos. Nunca se lavan ni se peinan; nunca tienen color en las mejillas. «¿Por qué habrían de barnizarse?», se preguntan sus maridos, «a menos que quieran agradar a los demás». Por eso, a veces, esconden ropa realmente buena bajo un fardo de harapos.

Los modales de los koriakos sedentarios son muy diferentes. Reciben a los forasteros, a la manera mencionada de los lapones por Bernardin de Saint-Pierre, y matarían a un huésped que se negara a ocupar su lugar en el lecho conyugal.

Los koriakos, nómadas o estacionarios, como todos los habitantes de Kamchatka, no tienen religión. «Un jefe de estas tribus», escribió el explorador ruso Stepán Krashenínnikov, «con quien tuve ocasión de conversar, no tenía ninguna idea sobre la divinidad». Los koriakos, sin embargo, temen a un espíritu maligno, y a veces le sacrifican un reno, pero sin cerciorarse de si este sacrificio les traerá el bien o el mal.

¿Podría darse el nombre de culto a una supersticiosa costumbre, muy extendida entre los koriakos sedentarios, que consiste en dar un lugar en el lecho conyugal a piedras envueltas en ropas? Krashenínnikov comentó al respecto: «Un habitante de Oukinka tenía dos de estas piedras; una grande, a la que llamaba su esposa, y otra pequeña, que era su hijo. Le pregunté la razón de este extraño acto. Me dijo que un día, cuando su cuerpo estaba cubierto de erupciones, había encontrado su gran piedra en la orilla de un río; al querer cogerla, le sopló como un ser humano y, por miedo, la arrojó al río. A partir de este momento su mal empeoró hasta que al cabo de un año, habiendo ido a buscar la piedra al lugar donde la había arrojado, se asombró al verla de nuevo a cierta distancia del lugar, tendida sobre una gran piedra plana, con otra pequeña a su lado. Las cogió a ambas, las llevó a su casa, las vendió y poco después desapareció su enfermedad. Desde entonces, dijo, siempre he llevado la piedrecita conmigo, y quiero más a mi mujer de piedra que a mi mujer viva».

Esta historia de Krashenínnikov muestra hasta qué punto la locura, la necesidad de creer en una divinidad, puede influir a un hombre cuya mente no está iluminada ni dirigida.

Los kamchadales tienen la piel oscura, la cara ancha y chata, y la nariz achaparrada. Tienen olor a pescado; exhalan también un fuerte olor a aves marinas, y a veces a almizcle, causado por el hecho de que comen el animal que lo contiene sin preparación.

Viven, sin embargo, principalmente de pescado, que cocinan de diversas maneras. La más común consiste en cortar varios salmones en seis partes. Ponen las cabezas en un hoyo para que se descompongan, secan el lomo y el vientre con humo, y la cola y los flancos al aire. Luego lo machacan todo junto, y después secan esta pasta, que les sirve casi a diario para su alimentación. Los patos, gansos y los huevos conservados en grasa de pescado constituyen también, según dicen, una parte de su subsistencia.

Antiguamente, no bebían más que agua y, para animarse un poco, tomaban una infusión de setas. Desde la conquista rusa conocen el aguardiente y beben grandes cantidades.

Los kamchadales tienen una gran pasión por el vestido. El traje de un hombre rico se confeccionaba antiguamente con pieles de reno, zorro, perro, marmota, carnero salvaje, patas de oso y lobo, muchas focas y plumas. Se necesitaban al menos veinte animales para vestir a un kamchadal. El comercio se realizaba exclusivamente por trueque. Un traje completo valía unas cien martas o cien zorros.

Pero ahora este singular pueblo ha tomado prestado de los rusos el gusto por el material de vestir de la vida civilizada, y en un ligero grado también por la forma. Las mujeres tienen caprichos extraños; se manchan la cara de rojo y blanco. Son muy particulares en no mostrarse a un extraño antes de haberse sometido a una ablución especial, y después de haber sido bien maquilladas.

Para obtener fuego utilizan el taladro de fuego, que se produce haciendo girar rápidamente entre las manos un palo redondo y seco pasado a través de un agujero en un tablón. Un poco de hierba seca machacada sirve de yesca.

Los modales de los kamchadales son tan groseros, que se asemejan más a los instintos de los animales que a los hábitos del hombre. No tienen ni idea de la espiritualidad del alma. Además, no tienen religión. Una sola fiesta, llamada *Purificaciones*, descrita ampliamente por Krashenínnikov, consiste tanto más en bailes y juergas que en oraciones y sacrificios, que sería evidentemente erróneo, creo yo, considerarla como parte de cualquier sistema religioso.

Los kuriles habitan las islas del mismo nombre que se extienden, una tras otra, entre el extremo de Kamchatka y Japón. Este pueblo siente la influencia de la nación civilizada tan cercana a ellos; aun así, se acercan mucho más a los habitantes de Kamchatka que a los de Japón. Viven en tiendas, como sus vecinos del norte, y se alimentan de pescado.

Los kamchadales y los kuriles difieren, sin embargo, en muchos puntos. Una esposa kuril, cuando es infiel a su marido, lo deshonra. Este entonces desafía a su adversario y se baten en duelo a garrotazos. El que desafía es el primero en recibir, en su espalda, tres golpes con un garrote del grosor del brazo de un hombre. Y luego devuelve otros tantos a su enemigo; el combate continúa así, hasta que uno de ellos pide perdón o sucumbe al número y a la violencia de los golpes.

Las madres kuriles mantienen una práctica muy cruel. Cuando tienen dos niños al nacer, matan a uno; y, sin embargo, este pueblo es gentil y humano. Respetan la vejez, se apegan a su parentela y forman amistades.

CAPÍTULO 16

De Kiajta a Maimachen

La taranta — Los comerciantes de té — Su competencia — El sienzy — Aspecto de Maimachen — Una cena en casa del gobernador chino — Preparativos para cruzar el desierto de Gobi

D ESPUÉS de dejar Verjneúdinsk, el estado de la carretera cambió bastante. En el transcurso de unas pocas horas, al no estar los patines de nuestro trineo apoyados sobre una gruesa y lisa capa de nieve, estos entraban ocasionalmente en contacto con la tierra que había debajo, y, al aumentar la fricción, retrasaba considerablemente nuestro avance. Esto produjo finalmente tantas sacudidas que, al finalizar la primera etapa, nos vimos obligados a abandonar nuestro trineo y avanzar en una *taranta*. Este vehículo, en el que viajan los rusos en verano, no tiene otra amortiguación que la que proporcionan cuatro palos de abedul apoyados en los ejes de cuatro ruedas. No conozco ningún medio de locomoción, con excepción del palanquín chino de mulas, más incómodo que la *taranta*; sin embargo, sacudidas aparte, me sentí encantado la primera vez que me encontré montado en este vehículo. El terreno estaba todavía cubierto de nieve en su mayor parte, pero aquí y allá vislumbré lugares descubiertos. Esta era la tierra que había perdido de vista desde que dejé San Petersburgo, la tierra de Siberia, que, aunque había recorrido más de mil quinientas leguas de este país, estrictamente hablando, todavía no había visto. Aquí el suelo era rico y aparentemente favorable a la agricultura, pero de un color tan oscuro que debía dar un aspecto más sombrío a la vecindad de las aldeas en verano; peor que la inmaculada mortaja de nieve en invierno.

A medida que avanzábamos, notábamos una gran diferencia en las gentes; eran de aspecto más singular y de un tipo más oriental: los aldeanos, los *yemschiks*, e incluso los encargados de los puestos, eran casi todos buriatos. A menudo nos cruzábamos con chinos, en carruajes o palanquines, vestidos de seda, roja, azul y de todos los colores; con más frecuencia aún, con mongoles encaramados en camellos o montados en briosos caballitos, todos ellos ataviados por igual con un turbante amarillo forrado de pieles y envueltos en una capa completa, hecha con la piel del ciervo blanco del desierto de Gobi, doblada sobre el pecho. Por fin, el 27 de marzo, a las nueve de la mañana, divisé desde lo alto de una colina la aldea de Kiajta, al final de la cual se alzaban dos enormes postes amarillos que marcaban la frontera del Celeste Imperio y la entrada en la ciudad de Maimachen*.

Fui directamente a ver al señor Pfaffius. «No tenía ni idea», me dijo, «de que hubieras tardado tanto en venir desde Irkutsk». Le conté mis aventuras del Baikal. «La pequeña caravana de comerciantes de té a la que ibas a unirte partió de aquí ayer por la mañana. Pero no perderás nada por ello, pues dentro de una semana saldrá de aquí otra caravana. Entonces tendrás tiempo de sobra para hacer todos los preparativos para acompañarla a Pekín, y tendremos el placer de contar con tu compañía aquí toda la semana». Fui a anunciar esta noticia a Iván Nempshinov, quien se mostró tan encantado y me ofreció, con tanta cortesía, la hospitalidad de la casa de su padre, que nunca olvidaré la ocasión.

El padre de Iván, con quien me alojé en Kiajta, es primo del Nempshinov que ya he mencionado como uno de los tres propietarios de la mina de oro más rica de Transbaikalia. No sintiéndose dispuesto a arriesgar su fortuna en la caza del oro, tan a menudo precaria, prefirió dedicarse al negocio del té, con el que ha adquirido una inmensa fortuna.

El floreciente estado del comercio del té por caravanas se debe a dos causas. En primer lugar, al gran consumo de té en Siberia y Rusia, y particularmente en Rusia, donde es la parte necesaria de sus

---

* Actual Altanbulag.

comidas. En segundo lugar, a su libre entrada en Siberia oriental, que el zar ha concedido a sus súbditos orientales. Como los derechos de aduana son considerables sobre el té importado por Odesa, resulta que casi todo el té que se bebe en Rusia pasa por las manos de los comerciantes de Kiajta, y no sin dejar en ellas una gran cantidad de rublos.

Estos comerciantes están un poco asustados, en este momento, por la aparición de una competencia, cuyo éxito, aún dudoso, los arruinaría por completo. Esta empresa rival tendría por objeto transportar el té por mar, desde la desembocadura del río Yangtsé hasta el puerto de Vladivostok, y de allí a Irkutsk, por los ríos Ussuri y Amur. Si se estableciera esta comunicación, no hay duda de que el té podría venderse mucho más barato que en la actualidad, ya que el transporte por tierra, a través de Mongolia y el desierto de Gobi, es muy caro; pero los emprendedores del nuevo proyecto se verían obligados a hacer un desembolso tan considerable desde el principio, que se teme que el fracaso del mismo sería decisivo antes de que un solo cofre pudiera encontrar su camino por esta ruta a Irkutsk.

Para que el transporte sea lo más barato posible, propondrían embarcar el té en Hankou, el gran centro de las plantaciones del sur de China, a orillas del Yangtsé, y desembarcarlo en Nérchinsk, en el Shilka, dentro de la jurisdicción del Gobierno de Irkutsk. Pero para alcanzar este objeto, sería necesario excavar un canal, entre Vladivostok y el lago Hinka*, donde nace el Ussuri, una región muy montañosa; y además, construir vapores bastante pequeños para navegar en un canal, y, al mismo tiempo, bastante grandes para resistir las olas, a menudo formidables, en los mares de China. La idea es ciertamente ingeniosa e incluso audaz; y si el capital de la nueva compañía es lo bastante importante para el establecimiento de esta ruta marítima, su éxito no podrá ponerse en duda. En todo caso, la rivalidad es interesante, y me atrevo a decir que algunos de mis lectores, ya informados de esta gigantesca empresa comercial, sentirán curiosidad por conocer sus resultados.

---

*   Actual lago Janka.

Los chinos que habitan Maimachen no tardaron en averiguar si el señor Nempshinov tenía realmente alojado en su casa a un *sienzy*, es decir, a un hombre del extremo oeste. Como los individuos de esta raza son bastante raros en el norte de China, y la curiosidad de ninguna mujer del mundo puede compararse a la de los hombres chinos, todos los habitantes de Maimachen querían verme.

Según la costumbre rusa, todas las rendijas de los marcos de las ventanas donde yo me encontraba estaban tapadas, aunque el frío casi se había ido, pero las puertas estaban abiertas de par en par; por lo tanto, no podía escapar de la interminable multitud de visitantes que venían a verme. Había, por lo menos, cuarenta o cincuenta a la vez, en las tres pequeñas habitaciones que formaban mi suite. Ellos escudriñaban mis gestos y movimientos más ordinarios, se abalanzaban sobre todos mis escritos, palpaban mi barba, que les parecía algo monstruoso; porque no están acostumbrados a ver, en sus propios rostros, ni generalmente en los de los siberianos, otra cosa que bigotes, y luego querían oírme hablar mi idioma. Extenuado por su persecución persistente e indiscreta, insistí enérgicamente y, al ver que esto no surtía efecto, perdí toda la paciencia y les maldije como un soldado; pero todo fue inútil, porque sus oídos estaban evidentemente tan satisfechos con estas expresiones eufónicas que a menudo me rogaban que las repitiera a los recién llegados para que nada se perdiera.

El gobernador no pudo resistir la tentación de seguir la corriente. Su visita me interesó. Iba vestido con una túnica de tela dorada. Su gorra estaba coronada por una bola azul, símbolo de su dignidad. Dos largas plumas de pavo real colgaban de la parte posterior de la gorra. Le acompañaban dos oficiales chinos y un príncipe mongol. Este último iba disfrazado como todos los demás mongoles, salvo que su pecho estaba completamente cubierto de una profusión de adornos y amuletos de plata y coral. Un primo de Iván Nempshinov, el señor Solomanov, hizo de intérprete. «Debería oponerme legalmente a su entrada en China —me dijo el gobernador—; sólo los rusos tienen derecho a entrar por tierra en el Celeste Imperio. Sin embargo, haré una excepción. Pídale al señor Pfaffius un pasaporte de comerciante de té, como súbdito ruso, por si tuviera alguna dificultad con las autoridades chinas que pudiera encontrar en su camino». La entrevista terminó con una invitación para cenar con él al día siguiente, que acepté encantado, y nos despedimos cordialmente como viejos conocidos.

Maimachen es la ciudad más singular del mundo, ya que está poblada sólo por hombres. Las mujeres chinas no sólo tienen prohibido salir de su territorio, sino incluso atravesar la gran muralla de Kalgán* y entrar en Mongolia. Esta regla impedirá, durante algún tiempo, cualquier modificación del carácter chino. Por muy numerosas que sean las emigraciones, la influencia extranjera nunca será muy grande sobre los hombres nacidos en territorio chino y que han sido educados allí hasta la edad adulta en todas las costumbres y prejuicios de un país tan extenso. Todos los chinos de esta ciudad fronteriza son exclusivamente comerciantes, y acumulan dinero, hasta que su comercio con Europa a través de Siberia ha creado una fortuna suficiente, que les permite regresar a sus ciudades natales y vivir allí tranquilamente con sus familias. Sus viviendas denotan su prosperidad. Están separadas de las calles por un muro de arcilla, bastante feo, es cierto, pero que rodea, por lo general, una casa de aspecto muy elegante, ante la cual se pasean esos cursis elegantes y regordetes con ojos inusualmente grandes, como los que se representan con bastante fidelidad en los jarrones y biombos chinos. Ocurre muy a menudo que los objetos así representados, que consideramos caricaturas grotescas, son, en realidad, con sus defectos de perspectiva, más que de forma, verdaderas imágenes de objetos del país.

La parte principal de las casas de Maimachen está dividida en dos compartimentos, y la que queda detrás está elevada. Bajo esta gran plataforma, cubierta de esteras que sirven de asiento durante el día y de cama por la noche, se encienden hogueras.

Enfrente de la puerta suele verse un nicho, donde los ídolos domésticos, poco acostumbrados a mostrarse a los ojos profanos, reposan tras una persiana ornamentada.

---

* Actual Zhangjiakou.

Las paredes de la sala de recepción están lacadas en rojo o negro y, a veces, incluso cubiertas de seda labrada, según el gusto y la riqueza del propietario. El apartamento que da al patio suele ser de madera clara, perforada y tallada, y sobre estas aberturas se tiende papel de colores. La luz, tamizada a través de la madera artísticamente tallada, proyecta luego sus diversas sombras sobre la transparencia coloreada, y produce algo parecido al gracioso efecto de las vidrieras.

Me interesaron profundamente las novedades de estos alegres interiores, como era de suponer, y pasé aquí muchas horas, llamado, primero a un apartamento, luego a otro, para participar del liberal y cortés entretenimiento, abundante en pasteles y frutas en conserva.

Generalmente, en Europa se tiene la idea equivocada de confundir los edificios destinados al culto con las altas torres que suelen dominar los pueblos. Estas torres no tienen nada de religioso: son simplemente puntos de referencia en las vastas llanuras de China central. Por lo tanto, no se ven en los distritos montañosos, como en los alrededores de Maimachen, por ejemplo.

El templo de los ídolos de esta ciudad se encuentra junto a la casa del gobernador. Se accede a él por tres patios sucesivos, rodeados de galerías de madera hundidas, pintadas de varios colores.

En el primero se alzan tres pequeñas estructuras que cubren un gigantesco tamtam y dos monstruos dorados. En el segundo, se alza un teatro, dispuesto de tal manera que, estando abiertas las puertas del templo, el ídolo puede contemplar el espectáculo, que, en mi opinión, constituye una parte esencial de la ceremonia religiosa. El tercer patio está cubierto y sirve de vestíbulo en el templo, especialmente llamado así, que contiene ídolos del carácter más grotesco. La puerta de este templo es encantadora, es de madera tallada, ricamente dorada. Hay tres santuarios, el del centro está dedicado a un ídolo gigantesco de rasgos monstruosos. Me llamó la atención el aspecto feroz de esta figura, tenía ojos fieros; su barba, compuesta de pelo natural, descendía hasta la cintura, e iba vestido de seda amarilla. Doce estatuas en actitud de oración se inclinaban ante él. El santuario estaba repleto de adornos de todo tipo: inmensos candelabros de hierro forjado, espadas, lanzas doradas, velas encendidas y faroles. El dios, a la izquierda de este, destacaba por sus tres ojos y su manto escarlata. Es este el que penetra en los pensamientos más secretos. Por esta razón, no se encendía ninguna vela ante él, ya que su lucidez no requería ninguna ayuda adventicia. El dios de la derecha estaba ataviado con una túnica verde.

Me aseguré de no descuidar la invitación que me había hecho el gobernador chino. A la hora convenida, me presenté puntualmente. Encontré allí a varios conocidos míos y, entre ellos, a mis antiguos compañeros de viaje que vivían en Kiajta, a quienes mi anfitrión tuvo el buen gusto de reunir aquí. Ocupamos nuestros lugares en la explanada que he mencionado, acuclillados en grupos de tres o cuatro alrededor de varias mesas bajas.

La vajilla para cada invitado consistía en un pequeño plato, una taza de liliputiense y dos palillos. Este plato no estaba destinado a recibir la porción de ningún plato ofrecido al invitado: contenía simplemente un poco de vinagre negro caliente, salsa indispensable, renovada incesantemente por los sirvientes, y en la que uno mojaba cada bocado que había tomado directamente del plato entre sus dos palillos.

Cuando el bocado así condimentado está dispuesto, los dos palitos tienen libertad para agarrar a derecha e izquierda, en sus puntas, algunos sabrosos entremeses, colocados en platillos alrededor del plato central. Consisten principalmente en plantas marinas, setas negras cultivadas en los abedules, hierbas perfumadas, huevos conservados —cuya albúmina, por algún proceso, se ha vuelto negra— y pequeños reptiles artísticamente cortados en espiral y transfigurados.

Recuerdo, en otra ocasión, cuando estaba mucho más cerca del mar, que una de estas guarniciones era un pequeño cuenco de gambas, servidas en alguna ingeniosa salsa que las sazonaba bien sin matarlas. Se comían así todas vivas, dándose preferencia a las que dan las mejores pruebas de su viveza por su repugnancia a la salsa.

La única bebida, servida en tazas del tamaño de dedales, era un templado aguardiente de arroz.

Todas estas minuciosas porciones y preparaciones, estos graciosos utensilios diminutos, esta variedad de pequeños platos, sugieren
una cena que los niños dan a sus muñecas. De hecho, es una mesa
que representa bien a esta raza afeminada de manos endebles y pies
demacrados, una raza de apetitos débiles y poderes endebles, que no
logra nada grande, a menos que sea a través de una lenta acumulación de esfuerzos insignificantes y medios mezquinos. Los bocados
se preparan y se cortan antes de servirlos en los platos, y cada bocado se corona con una almendra roja, para indicar que nadie lo ha
tocado todavía.

La procesión de veinticinco o treinta platos, que componían la cena del gobernador de Maimachen, comenzó, de acuerdo con los
hábitos chinos, con las carnes, continuó con las sopas y los dulces, y
terminó con un plato de arroz hervido. Este es invariablemente presentado a los invitados al final de cada banquete, sin que nadie, sin
embargo, lo toque, pues su significado es este: «Ya les he ofrecido todo lo que tengo en mi casa y, para continuar con la hospitalidad, no
tengo otro recurso que poner ante ustedes el artículo más ordinario
de la dieta».

Se acercaba el día de la partida de la caravana y comencé a ocuparme de los preparativos para cruzar el desierto de Gobi.

Los comerciantes de té, con los que iba a viajar por Mongolia y el
norte de China, se comprometieron a proporcionarnos medios de
transporte y a contratar a un guía mongol para que nos llevara hasta
la Gran Muralla.

Este viaje se emprende en pequeños vehículos chinos, una especie
de cajas apoyadas sobre un par de ruedas detrás y sostenidas delante
por un camello de tiro entre dos largos ejes; la caja es de tamaño suficiente para permitir que el ocupante se tumbe. El vehículo sólo
puede contener un viajero; y el camello, que tiene que soportar una
fatiga considerable —como el lector aprenderá más adelante— no
puede ascender ninguna colina. Estos animales, por lo tanto, no se
emplean en la primera parte de la ruta en Mongolia, entre Kiajta y
Urga*, porque es necesario atravesar un camino escarpado a lo largo

* Actual Ulán Bator.

de una cadena de montañas. Durante este primer período, estos pequeños vehículos son tirados por bueyes. La tediosa lentitud de sus movimientos y, además, el deseo que tenía de preceder a la caravana hasta Urga, para poder quedarme allí un poco, me indujeron a no unirme a mis compañeros de Kiajta, sino a proseguir hasta Urga en una *taranta*. Dejé, pues, a Pablo y mi equipaje para que fueran en la lenta caravana, y ofrecí un sitio en mi vehículo ruso al señor Marin, uno de los comerciantes de té que iba a cruzar conmigo el desierto de Gobi.

Es asombroso el cúmulo de objetos necesarios cuando el viajero va a vagar, más de un mes, por el desierto, lejos de la ayuda de sus semejantes. No sólo tiene que pensar en las provisiones necesarias, sino también en un surtido de herramientas para reparar los vehículos; preventivos y remedios para el hombre y la bestia contra los posibles accidentes del camino; regalos, indispensables para hacer amigos entre las tribus errantes, y, sobre todo, la extraña moneda corriente entre los mongoles, de la que es necesaria una reserva.

Estos orientales desprecian el oro y la plata, y sus negocios se realizan exclusivamente mediante el trueque. Un té de calidad ordinaria, llamado té de ladrillo, debido a la forma que le da la compresión, es el artículo alimenticio más apreciado y el sustituto más común del dinero. Uno de estos ladrillos representaría unos ocho o diez chelines.

Las agujas ya enhebradas, el azúcar y el aguardiente tienen también un importante valor de cambio. Me vi obligado a proveerme de muchos objetos en un pueblo vecino de Kiajta, en Triosky-Sawsk, donde tuve ocasión de visitar las raras colecciones del señor Popov.

Este sabio ha estudiado los hábitos de todos los insectos de Transbaikalia. He notado, entre los lepidópteros, una mariposa de un tipo extremadamente raro, que él llama *Liparis ochropoda*, y que pone huevos productivos sin la ayuda del macho. Este hecho es atestiguado por algunos experimentos muy curiosos, confirmados por él tras repetirlos, en el gimnasio de Irkutsk y en Triosky-Sawsk, con un éxito absoluto. Las ha visto reproducirse durante tres generaciones sucesi-

vas sin acceso al macho, la última de las cuales se compuso enteramente de machos.

Nuestra *taranta*, en la que íbamos Marin y yo, salió de Kiajta tres
días después de la partida de la caravana.

Calculábamos no sólo unirnos a él en Urga, sino adelantarlo en el
camino, y permanecer muchos días en esta ciudad, esperando su
llegada.

La señora Grant, la señorita Campbell e Iván Nempshinov, cada
uno en un carruaje distinto, me hicieron compañía en el camino durante unas doce millas. Pasamos por Maimachen y entramos en
Mongolia. Me pareció que había muy poca diferencia entre esta comarca y el desierto. Aquí y allá, sin embargo, a grandes distancias,
podía verse un campamento nativo, compuesto de una o dos tiendas
cercadas, con un camello, un caballo y algunas ovejas en el recinto.

En cuanto el día empezó a declinar, los tres pequeños carruajes
que acompañaban a mi *taranta* se detuvieron, pues sus ocupantes se
vieron obligados a regresar. Me avergüenza decir que había olvidado
traer conmigo, según la costumbre siberiana, un poco de champaña
para desempolvar sus pasos al partir. Estaba, pues, bastante descon-
solado. Además, el nuevo aspecto del país, la perspectiva de no tener
ningún compañero que hablara francés —pues el señor Marin no sabía ni una palabra de nuestro idioma— y el comienzo de una
existencia totalmente nueva y desconocida para mí, aumentaron no
poco la emoción y la tristeza de una separación como aquella.

Tras la más cordial despedida, proseguí mi viaje hacia el sur,
mientras mis tres amigos, temiendo que la noche les sorprendiera en
el camino, se pusieron en marcha hacia Kiajta a todo galope.

Las patas de los caballos levantaron una nube de fino polvo del
desierto que los ocultó rápidamente de mi vista.

Mi viaje por Siberia, y con él uno de sus acontecimientos más
agradables, había llegado a su fin.

CAPÍTULO 17

De Maimachen a Urga

Primera etapa en Mongolia — Los mongoles — Sus tiendas, su vida — Cómo se abren camino en el desierto — La caravana — Un sacrilegio — El cónsul ruso en Urga — El Koutoukta

SENTÍAMOS que el frío se hacía más bien cortante al caer la noche, y observamos que el termómetro marcaba ya varios grados bajo cero. Decidimos, pues, apearnos en un campamento mongol, para poder calentarnos junto al fuego familiar. Además, el señor Marin, como un verdadero ruso, ansiaba una taza de té, y todos los utensilios necesarios para ello estaban en la caravana, lejos de nuestro alcance.

Las tiendas, cerca de las cuales nuestro *yemschik* detuvo su *troika*, estaban muy pintorescamente instaladas en la ladera de una colina, justo en las faldas de un pequeño bosque de pinos, y estos árboles fueron los últimos que tuve el placer de contemplar durante mucho tiempo. La noche era maravillosamente clara, y pequeñas parcelas de nieve, que habían resaltado contra el deshielo de los días anteriores, se mostraban bastante luminosas bajo los rayos plateados de la luna.

Saltamos rápidamente al suelo y luego por encima de la barrera de la palizada, y Marin y yo, sin llamar, nos presentamos en la abertura de la tienda que parecía ser la morada principal. Estas tiendas están firmemente levantadas sobre celosías de madera, cubiertas con varias capas de pieles de oveja. Tienen unos tres metros de diámetro y se accede a ellas por una única abertura, estrecha y baja, que se cierra con una piel de oveja colgada delante.

UNA CALLE EN URGA

Frente a esta entrada puede verse invariablemente una pequeña estatuilla o cuadro, que representa a la deidad protectora de la familia, y, ante ella, siete u ocho pequeños recipientes o vasijas, que contienen pan, sal, trozos de madera, estiércol de camello, té; en definitiva, todo lo necesario para la innoble y bárbara existencia de esta pobre y ruda gente.

La tienda estaba ocupada por dos hombres y una mujer, que estaban tumbados alrededor de un fuego colocado en el centro, y que apenas iluminaba con sus brasas incandescentes este miserable cuchitril. Pronto descubrimos que esta actitud recostada era la única soportable, pues la abundancia de humo hacía imposible la respiración más allá de un metro por encima del suelo. Esta es la razón por la que los mongoles parezcan casi negros, pues su cara está cubierta de una capa de hollín, que no acostumbran a quitarse. La esposa, como todas las mujeres mongolas, estaba cubierta de joyas. Llevaba una semicorona de plata en la frente; dos grandes alfileres le recogían el pelo detrás de las orejas, como en las momias egipcias, y dos enormes broches, también de plata, le sujetaban los extremos sobre el pecho; el conjunto estaba ornamentado con piedras de diversos colores.

Aquellos tres seres humanos, agazapados como sabuesos, cansados en torno a un montón humeante de estiércol seco de camello, cuyo débil y vacilante resplandor iluminaba por sí solo en la penumbra sus ojos negros y sus joyas relucientes, formaban una escena en la que la imaginación sobresaltada conjuraba, desde los tiempos medievales, consejos nocturnos de espíritus oscuros, que se cernían a través de «la niebla y el aire inmundo». Era una escena totalmente espectral y diabólica. Unas pocas horas habían transformado mi existencia y me habían llevado más allá de los límites de la vida civilizada, a un desierto en el que estaba condenado a pasar largos días y noches, en los que no había otro refugio que aquellas moradas sobrenaturales. Pero, por otra parte, estaba bien provisto de comida y utensilios, y, cuando miraba hacia arriba a través de una abertura en la parte superior de la tienda y contemplaba las pálidas estrellas parpadeantes, parecían invitarme benignamente a extender mi comida sobre la arena del desierto y confiar en su guía infalible a través del camino sin huellas.

Nuestro *yemschik* no tardó en seguirnos hasta la tienda. Como era un buriato, entabló conversación con nuestros anfitriones, que parecían encantados de recibirnos. Intenté hacerme entender mediante el señor Marin, pero no me atreví a hacerlo en ruso; sin embargo, la facilidad con que me hice entender me dio una buena opinión de su inteligencia. Los mongoles se dieron cuenta rápidamente de que los signos y los gestos eran elementos importantes en nuestra conversación, y yo era para ellos, como para los chinos de Maimachen, objeto de mucha curiosidad. Me cuidé, sin embargo, de mantenerlos a una respetuosa distancia, y de no permitir que me tocara ningún miembro de esta sucia, fulgurante y fétida raza, repleta de alimañas y cubierta de llagas corroídas. No hay, estoy seguro, pueblo en el mundo más repugnante que los mongoles. Desgraciadamente, el agua en esta región es demasiado preciada para admitir su uso con otro fin que no sea el de beber. Por lo tanto, estas desdichadas criaturas se pudren en sus heridas. A veces, de hecho, sus miembros se caen y perecen poco a poco, inspirando horror a todos los que se acercan a ellos, que sólo pueden permanecer impotentes y atónitos ante tal espectáculo de sufrimiento humano.

Cuando nos hubimos refrescado y calentamos nuestros miembros entumecidos, nos apresuramos a salir de esta repugnante choza y a respirar de nuevo, bajo el firmamento cubierto de estrellas, el aire puro y vigorizante del desierto. Luego nos tendimos en nuestra *taranta* para nuestro descanso nocturno.

Eran cerca de las tres de la mañana, cuando nuestros caballos habían descansado lo suficiente, y reanudamos nuestro camino.

Muchas veces durante este viaje, nos vimos rodeados de repente por jinetes mongoles vestidos con chaquetas amarillas y calzones rojos que, habiendo divisado un transporte ruso, habían galopado a toda velocidad para satisfacer su curiosidad. Llevaban largas pértigas bastante pesadas, sujetas a sus caballos y que arrastraban tras de sí, dejando en la arena un rastro de su recorrido.

Este precioso surco, que hace el papel de las piedrecitas blancas de Pulgarcito, impide que se extravíen y los lleva, después de muchos días de salvaje vagabundeo por el desierto, infaliblemente de vuelta a sus tiendas. Armados tan formidablemente como parecían, unas veces con arco y flechas, otras con un mosquete y bayoneta, y siempre con un cuchillo de aspecto asesino, estos vagabundos de aspecto salvaje nos llenaban de recelo en cuanto a sus pacíficas intenciones. Después de escoltarnos unos instantes y de satisfacer su curiosidad interrogando a nuestro *yemschik*, se pusieron en marcha a toda velocidad, a veces erguidos sobre sus estribos, a veces inclinados sobre el cuello de su jinete, hendiendo el aire como el vuelo de un dardo.

Los mongoles, entre los que nos detuvimos al día siguiente, eran demasiado parecidos a los de la noche anterior como para que valga la pena escribir nada sobre ellos. Sin embargo, me resultó imposible permanecer bajo su tienda en cuanto descubrí la clase de festín en torno al cual se agazapaban aquellas desdichadas criaturas. Había un camello muerto tendido en el suelo a pocos pasos de su morada. La temperatura no había contribuido a su conservación, y alrededor había un olor de lo más repulsivo. Estas pobres criaturas, cortando cada día un trozo de esta carroña, esperaban tener comida durante algún tiempo. Cuando entré bajo su ennegrecido tejado, en medio de una nube de humo procedente del humeante estiércol de camello, estaban devorando con avidez, sin salsa, sal ni pan, aquel repugnante y pútrido revoltijo, recién sacado de la pestilente hoya que contenía el caldo que había junto a su horrible comida.

Tuvimos buen cuidado, el señor Marin y yo, de no hervir el agua para nuestro té en esta olla; por lo tanto, nos retiramos de su desagradable proximidad, y desayunamos algunas salchichas de cordero, con las que me había provisto. Después fui a limpiarme en la nieve, lujo del que desgraciadamente me vi privado unos días más tarde a causa del deshielo, y, habiendo salido de ella tan limpio como el oro, me tendí en el suelo hasta que los caballos hubieron descansado lo suficiente y estuvieron listos para continuar el viaje.

Mientras meditaba así, observé a un mongol que salió de su tienda, montó en un camello y desapareció en un recodo del valle, cantando alegremente durante todo el trayecto. Pensé que este incidente merecía la consideración de los filósofos que especulan sobre las fuentes de la felicidad. Sin embargo, por mi parte, preferiría ser cualquier animal, por limitado que fuera su goce de la vida, a este jubiloso mongol.

Al día siguiente, nuestra atención estuvo totalmente ocupada en escudriñar atentamente el horizonte para captar el más leve rastro de nuestra caravana, a la que ahora deberíamos estar acercándonos. Entre Kiajta y Urga no hay camino marcado, y el viajero se limita a seguir una ruta meridional; sin embargo, los obstáculos que se interponen en su camino pueden hacer que se desvíe unas millas de la ruta más directa.

Examinamos minuciosamente con nuestros telescopios los campamentos mongoles, las tropas de camellos y los menores objetos sombríos, y dimos largas vueltas en todas direcciones, sin otro resultado que descubrir que nuestros ojos habían sido engañados por algún fantasma, que habíamos tomado por un grupo de vehículos y camellos.

Pero, por fin, dos banderas, ondeando al viento a la cabeza de una caravana, aparecieron a la vista y ya no nos dejaron ninguna duda de que era la nuestra y estaba realmente cerca.

Una de las banderas llevaba las águilas rusas, y la otra, que contenía una oración, había sido colocada allí por el guía mongol como protección para nuestro viaje. Me alegré mucho de volver a ver a mi pobre compañero Pablo, que me pareció bastante demacrado. Habló en los mejores términos de mis otros acompañantes de viaje, con los que ya tenía una excelente relación. Tras saludarles cordialmente y asegurarles que no sería culpa mía si no fuéramos los mejores amigos del mundo, y después de haber acariciado cariñosamente al pobre buey que tiraba de mi vehículo vacío, proseguimos nuestro camino.

Unas horas más tarde, justo cuando la oscuridad se cernía sobre nosotros, vimos la silueta oscura de algo muy extraño. Al acercarnos, vimos que se trataba de un ídolo, totalmente expuesto al cielo y al desierto, que representaba probablemente a la deidad de los viajeros. Estaba hecho de pan comprimido, cubierto de alguna sustancia bituminosa, y encaramado a un caballo del mismo material, y sostenía en la mano una lanza en actitud de don Quijote. Sus horribles facciones estaban coronadas por un desgreñado mechón de pelo natural. Un gran número de ofrendas de todo tipo estaban esparcidas por el suelo a su alrededor. Cinco o seis imágenes, formadas también de pan, se inclinaban en actitud de oración ante la deidad.

Oteamos astuta y cautelosamente todo el horizonte y, a pesar de las súplicas de nuestro tímido *yemschik*, pusimos nuestras violentas manos sobre el amplio tesoro. Al principio arrebatamos varias ofrendas, luego nos apoderamos de unos cuantos idólatras y, finalmente, al no ver impedimento alguno, arranqué la cabeza del propio dios y la arrojé a mi gran bolsa. Después de cometer este sacrilegio, salimos corriendo del altar profanado con toda la precipitación de las conciencias culpables perseguidas por un espíritu vengador. No tardé mucho en arrepentirme de mi sacrilegio, pues el principal botín, la cabeza del dios, se desmigajó por los golpes del vehículo hasta dejar de ser reconocible.

A la mañana siguiente nos despertó el repentino y furioso correteo de nuestros caballos. El conductor se había quedado dormido y entonces dejó caer las riendas al suelo. Los animales, asustados por algo que se les agarraba a los talones y al verse sin freno, se lanzaron directamente delante de ellos, saltando por encima de zanjas, montículos de tierra y obstáculos de todo tipo que se interponían en su camino. De nada sirvieron los gritos más enérgicos, ni los trémolos más tranquilizadores de labios del *yemschik*; siguieron su loca carrera a toda velocidad.

Nuestro conductor, como verdadero y devoto súbdito del emperador de Rusia que era, no dudó en el momento crítico en jugarse su vida, cuando, en su conciencia, era imperativo salvar las de otros súbditos del mismo emperador. Mientras nosotros lo manteníamos suspendido por los pies entre el vehículo y los caballos, pudo recoger las riendas que se habían enredado en las patas de uno de los caballos. Una violenta patada o una sacudida, en esta peligrosa posición, hubiera podido fracturar el cráneo de este valiente compañero, cuya única falta había sido la desgracia de haber sido repentinamente vencido por una fatiga excesiva, y cuya devoción no dejamos de recompensar como se merecía, cuando llegamos a Urga.

Sin embargo, nuestros problemas no acababan aquí; desgraciadamente habíamos perdido el rumbo.

Ninguno de nosotros sabía cuánto tiempo habíamos estado a merced de nuestro equipo y, en consecuencia, cuánto nos habíamos desviado. Después de ir de un lado a otro al azar, sin tener más guía que el sol, nuestro compañero buriato empezó a desesperar por encontrar el camino correcto. En este dilema, resolvimos subir a una alta montaña y otear el horizonte a nuestro alrededor, pero como Marin y yo ignorábamos por supuesto la conformación y las características principales del territorio, el conductor emprendió solo esta ascensión. Este accidente y sus consecuencias nos hicieron perder un día entero, pero cuando regresó, felizmente, estaba seguro de la ruta que debía tomar. Entonces partimos, creyendo que esta vez, que nuestros problemas terminarían con este inconveniente.

No habíamos avanzado mucho cuando nos detuvimos frente a una corriente de agua. Temíamos que su capa de hielo fuera demasiado frágil para soportarnos y, por otra parte, parecía lo suficientemente traicionera para que pudiéramos atravesarla. Después de mis aventuras en el lago Baikal, estaba bastante dispuesto a confiar en mi intuición sobre este hielo sin dudarlo mucho, pero, viendo las aprensiones del señor Marin y del conductor, me volví tímido y cedí ante ellos.

Nos bajamos de la *taranta*; el señor Marin y yo cruzamos primero a pie, y luego el cochero, tras poner en marcha los caballos al galope, nos siguió. La resistencia del hielo era apenas suficiente, y al día siguiente, probablemente, no habríamos podido cruzar, pues el hielo incluso ahora se partía bajo el peso, y el agua comprimida brotaba por todas partes a través de las grietas poco propicias.

Aún nos quedaba una montaña que ascender antes de llegar a Urga, y como nuestros hastiados caballos subían con dificultad, bajamos a relevarlos. Lo pintoresco del paisaje atrajo inmediatamente nuestra atención. A medida que avanzábamos, los valles que nos rodeaban se iban ensombreciendo y estrechando; las crestas de las montañas que sobresalían empezaban a captar los primeros rayos del sol naciente y nos fascinaban con su luminoso esplendor. Aquello evocaba en mi memoria mis antiguas excursiones por los Alpes y los Pirineos. Me quedé pensativo durante algún tiempo, y traté de abstraer mis pensamientos de la realidad, de los peligros de mi aventura, de la lejanía de mis amigos, y me permití la ilusión de que tenía ante mis ojos la cima nevada del Mont Blanc o de la Maladeta. Pero esta atractiva imagen pronto se disipó bruscamente al ver dos o tres tiendas mongolas en la cima de la colina que teníamos que ascender. Eran demasiado reminiscentes del primer campamento que había visitado como para permitirme seguir soñando que estaba tan cerca de mi hogar.

Volvimos a nuestros lugares en la *taranta*, y nuestro descenso de la montaña, a través de pozos de nieve y lugares pantanosos, en ausencia de cualquier camino, nos mantuvo en perpetua alarma. El valle por el que descendíamos estaba sembrado de enormes piedras, y no podíamos avanzar, ni siquiera a paso de tortuga, sin vernos sacudidos por temibles zarandeos. Este fatigoso movimiento duró cinco o seis horas, y Marin quedó exhausto y alarmantemente pálido por los efectos. Hacia la una de la tarde divisamos una gran lamasería que se elevaba graciosamente en la ladera de una montaña, y, una hora más tarde, llegamos por fin a Urga, la capital de Mongolia.

El cónsul ruso, para quien tenía una carta de recomendación, no vive en la ciudad, y pronto se verá la razón. Su gobierno ha construido para él una bonita residencia al estilo siberiano, a unas dos millas de distancia. Lleva viviendo allí veinte años con su esposa, protegido por dos compañías de gendarmes rusos, abriendo su casa a los viajeros, que rara vez se presentan. Más allá de esto, tiene pocas ocasiones que animen su existencia, excepto las que puede encontrar en los alrededores de esta ciudad, sobre las que invitaré al lector a adentrarse conmigo.

Las calles están bordeadas a derecha e izquierda por empalizadas de troncos de árboles, colocados en posición vertical y fuertemente atados entre sí, y estas están perforadas aquí y allá, a cada lado, por puertas del mismo material y tipo de construcción, que dan acceso a patios; donde se levantan permanentemente tiendas, exactamente del mismo carácter que las que ya he descrito. Los mongoles son esencialmente nómadas, y ni siquiera en las ciudades vivirían en otro tipo de habitación. El gobernador de Mongolia, el Gran Lama, y los más altos dignatarios, viven aquí también en tiendas de campaña. La lamasería, el palacio Koutoukta[*] y la prisión, son las únicas construcciones que destacan por encima de las demás, pero como estas tres estructuras se alzan imponentes sobre una serie de troncos,

---

[*] Conocido como Palacio Amarillo y demolido en la década de 1930 por las autoridades comunistas.

una encima de otra, rompen ligeramente el aspecto monótono del conjunto.

La lamasería es bastante rica en contenido. El ídolo principal, situado en el centro, es de cobre y mide doce metros de altura; a su alrededor hay otros personajes, también de cobre. A lo largo de las paredes hay nichos que contienen otros pequeños ídolos de cobre; conté mil doscientos. Banderas y estandartes de telas preciosas bordadas en oro adornan este templo, pero impiden a la vista apreciar el efecto general. A la derecha del dios principal se levanta una plataforma para el Koutoukta*, que ocupa aquí su lugar durante las ceremonias. Este Koutoukta es la deidad favorita de los mongoles. Es traído aquí desde Tíbet por el Gran Lama de Urga, que se adentra en ese país para buscarlo, guiado probablemente por las indicaciones de los demás lamas tibetanos. El niño vive retirado en los recovecos de este edificio al que dan el pomposo nombre de «palacio». Por alguna extraña fatalidad, siempre recurrente, esta deidad viviente nunca sobrevive a la edad de dieciocho o veinte años. La causa de este cruel destino se debe, creo, a las aprensiones del Gobierno de Pekín, que, celoso de la influencia que el Koutoukta ejerce sobre la población mongola, teme que pueda volverse peligrosa si su vida se prolonga más allá de esta edad. En cuanto a la prisión, consiste en dos recintos de unos cinco metros de altura, construidos también con troncos de árboles.

Tal es el aspecto externo de Urga a primera vista; la vida interna que abarca es mucho más singular.

---

* También transcrito como Kutuktu, es la máxima autoridad espiritual del budismo lamaísta mongol.

CAPÍTULO 18

Urga y la entrada en el desierto de Gobi

Urga — La religión mongola — Ruedas de oración — Ceremonias funerarias — La Montaña Sagrada — Mis compañeros de viaje en el desierto — Salida de Urga — Primer alto — Un banquete mongol — Víspera de Pascua

EL pensamiento de la muerte y de la vida futura se cierne constantemente sobre esta triste ciudad, y las lúgubres ceremonias religiosas constituyen la principal ocupación de sus fanáticos habitantes. Alrededor de las empalizadas que rodean sus tiendas hay estandartes con oraciones inscritas, que ondean por doquier al soplo de la brisa. Y por si fueran insuficientes, algunos fanáticos tienden una cuerda por debajo de esta hilera de estandartes y suspenden de ella oriflamas cubiertas de textos piadosos. Estas telas de todos los colores, tan espesas como las flores de un melocotonero, que se agitan con la más mínima brisa y brillan al sol, dan a esta ciudad el aspecto de una fiesta perpetua, que contrasta de manera singular con la atmósfera fúnebre que se respira entre tantas reliquias de los muertos.

Su principal ejercicio religioso consiste en hacer girar sobre un eje, como un caballo en un molino, un gran tambor atestado de innumerables oraciones escritas en su interior. A los ojos de los fieles, provocar una vuelta o dos de esta rueda milagrosa a su favor, es procurarse todas las bendiciones que podrían alcanzar si las oraciones que contiene hubieran sido reproducidas por sus bocas o —si sólo vieran el procedimiento perfunctorio de una raza más ilustrada—, como otras son volteadas a veces en un libro. Estas ruedas de oración son toda una institución en todo el país. Se ven en las calles de Urga cada treinta o cuarenta pasos, y son de un tamaño suficiente para acomodar a cuatro o cinco hombres a la vez en su interior. Alrededor de la lamasería, donde están sembradas por doquier, pueden contarse de ochenta a cien. A pesar de que las ruedas son tan abundantes como las farolas en las ciudades civilizadas, y mucho más accesibles cuando se necesitan, siguen siendo insuficientes para ciertos mongoles de gran celo religioso que sienten la necesidad de la devoción privada, y que compensan la deficiencia haciendo girar una pequeña rueda portátil con la mano izquierda, mientras que su derecha está totalmente empleada en el deber público de hacer funcionar la gran máquina de su distrito. Estas ruedas de oración están provistas de dos campanas, una de nota grave y la otra de nota aguda, que indican así por su tono cada vuelta y media vuelta. Se oye aquí, por consiguiente, un incesante repique que contribuye mucho a lo pintoresco y grotesco de este extraño lugar.

No está permitido entrar en el espacio que precede al palacio del Koutoukta ni a caballo, ni en camello, ni en carruaje. El rito impone el deber de acercarse a pie, pero la mayoría hace de ello un trabajo de supererogación y sólo se acercan postrados sobre las rodillas.

Pero entre las curiosas costumbres de este pueblo, las más singulares son las ceremonias que acompañan a la muerte y la disposición de los muertos.

A los ojos de los mongoles, morir en la propia tienda es una gran desgracia, pues la entrada al paraíso no sólo está vedada a los difuntos, sino que una especie de fatalidad desafortunada rodea, para el futuro, la morada así contaminada por la presencia de un cadáver.

Tan pronto como un habitante de Urga se ve afectado por una enfermedad considerada incurable, y no hay esperanza de que se recupere, es llevado a una cámara, llamada la cámara de los moribundos, una especie de edificio funerario anexo a la lamasería. Una vez allí, el paciente queda en manos de sus sacerdotes, quienes, lejos de pensar en ningún remedio para su enfermedad o en prestarle la menor asistencia humana, se ocupan únicamente de salvar su alma.

Tuve la curiosidad de entrar en este abominable antro; pero debo admitir que permanecí allí tan poco tiempo, que no puedo dar una descripción adecuada del mismo. Presencié el lúgubre espectáculo de cinco o seis hombres o mujeres, tendidos sobre alfombras en el suelo, en la agonía de la muerte. Pero para terminar cuanto antes con este sombrío tema, paso a relatar ahora el itinerario de un cadáver a su última morada.

El cuerpo es envuelto en una sábana de lino azul, pero con el rostro al descubierto, y llevado a un lugar situado a media milla al noreste de la ciudad. Una vez allí, es depositado en el suelo, y los familiares en duelo a su alrededor comienzan a lanzar gritos desgarradores. Apenas se ha desatado este espantoso alboroto cuando, al mirar alrededor, se ven algunos perros enormes merodeando, y mientras éstos observan con ojos feroces, se oye en el aire un ronco graznido, y de repente se ven cuervos y buitres revoloteando por encima con sus alas desplegadas, temblando de impaciencia. Pero estos horribles especímenes de la vida animal, a los que la naturaleza parece haber adaptado extrañamente a su horrible papel otorgándoles picos y garras de color rojo sangre, no tienen mucho tiempo que esperar, pues, en unos diez minutos, los amigos del difunto, cansados de aullar, abrazan uno tras otro los pies del muerto y luego se retiran cubriéndose el rostro. En cuanto se despeja el lugar, nada puede igualar el horror de la escena que tiene lugar. Los perros ya no se esconden, sino que avanzan gruñéndose unos a otros todo el camino, mientras que los pájaros se abalanzan voraces, llenando el aire con sus siniestros graznidos. Una hora después de la ceremonia, no queda del muerto más que el cráneo y la sábana enrollada; pero quien ha sido espectador de este diabólico festín ha quedado tan profundamente conmovido, que no podrá, durante mucho tiempo, purgar su memoria de tan espantoso espectáculo.

Todo este lado de la ciudad está sembrado de calaveras y mortajas. Es casi imposible avanzar sin pisar una con un pie o tropezarse con el otro. Algunos yacen en la superficie y se desmenuzan, y a veces son arrastrados por el viento a gran distancia; otros están parcialmente descompuestos y yacen confundidos con la tierra. Cuando los ciclones visitan este distrito, y el caminante tiene la desgracia de encontrarse con sus nubes de polvo, tiembla al pensar lo que puede estar respirando o rechinando entre sus dientes.

Volví a casa del cónsul ruso con la mente bastante perturbada por lo que acababa de ver; pero encontré una gran distracción en la agradable velada que pasé con su familia, y en charlar sobre San Petersburgo y París, que mis amables anfitriones conocían muy bien y esperaban volver a visitar pronto. Sin embargo, esa noche me enteré de una triste noticia. Dos de los tres mercaderes que formaban la primera caravana, de los que el señor Pfaffius me había hablado con el pensamiento de unirse a mí, habían muerto; uno durante el viaje de Kiajta a Urga, y el otro poco después de haber dejado la capital mongola. Fui a visitar las dos tumbas frescas de los que hubieran podido ser mis compañeros de viaje, y bendije mi suerte porque el lago Baikal hubiera retrasado así mi llegada a Kiajta.

A la mañana siguiente fui a dar un paseo, con el joven intérprete del consulado, por una montaña vecina, conocida con el nombre de la Montaña Sagrada. Es objeto de gran veneración y sólo se puede subir a pie. Allí no está permitido cultivar la más pequeña parcela ni cortar un solo árbol, de modo que se trata de la única montaña arbolada en medio de la inmensa superficie desnuda de Mongolia. Los habitantes de esta lúgubre tierra abandonan a menudo sus hogares y se retiran a los recovecos de este bosque para meditar aquí, durante semanas e incluso meses, en sombría soledad, sobre las vanidades de este mundo, y para disfrutar del consuelo que les procura llevar una vida de anacoretas. Vi a varios de estos ermitaños, establecidos en las profundidades del bosque, ocupados incesantemente en hacer girar su rueda de oración, y que se ofrecieron caritativamente a interceder por nosotros ante el Koutoukta.

Durante mi estancia en Urga, lamenté mucho no haber podido hacer una visita a esta joven divinidad. Había muerto unas seis semanas antes de mi llegada a la capital mongola. Me sentí igualmente decepcionado por no haber visto al Gran Lama, que había ido a Tíbet, a la búsqueda de otro pequeño dios. Lo sentí tanto más cuanto que el cónsul ruso me dijo que, por mediación del gobernador chino, habría podido acercarme a los pies del Koutoukta. Así habría podido, por unos instantes, interpelar a un dios sobre las cosas del otro mundo. Tal revelación, sin duda, si se hubiera dado al mundo, habría asegurado un gran éxito a este libro, pues las últimas novedades en el campo espiritual se habrían reducido a la insignificancia en comparación.

Transcurrían los días, y nuestra caravana, que adelantamos en el camino, aún no había hecho su aparición en el horizonte. Un joven ruso acababa de llegar en un carruaje procedente de Kiajta, y no había visto nada de él por el camino; empecé, pues, a inquietarme un poco, porque había confiado a Pablo no sólo mi equipaje, sino también mi fortuna. Se comprenderá fácilmente que una gran suma en ladrillos de té, único dinero corriente en Mongolia, y también en piezas de plata, con las que me veía obligado a proveerme para mi futuro viaje por China, constituían un equipaje del todo engorroso. Yo no habría actuado así con todo el mundo, pero Pablo era un criado excepcional por su escrupulosa honradez. No tuve ni un momento de inquietud por temor a que hubiera huido con el dinero. Contaba, además, con sus continuas y saludables aprensiones; aun así, temí que algún mal hubiera visitado la caravana, o que Pablo hubiera muerto, dos sucesos, después de todo, para mí no improbables.

Afortunadamente, nada de eso ocurrió, pues al quinto día de mi llegada a Urga, se presentó en mi habitación. Inmediatamente tomó mi mano y, a la manera de los turcos, la apretó contra su frente y dejó la llave de mi carruaje, como un soldado deja su espada. Nuestro guía mongol pidió un día de retraso, para que tuviera tiempo de vender los bueyes y comprar los camellos necesarios para tirar de los carruajes. Así tuve tiempo, antes de partir, de familiarizarme con mis nuevos compañeros.

El señor Shevelov, el jefe de la caravana, tenía unos treinta y ocho o cuarenta años. Era la séptima vez que hacía el viaje de Kiajta a Hankou. Su tez era bastante amarilla a causa de las fiebres y la enfermedad hepática contraídas en el sur de China. Hablaba chino y mongol con gran fluidez, y era a la vez nuestro mentor y nuestro intérprete; por consiguiente, si le hubiéramos perdido en el camino, no sé qué habría sido de nosotros.

También estaba el señor Kuznetsov, un joven de veinte años, natural de Verjneúdinsk, no emparentado con el millonario que he mencionado, sino un joven del mismo nombre que salía por primera vez de su ciudad natal. Como un verdadero siberiano de pura raza, tenía una espesa cabellera rubia que le colgaba hasta la mitad de la espalda, y ni un filamento de barba en el mentón. Acostumbrado a las grandes botas y la blusa completa del traje nacional ruso, no sólo se sentía incómodo con los pantalones y el abrigo corto que se había puesto con motivo de su viaje a China, sino que se imaginaba vestido de una manera bastante indecente. Por lo tanto, para evitar el rubor en su mejilla, al presentarse en el salón de la esposa del cónsul, había improvisado para sí, como le pareció de la manera más decorosa, una especie de enagua con su nueva camisa, empleando la parte más escrupulosamente oculta, para cubrir la indelicada desnudez de un simple pantalón.

Sería difícil encontrar una ilustración más llamativa, y al mismo tiempo más divertida, del predominio del convencionalismo en el sentimiento de la modestia.

Marin venía de Tobolsk, su ciudad natal. Conocía Omsk, los Urales y Ekaterimburgo; había llegado una vez hasta Perm, y hablaba con entusiasmo de sus lejanos viajes y de las maravillas que había visto en el Oeste. Sus incesantes quejas, su lentitud y pesadez de cuerpo y de espíritu, nos cansaron mucho al principio, pero más tarde convertimos todas estas debilidades en nuestra diversión, a costa suya, y así este pobre enfermo se convirtió, me avergüenza decirlo, en el blanco de la fiesta.

Fue el 8 de abril, cuando me despedí del cónsul ruso en Urga, cuyo nombre, lamento haber olvidado. Como estaba a punto de partir en breve para San Petersburgo con toda su familia, pudimos desearnos mutuamente buen viaje. Me acompañó hasta la puerta de su recinto y, tras un cordial apretón de manos, anduve a pie los dos primeros kilómetros de las quinientas leguas de desierto que me quedaban por recorrer.

Al marchar así, detrás de un transporte que iba a ser, durante muchos días, mi única morada, me imaginé, por un instante, como el caballero Des Grieux unido a una compañía de jugadores ambulantes. Desgraciadamente, nadie en la caravana podía completar la ilusión que me recordase, ni siquiera remotamente, el bello rostro del protagonista de la novela *Manon Lescaut*.

RUEDA DE ORACIÓN EN URGA

Shevelov iba en cabeza, con una bandera rusa y un estandarte de oración mongol. Seguía el vehículo de Kuznetsov, y luego catorce camellos, cargados con el equipaje, marchando en fila uno tras otro. Entre este equipaje había dos tiendas; una para nosotros, y la otra para los mongoles, y además un juego de utensilios de cocina. Y luego subieron a la retaguardia el carruaje de Pablo, el del señor Marin y el mío. Nos acompañaban siete nativos, que estaban a las órdenes de un jefe a caballo, y estos nativos, montados en camellos, vigilaban, cada uno desde su elevada posición, la parte de la caravana que estaba a su cargo.

Comenzamos nuestro camino a través de un hermoso paisaje montañoso, pero salpicado de enormes piedras que, al entrar en contacto con nuestras ruedas, nos produjeron una desagradable sacudida. Hacia las once de la noche, nos detuvimos, pero montamos una sola tienda, con la intención de no permanecer mucho tiempo en este lugar. Esta vez nos dimos el lujo de comer provisiones frescas que habíamos traído de Urga y, después de cenar, fuimos a ver a los mongoles en su banquete.

Pronto encendieron un fuego con estiércol de camello en medio de la tienda y, tras poner encima una caldera llena de agua, echaron en ella una oveja entera que acababan de trocear bruscamente en siete porciones sin ningún método. Apenas había hervido a fuego lento un cuarto de hora, cuando el jefe dio la señal de empezar. Con los ojos brillantes de voraz impaciencia, todos, como bestias de presa, se precipitaron alrededor de la caldera, y cogieron cada uno una porción, que empezaron a desgarrar y devorar, sin pan ni sal, haciendo crujir los huesos entre los dientes, y masticando con dolorosos esfuerzos todo lo que impedía este salvaje festín. Esta enorme cantidad de carne, de hecho toda la oveja, excepto los huesos grandes, fue despachada con la celeridad de un cadáver ante una manada de lobos voraces, lo que no se parecía en nada a un banquete de personas civilizadas.

Puesto que los mongoles tienen la costumbre de depositar simplemente a sus muertos en el suelo, deben, por un deseo de evitar un tratamiento similar de los restos de animales, disponer de éstos de otra manera, ya sea enterrándolos o quemándolos. Un olor muy repulsivo llenó pronto la tienda y nos obligó a abandonarla, y como no había otro refugio que nuestros carruajes, nos metimos en ellos y dormimos profundamente.

Nuestro sueño, sin embargo, duró poco, pues de pronto nos despertaron los gritos de nuestros hombres, que corrían tras uno de nuestros camellos de carga. Esta pobre bestia, que probablemente ya había experimentado las fatigas de la ruta del Gobi, naturalmente deseaba escapar de nuestra caravana. Habiéndose sacudido, por suerte, con sus saltos, dos pequeños cofres que llevaba atados a la espalda y que casualmente me pertenecían, se había alejado por el ancho desierto, o tal vez hacia el bosque de la Montaña Sagrada, que habíamos bordeado en nuestra ruta. En resumen, nunca más le vimos, y el accidente nos impidió armar nuestra tienda esa noche. Nuestro guía se vio obligado a ir a comprar otro camello a Urga, por lo que no pudimos reanudar la marcha a las diez de la mañana.

Al tercer día llegamos al pie de una cadena de montañas que formaban los límites de este lado del desierto propiamente dicho. Como los camellos cargados no pueden ascender ninguna colina, nuestro guía alquiló bueyes de los mongoles, establecidos en este lado de la cordillera, para que los cedieran con este fin. Tardamos cuatro horas en alcanzar la cumbre, y cuando hube llegado tan lejos, me volví hacia el norte para contemplar, por última vez, las magníficas montañas Altái, cuyas crestas cubiertas de nieve cerraban ahora Siberia a mis ojos; y me despedí para siempre de sus escenas invernales. Con esta mirada pude trazar toda la ruta equivocada que acababa de seguir, y cuando me volví hacia el sur, donde no se veía ni un copo de nieve, mis pensamientos se iluminaron con la perspectiva de la primavera sobre las verdes llanuras de China, a las que esperaba llegar pronto.

Por fin entramos en el gran desierto de Gobi y comenzamos un viaje de dieciocho días a través de este lóbrego páramo.

Nos detuvimos muy poco en el camino, y me pregunté cómo los camellos, animales que parecen tan flacos y tan flojos en su figura, podían soportar tanta fatiga. Armamos nuestras tiendas hacia las once de la mañana y, mientras permanecimos parados durante unas dos horas, nuestros camellos pastaron en unas hierbas escasas. Cuando partimos, la caravana no volvió a detenerse hasta las once de la noche.

La parada nocturna, durante la cual durmieron los camellos, no duró más de una hora, y luego proseguimos sin detenernos hasta las once de la mañana.

El centro del desierto de Gobi se parece al Sáhara. Es un mar de arena; en toda su extensión no hay objeto alguno que llame la atención. Cuando un poco más tarde nos internamos en él, y durante los cuatro días que tardamos en atravesar la parte totalmente desprovista de vegetación, nuestros camellos cumplieron su trabajo como de costumbre, sin tomar el menor alimento. Sólo el último día, varios de ellos se detuvieron y empezaron a echarse, como para hacernos comprender su extrema fatiga. Unos cuantos golpes con el bastón no tardaron en ponerlos de nuevo sobre sus patas y, al final, ni uno solo se dejó caer en el suelo. El caballo que nuestro guía había comprado en Kiajta, y cuyo forraje de heno y avena llevaban los camellos, murió al cabo de una semana, y otro, que habíamos comprado a los mongoles que encontramos accidentalmente en nuestro camino, corrió la misma suerte. Tuvimos aquí, ante nuestros ojos, una prueba sorprendente de la superioridad del camello sobre el caballo para soportar una fatiga prolongada.

El jefe mongol de nuestra caravana conocía bien el desierto. Durante el día seguía, por lo general, las huellas aún visibles de las caravanas; esqueletos de camellos, caballos, o a veces de bueyes, que veíamos esparcidos aquí y allá. Por la noche, fijaba la vista en una estrella, como el marino en un faro lejano, y marchaba derecho hacia ella sin mirar el suelo, como los Reyes Magos del Evangelio. A veces, sin embargo, el cielo estaba cubierto de nubes y el suelo no presentaba huellas de pasajes anteriores; pero estos accidentes no le avergonzaban en absoluto, y seguía guiando nuestra caravana hacia Kalgán con la serena seguridad de un navegante que dirige su barco hacia algún puerto aún fuera del alcance de la vista.

En una parada nocturna, cuatro días después de salir de Urga, el señor Shevelov nos recordó que al día siguiente la iglesia ortodoxa celebraría la fiesta de Pascua. «Debemos», dijo, «en esta ocasión, entregarnos a alguna diversión». El proyecto fue adoptado alegremente. El señor Marin salió corriendo y no tardó en traer algunos bombones, que distribuyó para empezar; y entonces yo dije: «Proporcionaré alguna delicia para la cena», y apresurándome hacia mi carruaje, seleccioné y traje rápidamente un plato sopero de fuagrás, de la que había guardado una reserva. Shevelov abrió una botella de vino de Crimea, y nos sentamos a disfrutar de un alegre banquete.

Los mongoles, al oír nuestro jolgorio, vinieron y se acuclillaron a la entrada de nuestra tienda, y empezaron a discutir las delicadas cualidades de nuestro banquete, algunos de cuyos vestigios recogían del suelo con avidez. El joven Kuznetsov, impaciente por contribuir a la fiesta, salió también de la tienda, pero en vez de volver con alguna golosina, vino afinando una guitarra, que tocó deliciosamente, calmándonos con algunos de los melancólicos pensamientos del poeta Vasili Mijáilovich.

Este grupo de cinco vagabundos, acuclillados alrededor de un fuego en esta pequeña morada, la única iluminada en medio de la profunda soledad y el silencio de la inmensidad del desierto, con el grupo de mongoles agrupados en su traje nacional a la entrada, presentaba un cuadro sumamente pintoresco. La hora de la noche, la soledad del lugar, nuestra lejanía de la vida civilizada y la extrañeza de nuestro entorno, no nos encontraron de humor para la alegría prolongada, y esto pronto dio paso a la ensoñación silenciosa más en armonía con el incidente solemne y la tierna melancolía de los aires rusos. Sin duda, en este estado de ánimo, habríamos olvidado la hora, si nuestro jefe mongol, más sensible a las exigencias del desierto que a las notas de la guitarra, no hubiera aparecido de repente para advertirnos de la necesidad de partir. En un cuarto de hora las tiendas estaban plegadas y recogidas; reemprendimos la marcha, y el pequeño paraje que nos había servido de morada temporal ya no presentaba ninguna marca que lo distinguiera del resto del desierto.

CAPÍTULO 19

Caravana por el desierto de Gobi

Un príncipe mongol y su corte — Vuelta a la oración — Nuestra vida en el desierto — La llanura arenosa — Búsqueda de agua — Espejismo lunar — Tres ejecuciones — Un viajero extraviado en el desierto — Llegada a Kalgán y a la Gran Muralla China

L A mañana siguiente amaneció con un viento tan violento que nadie intentó salir de su refugio y, cosa singular, este día de Pascua, que debería haber transcurrido con regocijo, terminó sin que nadie buscara la compañía de sus compañeros de viaje. El tiempo al día siguiente no fue mejor, y tuvimos, además, varias lluvias de granizo que blanquearon bastante la superficie del desierto. Por lo tanto, no salimos de nuestro largo confinamiento hasta el anochecer, cuando Shevelov divisó, con la ayuda de su telescopio, a lo lejos, un gran grupo de tiendas. Al acercarnos, percibimos, para nuestra decepción, que no estaban habitadas por europeos, pues nuestro guía no tardó en descubrir que se trataba del apeadero de un príncipe mongol, rodeado de su corte.

Había una veintena de tiendas levantadas unas junto a otras, y la del príncipe se distinguía por su mayor tamaño y por estar rodeada de una especie de muro cubierto de toscas pinturas. Otra del mismo tamaño, rodeada de ruedas de oración, parecía ser el templo de la tribu. Al acercarnos, los perros que custodiaban cada tienda lanzaron tales ladridos y aullidos que toda la comunidad se alarmó. Muchos de los habitantes, al ver a lo lejos que éramos forasteros, salieron a nuestro encuentro por curiosidad y, al mismo tiempo, para asegurarse de nuestras intenciones pacíficas. Tras una entrevista entre uno de ellos y Shevelov, éste nos informó de que íbamos a ser admitidos en presencia del príncipe.

La sencillez y austeridad de su tienda me asombraron. No había nada especial que ver en el interior, excepto una pequeña estufa, con una tubería que salía de ella a través de la parte superior de la tienda. El único lujo, por lo tanto, de esta principesca morada, consistía en una precaución contra la asfixia, un peligro al que todos los que viven en tiendas están expuestos por el humo nocivo y nauseabundo. Estaba en cuclillas sobre una alfombra, y vestía una amplia túnica de seda azul ribeteada de terciopelo negro, con los pies cubiertos por una especie de botas de seda negra. Llevaba bordado en plata el cinturón, al que llevaba todos los utensilios necesarios para fumar y producir fuego, como es habitual entre los mongoles. Su cabeza estaba cubierta con un gorro de cuero amarillo, con el borde de piel vuelto hacia arriba y rematado con una bola azul, de la que colgaba un pequeño mechón de pelo.

Nada más entrar, sacó de su bolsillo un frasquito lleno de esencia de tabaco, que presentó al señor Shevelov. Nuestro jefe sacó entonces el tapón, al que estaba unida una cucharilla, tomó en ella una gota de la esencia y se la llevó a la nariz, mostrándose encantado con el efecto, y luego, volviendo a tapar el frasco, se lo pasó al señor Marin, diciéndole que repitiera la misma ceremonia. Cuando los cinco hubimos realizado esta pantomima de alegría simulada, ya que Pablo no perdió la oportunidad de mantenerse cerca de mí para compartir esta novedosa ceremonia, era necesario decir algo. Esta delicada misión correspondía, por supuesto, a Shevelov, que la cumplió dignamente. Pidió entonces permiso para visitar el templo, y concedido éste, fuimos a ver al lama, que se ofreció a rezar al dios para que bendijera el resto de nuestro viaje. Como recompensa por esta protección de una deidad, le obsequié con un ladrillo de té, cinco agujas y un poco de hilo, una recompensa en mi opinión suficientemente amplia, teniendo en cuenta el coste de la bendición, por muy apreciado que fuera su efecto.

En cuanto me retiré a mi carruaje, éste fue rodeado por cinco lamas que, postrados ante él, entonaban oraciones, cada uno de los cuales hacía girar todo el tiempo pequeñas ruedas de oración portátiles. Esta comedia era irresistiblemente ridícula. La visión de estos serios sacerdotes, girando solemnemente sus oraciones como un niño da vueltas alrededor de un molino de viento de juguete, era demasiado para mi compostura, y me vi obligado a esconder mi risa irreverente en el rincón más alejado de mi carruaje. El gran sacerdote, sin embargo, no tardó en abrir la puerta sin ceremonia, para gratificar su curiosidad con su contenido. No sabiendo qué hacer con mis visitantes, tomé un frasco de perfume y se lo presenté en sus narices, y quedaron tan encantados con el olor que los rocié con él justo cuando la caravana iniciaba la marcha. Su gratitud por este favor fue ilimitada. Todos se inclinaron repetidamente en señal de reconocimiento, y cuando desaparecieron de mi vista, fueron acosados aparentemente por los miembros de la comunidad, que se habían acercado a olfatear sus hombros, tan maravillosamente aromáticos. Tal vez, a juzgar por la excitación popular, este incidente tuvo para ellos la suficiente importancia como para pasar a la posteridad.

A partir de ese momento tuvimos un tiempo hermoso, y también llegó a hacer calor. Nuestros días transcurrieron de la misma manera, es cierto, pero no sin placer e incluso alegría a veces. Cuando la caravana se detenía por las mañanas, todos bajábamos de nuestros carruajes. Como durante la primera mitad del viaje no nos faltó agua, al menos para beber, todos los días, mientras montaban las tiendas, solía tener lugar una discusión entre mis compañeros sobre la preparación del té. ¿Debían tomar té fino o té de ladrillo? ¿Debían mezclarlo con leche de oveja, vino o limón? ¿Debía prepararse totalmente a la manera mongola, es decir, con mantequilla, harina y sal? Muchas otras sugerencias, demasiado largas para mencionarlas aquí, fueron hechas por Kuznetsov e incluso por Pablo que, tras haber vivido en muchas tierras, tenía también sus métodos. Cuando todos nos hubimos refrescado, se levantaron las tiendas, los camellos reanudaron la marcha y, empuñando nuestras armas, estuvimos vagando hasta las cinco o seis de la tarde, cuando nos unimos a nuestros carruajes y reanudamos el trayecto con la caravana. Algunos perseguían animales alados. El señor Kuznetsov no terminaba nunca el día sin haber cazado un pato o una perdiz, esta última de una especie común en Mongolia, pero poco conocida en Europa, con las patas cubiertas de pelos, no muy diferentes de las patas de una rata.

Por mi parte, prefería cazar ciervos blancos y gamos, que a veces veíamos en gran número, pero siempre a gran distancia. ¡Cuántas leguas no me desvié de mi camino con la esperanza de acechar a uno de estos animales! En una ocasión, en particular, estando plenamente convencido de haber herido gravemente a uno, me lancé a una bonita danza tras él, y no sé adónde me habría extraviado, si el crepúsculo no me hubiera advertido que, a menos que volviera atrás, podría perder de vista la caravana, y extraviarme entonces en medio de este desierto, el mayor desierto del mundo.

El señor Marin, por precaución o por miedo al cansancio, no se aventuraba lejos de la caravana. A veces, incluso, solía sentarse en la abertura de su carruaje, con los pies apoyados en los escalones, y, desde esta ventajosa posición, acribillaba a todo lo que se le ponía a la vista, fuese el animal que fuese, o estuviese a la distancia que estuviese más allá del alcance de su escopeta. Un día, sin embargo, Shevelov y yo logramos estimular en él el ardor y el entusiasmo del cazador, en circunstancias que nos divirtieron durante mucho tiempo después.

Me encontraba caminando media milla por delante de la caravana, conversando con su agradable jefe, cuando vimos en el suelo un armiño inanimado, sin duda muerto, como demostraba su olor pútrido. Lo cogimos y lo posamos en un matojo de hierba, levantándole la cabeza y señalándole las orejas para que pareciese lo más vivo posible; una vez hecho esto, nos dirigimos al señor Marin para informarle de que se presentaba una excelente oportunidad para tener un buen tiro. Lleno de entusiasmo por una ocasión como la que había anhelado durante tanto tiempo en los escalones de su carruaje, avanzó lentamente y sin hacer ruido, rogándonos que no nos moviéramos ni un ápice y que habláramos sólo en susurros. Se echó la pieza al hombro, apuntó con cuidado, disparó pero no vio escapar nada; estaba claro que por fin había embolsado algo. «¡Bravo!», exclamé, con un movimiento como si pretendiera asegurar al animal de un salto; y aquí comenzó la parte cómica del incidente. Marin extendió el brazo y con un gesto furioso me detuvo. Yo obedecí, y él volvió a apuntar con la mayor precaución, mientras Shevelov estaba a punto de partirse de risa.

—¡Ah!, esta vez seguro que está muerto —exclamó el señor Marin inmediatamente después del segundo disparo.

—¿Pero por qué ha disparado dos veces? —le pregunté.

—¡Temía haber fallado la primera vez, y que hubiera sobrevivido!

Después de esta respuesta nos divertimos mucho junto con el pobre Iván Ivánovich.

Poco después llegamos a la gran llanura arenosa que he mencionado y que forma el centro del desierto de Gobi. El primer día transcurrió bastante bien. Es cierto que nos invadió una cierta penumbra, aunque no le prestamos mucha atención. El segundo día fue más duro. Kuznetsov descubrió que habían puesto unos cuantos granos de sal de más en el té. Todo el mundo parecía estar de humor para quejarse. El tercer día fue aún peor. Vasili Mijáilovich ni siquiera hizo acto de presencia en la tienda durante la parada de la mañana; con la excusa de que tenía un libro interesante que leer, desayunó en su carruaje. No podíamos tener compañeros de viaje más agradables, pero todos sentíamos la deprimente influencia de la desnudez de la naturaleza, el vacío de la extensión que nos rodeaba.

En las inmensas soledades de Siberia hay bosques que presentan diversos rasgos que alivian la vista con el cambio de color o de forma; en el mar abierto las olas están constantemente en movimiento, movimiento que es sugestivo de vida y, en consecuencia, atrae nuestra simpatía; pero aquí, en el desierto, hay una ausencia completa de cambio, así como de movimiento. No hay nada más que una interminable soledad de silencio y reposo. En ninguna parte, excepto en presencia de los muertos o solo entre las tumbas, de las que el desierto es fuertemente sugestivo, nos sentimos tan tristes y solos, tal es la opresión en los espíritus, rodeados como estábamos por este interminable e inmutable desierto de arena.

Como ilustración de la influencia de la naturaleza circundante sobre la mente, no pudimos resistirnos a la melancolía que nos inspiraba, y holgazaneamos, abatidos en nuestra falta de alegría, unos muy lejos de los otros.

Con los ojos bajos, nos ocupamos en recoger algunas piedras raras con las que está salpicado el desierto de Gobi en ciertas partes; grandes ágatas y muchos otros minerales, desconocidos para mí, bastante transparentes y teñidos de naranja o verde; el suelo estaba bastante cubierto de ellas, presentando un gigantesco mosaico.

El jefe mongol declaró una mañana que nuestra provisión de agua se había agotado: «Había calculado renovar el suministro de un estanque que hay aquí y que generalmente contiene agua, pero como veis, el lugar está bastante seco», dijo. Esta noticia, aunque bastante grave, causó una pequeña distracción en la monotonía de nuestra existencia, y de hecho nos alegró. Sólo el señor Shevelov y yo habíamos pensado en proveernos de vino, y nuestras existencias no eran muchas. Aquel día no teníamos té, ni sal, ni azúcar, ni harina, y nuestras latas de conservas habían disminuido considerablemente. Llenamos nuestras copas de vino, tan súbitamente revalorizado, y brindamos por la perspectiva de encontrar pronto agua.

Kuznetsov que, como un verdadero siberiano, hubiera preferido media taza de té a una botella entera del vino más delicado, no podía acomodarse muy fácilmente a esta privación. Se ocupó, durante todo el día, en inspeccionar el horizonte alrededor con su telescopio, y reanudó a intervalos su perseverante trabajo nocturno. «¡Wada! ¡Wada!» (agua, agua), gritó de repente, deteniendo la caravana y señalando un punto con una superficie azulada cerca del horizonte. Entusiasmados, todos saltamos de nuestros carruajes y comenzamos a conducir los camellos que llevaban los barriles de agua hacia el lugar indicado. El señor Kuznetsov corría y Marin bailaba de alegría, Pablo cantaba y yo seguía a Shevelov, que dudaba, y era el más sabio de todos. Este engañoso tinte azul era producido simplemente por un gran lecho de sal; así que regresamos, con un aspecto bastante azul, a nuestros carruajes. Aquella misma noche fuimos testigos de otro engaño: un espejismo lunar. Este fenómeno, que parece ser bastante raro, es uno de los más graciosos y encantadores que presenta la naturaleza. El paisaje que maravillaba nuestra vista era ciertamente fantasmagórico, pues era demasiado diferente de cualquier otro que pudiera encontrarse en medio del desierto; y si no lo hubiera presenciado yo mismo, ciertamente habría creído, si mis compañeros me lo hubieran descrito fielmente, que se habían dejado llevar por la imaginación. Teníamos ante nuestros ojos no sólo un pequeño lago que reflejaba los rayos de la luna en su lisa superficie, sino que distinguíamos en sus bordes los contornos de grupos de hermosos árboles, e incluso algunas aves zancudas. Vasili Mijáilovich, que en Verjneúdinsk ni siquiera había oído hablar de los espejismos, se dirigió saltando hacia aquel pequeño lago, cuando los mongoles detuvieron su entusiasta carrera con fuertes carcajadas. Es probable que este fenómeno, por raro que sea en otros lugares, no sea infrecuente en el desierto de Gobi, ya que los nativos que nos acompañaban no parecían en absoluto sorprendidos ante tan hermosa visión.

Dos días después dimos con un pequeño estanque de agua sucia, bastante estancada y rodeada de esqueletos de todo tipo de animales que habían acudido allí para saciar su sed y luego morir. Esta agua, en la que no me atreví a lavarme, fue recibida por nosotros como un regalo de Dios. Los camellos, que llevaban mucho tiempo sin beber e incluso, hasta hacía poco, sin comer nada, necesitaban un amplio descanso. Por lo tanto, hicimos aquí una larga parada. Después de la comida, Kuznetsov comenzó a tocarnos algunas melodías con su guitarra, y nuestra caravana, que había estado tan aburrida como el agua de la acequia, se animó un poco. Estábamos todavía en el corazón de esta gran soledad, pero confiábamos en que la parte más difícil había sido superada, y que ahora deberíamos vencer todos los demás obstáculos.

Cinco o seis días después nos encontramos con unos cuantos mongoles. Nuestro jefe cambió uno de nuestros camellos que estaba hastiado por uno de los suyos, fresco y fuerte. Compramos, también entre los dos, una oveja. Este día no pasó sin cierta emoción. El nuevo camello aún no estaba acostumbrado a ningún tipo de trabajo, por lo que fue necesario empezar por hacerle un agujero en la nariz para pasarle un palo con el fin de domarlo y guiarlo. Esta operación no se realizó sin dificultad, pues es extremadamente dolorosa para el animal. Además, a uno de nuestros camellos se le rompió la pata; este tipo de accidente ocurre con bastante frecuencia al final de los viajes, debido a la fatiga prolongada y a la dureza del suelo. Los mongoles lo tratan cosiendo la herida, y es fácil imaginar el sufrimiento del pobre animal. Pero el asunto principal era el sacrificio de nuestras ovejas; el primer mongol designado por nuestro jefe para este trabajo se negó a obedecer; se abrió la túnica, y mostrándonos un pequeño ídolo de cobre suspendido sobre su pecho, dijo: «Soy un lama, y tengo prohibido derramar sangre, incluso la sangre de los animales». Otro mongol asumió la función de carnicero, pero mató a las ovejas de un modo extraño. Hizo una larga incisión en el abdomen y luego introdujo el brazo en la herida para agarrar el corazón y detener su latido, sujetándolo con fuerza.

MI CARRUAJE MONGOL

Una aventura, de la que yo fui el héroe, causó algún retraso. Aproximadamente una hora después de que la caravana hubiera reanudado la marcha, tras la habitual parada nocturna, el ronzal que unía mi camello al carruaje de Pablo se soltó; y la bestia, sintiéndose ya arrastrada, se detuvo por completo. Cuando mi camello se encontró así rezagado, yo estaba en la retaguardia de la caravana. Los mongoles dormían profundamente entre las dos jorobas de sus camellos y, por consiguiente, sin saber que algo andaba mal, siguieron su curso. El lector podrá imaginar mis sentimientos al encontrarme completamente solo al despertar por la mañana. Afortunadamente, tuve la presencia de ánimo de evitar ir en busca de la caravana, pues si hubiera intentado alcanzarla, con toda probabilidad me habría extraviado por completo y, tal vez, en esta situación, si algún nativo hubiera observado mi debilidad e inexperiencia, habría mostrado hacia mí poca benevolencia y hospitalidad. Me senté en el suelo ante mi camello, que parecía estúpido, con la intención de darle una buena paliza. No obstante, temiendo que se diera a la fuga, me vi obligado a tratarlo con amabilidad, pues temía por encima de todo verme obligado a alejarme incluso cien metros del lugar donde me habían dejado, porque allí esperaba que me volvieran a encontrar. Afortunadamente, esta angustiosa soledad terminó hacia las diez de la mañana. Al amanecer, los mongoles se dieron cuenta de mi ausencia, se detuvieron y volvieron sobre los rastros de la caravana, que se extendía en diferentes direcciones. Pronto me condujeron de vuelta, y la caravana saludó mi regreso con gritos de júbilo. Pablo se llenó de alegría al verme de nuevo a salvo; su fidelidad y apego no podían manifestarse con más fuerza.

La superficie se volvía poco a poco algo accidentada y pronto nos vimos rodeados de altas montañas. La temperatura se había suavizado bastante, y como la luna brillaba en todo su esplendor, nuestro viaje era ahora fácil y agradable. Las tiendas de los mongoles eran más numerosas y encontramos dos o tres caravanas chinas que se dirigían a Maimachen. Por fin, la ruta, como al salir de Urga, estaba de nuevo sembrada de enormes piedras, que permitieron a nuestro guía anunciar que tres días más tarde veríamos la Gran Muralla.

Cuando se atraviesa Mongolia de norte a sur, el viajero se eleva gradualmente, sin sospecharlo por la facilidad de la ascensión, hasta mil doscientos metros sobre el nivel del mar. Al llegar a este punto culminante, el terreno se encuentra cortado casi perpendicularmente a la profundidad de esta elevación, y de tal manera que, para continuar la ruta, es necesario descender por una serie de zigzags recortados por la mano del hombre, cuyo descenso es tan rápido como los más peligrosos senderos de montaña de los Alpes y los Pirineos. A lo largo de esta cresta se extiende la Gran Muralla China. No está construida de ladrillo, como las murallas interiores de Nankou, por ejemplo, de las que diré algo más adelante, y que muchos viajeros toman erróneamente por la verdadera Gran Muralla. Pero la verdadera Gran Muralla que separa, en primer lugar, Mongolia de China propiamente dicha, está construida con piedras colocadas unas sobre otras sin argamasa. Las torres, colocadas a cierta distancia unas de otras, están construidas con mayor solidez, y así han resistido más eficazmente el desgaste del tiempo. Esta muralla tiene forma de «A» mayúscula abierta: las otras, que creo que son siete, a no ser que pasara más por la noche sin haberlas visto, forman otras tantas barras transversales.

Cuando nuestra caravana, después de tres días de fatigosa marcha a través de la áspera y pedregosa tierra que he mencionado, llegó a la Gran Muralla China, eran alrededor de las seis de la mañana del 29 de abril. El sol aparecía en el horizonte, y podíamos distinguir una serie de colinas que se extendían lejos en el interior, con los espacios intermedios velados por las nubes. Podíamos ver estas ondulaciones del Celeste Imperio con ventaja en la gran elevación a la que habíamos llegado, y nos sentamos algún tiempo admirando el magnífico espectáculo.

Me llamó inmediatamente la atención la notable diferencia entre el país que acabábamos de recorrer y el que estábamos a punto de conocer. Detrás de mí había un páramo salvaje y sin cultivar, y ante mí se extendía esa famosa tierra fértil que otorga anualmente a sus habitantes dos cosechas de maíz o arroz y dos de hortalizas. Por un lado, un desierto despoblado, y por el otro, un enjambre de seres humanos que probablemente suman más de cuatrocientos millones, y cuya asamblea de cuatrocientos mil incluso no constituye sino una aldea entre sus populosas ciudades. Pero hace poco tiempo era por todas partes sombrío y estéril, y en el futuro será sol sobre ricas tierras verdes. Hasta aquí las ventajas más notables de China, a las que se pueden oponer otras de Mongolia. El aire de Mongolia era puro y vigorizante; el de China sería nauseabundo y malsano. El suelo estaba cubierto de una arena tan gruesa que los vientos más violentos eran incapaces de levantarla. Más adelante, el suelo estaría compuesto de un polvo tan fino que la menor brisa lo levantaría en nubes, impidiendo la vista y la respiración. Los mongoles eran hospitalarios; los chinos serían hostiles; la mera circunstancia de estar allí constituye una ofensa a sus ojos, que te castigan sólo con mirar. Sería difícil encontrar dos países vecinos más diferentes que China y Mongolia en la naturaleza del suelo y en el carácter de sus habitantes. La Gran Muralla, que los separó en el pasado, no parece que, ni estando en ruinas, vaya a acercarlos en el futuro. Si me preguntaran cuál de estos dos pueblos prefiero, aunque es difícil comparar una raza civilizada con una salvaje, respondería: «El mongol es superior al chino en honestidad y disposición; pero éste al mongol en talento e ingenio en las artes».

Descendimos a pie los zigzags que llevan de la Gran Muralla a Kalgán. Los nativos se formaron en dos filas para vernos pasar. Venían de todas partes, incluso del subsuelo, pues viven en cuevas como las cavernas de Touraine, que han excavado en la roca de la ladera de la montaña. Las mujeres, con sus pequeños pies, caminan con dificultad y, mientras sujetan a un niño con una mano, utilizan la otra como pértiga para mantener el equilibrio. Shevelov montó en cólera dos o tres veces con esta gente, que se apretujaba alrededor y no se apartaba para dejarnos pasar, y eso que sólo estábamos en la parte rural. Cinco horas después de pasar la Gran Muralla, llegamos al fondo del valle, que aquí se estrecha casi hasta convertirse en un desfiladero. El aspecto del territorio es pintoresco. Un pequeño riachuelo, que de vez en cuando se ensancha hasta llenar todo el valle, serpentea, a veces al pie de una enorme roca, otras veces perdido en una espesura de verdor. Todo era bonito y curioso, pero extraño en su forma y disposición. Reconocí aquí las pinturas de paisajes chinos que había visto en Francia, y que siempre había tomado por composiciones imaginarias. Así, en medio de este valle, formado entre dos grandes colinas de majestuosas rocas oscuras, se eleva abruptamente un puntiagudo montículo de granito, en cuya cima está construido un templo. Un poco más allá, una enorme roca roja está suspendida, de manera incomprensible, en el vértice de un cono de tierra. El conjunto de este singular pedazo de naturaleza está abigarrado y animado por árboles, dispuestos irregularmente aquí y allá, recién ataviados con sus ropajes vernales.

Si el lector se imagina este paisaje, poblado de hombres de aspecto afeminado con largas coletas y mujeres con la cara pintada que parecen figuras de cera, se hará una idea del país que atravesamos al descender de la Gran Muralla China.

CAPÍTULO 20

De la Gran Muralla a Chadao

Primera vista de China — Última hospitalidad rusa — El palanquín — Las calles de Kalgán —Viajando a lo largo de la Gran Muralla — Las sociedades secretas — Arte chino — Cómo se mantiene el orden — Origen de los árboles — Cómo se extinguen los títulos de la nobleza china

FUIMOS recibidos hospitalariamente en una casa china que pertenecía a un ruso, amigo de Shevelov. Esta casa estaba situada en un lugar encantador, fuera de la ciudad, al otro lado del arroyo que acabo de mencionar y, por consiguiente, a la vista de la montaña que acabábamos de descender, coronada por la silueta irregular de la Gran Muralla.

Fue la última casa rusa en la que entré, y no la menos agradable. Durante el tiempo libre del día, me dediqué a pasear por este extraño país y entre gentes aún más extrañas.

También pasé muchas horas en el balcón de esta casa, donde tomé refrescos, agradablemente ocupado en contemplar el paisaje que me rodeaba. Nunca olvidaré estos días de descanso pasados en Kalgán después de la larga y monótona travesía del Gobi sin etapas y casi sin tregua. Me acercaba por fin a la meta de mi viaje, la ciudad de Pekín, hacia la que me había encaminado casi a diario durante los últimos siete meses. Me encontraba por fin en China, y todo lo que me rodeaba me impresionaba por la novedad de mi situación. No me cansaba de observar cada objeto, cada incidente, desde mi observatorio, y cuando caía la tarde, lo abandonaba con pesar.

Luego nos retiramos a una habitación distante. Vasili Mijáilovich, así como un joven habitante de Tianjin que casualmente estaba de vi-

sita en Kalgán, tocaban la guitarra y, al escuchar las melancólicas notas de su música, recordé la lejana estepa de Omsk y sus cambiantes
aspectos, la peligrosa aventura nocturna en la nieve al salir de Tiumén; la salvaje grandeza del helado río de Angará; los terrores del
solitario Baikal; la señorita Grant y Konstantín; todas mis aventuras
en Siberia, que ahora, con los rigores de un invierno ártico, eran cosas del pasado. Atesoré el recuerdo de todos estos incidentes con esa
sensación genial que se experimenta cuando nos encontramos a salvo
al final de una serie de aventuras peligrosas, siempre que no dejen
tras de sí consecuencias nefastas, sino, por el contrario, un sentimiento de felicitación por haber escapado tan felizmente de ellas.

Pero, ¡qué contraste entre el pasado y el presente! No se trataba
simplemente de un cambio de país y de gentes, sino de un cambio en
el rostro de la naturaleza, pues los árboles habían desplegado sus
tiernas hojas y rivalizaban en brillantez de tintes con el verdor del
suelo, y el conjunto estaba bañado por los geniales rayos del cálido
sol primaveral.

Sin embargo, el destino de un viajero, que tiene ante sí un largo
trayecto que recorrer sin demora, es estar siempre en movimiento.
Así pues, la mañana del 3 de mayo nos trajeron cinco palanquines
para alojarnos. Se trata de una especie de litera sin ruedas, provista
de dos largos ejes que sobresalen por delante y por detrás, y sosteni-
da por éstos sobre dos mulas. La mula que va en la parte de atrás no
se introduce sin cierta dificultad, ya que, al parecer, a estos animales
les repugna meterse en los ejes con la cabeza por delante, por lo que
generalmente se ven obligados a llevar los ojos vendados durante la
operación.

El palanquín con mulas es el vehículo más desagradable en el que
he viajado. En primer lugar, es necesario el mayor cuidado para
mantenerse en el centro, ya que el menor movimiento a un lado o al
otro perturba inmediatamente el ajuste del arnés. En segundo lugar,
las dos mulas no pisan juntas ni se mueven en armonía, y por consiguiente hay un continuo cabeceo y sacudidas en todas direcciones,

produciendo tanta enfermedad y fatiga angustiosa como el movimiento del mar.

Nuestro anfitrión nos acompañaría más allá de Kalgán; comenzamos, pues, nuestro viaje a pie, atravesando la ciudad de punta a punta. Entramos en las fortificaciones, que consisten en murallas almenadas, muy sólidamente construidas, y desde ellas tuvimos una buena vista de las calles.

El enjambre de la población atrae de inmediato la atención. Ni los más concurridos bazares árabes pueden dar una idea adecuada de semejante tránsito. El ruido de todo esto está a la altura de la concurrencia. Cada comerciante considera su deber pararse frente a su tienda para alabar sus productos. Llama al transeúnte para invitarle a entrar y comprar, y como cada uno esfuerza su voz para hacerse oír por encima de su competidor, es fácil imaginar la algarabía que recibe el oído de uno al penetrar en la ciudad.

Los arrieros, los jefes de los palanquines, los cocheros de los mandarines o los porteadores, gritan también con todas sus fuerzas para tener el camino libre. Los prestidigitadores y titiriteros ejercen su profesión a lo largo de las calles, algunos golpeando violentamente sus tambores, otros soplando sus pipas de bambú con todo el vigor de que disponen para llamar la atención. Pero el concierto de sonidos aún no ha terminado; los niños que son apaleados chillan, y las personas torpes, que no pueden escapar de ser aplastadas, gritan. Los pequeños comerciantes se pelean violentamente con sus rivales, y luego llega el gruñido del tamtam, marcando, de vez en cuando, la hora o los intervalos en la bolsa. El mercado de Billingsgate en Londres o las Halles de París, son bastante apacibles en comparación con el obstinado recinto de una ciudad china. Nuestros oídos fueron recibidos con este alboroto durante una hora sin cesar al pasar de un extremo a otro. Shevelov se volvió muchas veces hacia mí con mirada cansada, y exclamó: «¡Oh Mongolia!, calma del desierto, ¡qué preciosa eres y cuánto te lamento!». Llegamos por fin al límite de la ciudad, atravesamos otra puerta, y estábamos de nuevo en el campo, pero en el campo chino, sin soledad ni silencio. Nos despedimos de nuestro anfitrión, y un cuarto de hora después nos balanceábamos en nuestros cinco palanquines, ansiosos de asomarnos, pero, siguiendo el consejo del señor Shevelov, cerramos nuestras cortinas y tratamos de escapar de la curiosidad perseguidora.

Cuando se hizo de noche, abrí las tres ventanas de mi palanquín, una a la derecha, otra a la izquierda y otra delante, y así pude contemplar a mis anchas el magnífico paisaje en medio del cual viajábamos.

Nos habíamos adentrado en un estrecho y escarpado barranco. De hecho, era tan angosto, en ocasiones, que el palanquín apenas tenía espacio para pasar. Por todos lados se alzaban enormes rocas perpendiculares a nuestra vista. Estaba claro que ahora viajábamos por la cresta de una cadena montañosa, pues de repente aparecían brechas aquí y allá que se abrían a la vista; estos temibles precipicios que hacían dar vueltas a la cabeza. El viento soplaba violentamente durante toda la tarde, y las nubes que revoloteaban rápidamente sobre la cara de la luna daban, a través de los fluctuantes movimientos de la luz y la oscuridad, un aspecto de lo más fantástico a este rincón de la naturaleza.

Nos topamos con un segundo muro, construido también de piedra como el primero, pero en mejor estado de conservación. Recorrimos cierta distancia sobre este muro, y nuestras mulas a veces se acercaban tanto al borde que nos hacían temblar. La mula de atrás es especialmente inquietante para el viajero no acostumbrado a este modo de locomoción, ya que se ve obligada a seguir ciegamente la guía de la otra; pero, a diferencia de la líder, no puede elegir su camino con la misma libertad, y es arrastrada al mismo tiempo por el suelo, que apenas es visible; pero en el momento en que el pie está a punto de caer, podría muy fácilmente dar un paso en falso y arrastrar todo con ella al precipicio. En varios lugares, la Gran Muralla, a lo largo de cuya cúspide viajábamos esta noche, giraba repentinamente en ángulo recto; y como nuestras mulas tenían el detestable hábito, como las de los Alpes, de seguir invariablemente el borde de un precipicio, resultaba que mientras el líder negociaba estos ángulos la mula de atrás debía marchar en una línea que, si se prolongaba unos pocos centímetros, habría conducido al borde del abismo. Sin embargo, para acomodar su curso y debido a la rigidez de los ejes, invariablemente se producía una lucha entre las dos, e, inevitablemente, en el punto más crítico, el pobre viajero se encontraba desagradablemente suspendido un momento sobre el arco del temible despeñadero.

Después de un viaje de veinte millas, no exento de momentos emocionantes, pero aún en la contemplación de una fase de la naturaleza única, tal vez, en el mundo, llegamos a Xuanhua. Apenas pasamos las fortificaciones de este pueblo, nuestros arrieros empezaron a proferir gritos constantemente repetidos. No hay país más infestado de sociedades secretas que China. Cada habitante de este imperio considera un punto de honor pertenecer a una o dos de ellas. Los gritos de nuestros conductores de mulas eran las señales de reunión de aquellas a las que estaban adscritos. Me pregunté cuál era la causa de esta advertencia, pero no la descubrí.

El hotel en el que nos detuvimos estaba dispuesto como las casas de Maimachen ya mencionadas: sólo había entre ambas la diferencia que hay en Francia entre una posada y un palacio. Una cosa en particular merece atención, y es que en toda China, incluso en las viviendas más humildes, se puede reconocer el arte, no sólo en la disposición general, sino incluso en los detalles más pequeños. Las mesas que se colocan a la entrada de cada habitación, los taburetes, las pequeñas tazas en las que se bebe el aguardiente de arroz, las pequeñas teteras, los delgados palillos para comer, todo tiene una forma o un aspecto artístico. A menudo es singular, e incluso a veces un poco rebuscado, pero en todas partes se puede observar el predominio de las ideas artísticas, y es interesante examinar todos los objetos. Después de la comida —esta vez un miserable banquete de taberna, tristemente adaptado a las exigencias de los paladares europeos—, nos tendimos a dormir, como los chinos, en la terraza donde acabábamos de cenar.

Al día siguiente, 4 de mayo, atravesamos un territorio encantador; el más hermoso que he visto en ninguna parte, excepto en algunas zonas de Japón. Seguimos constantemente el curso de un riachuelo de sólo unos metros de ancho que serpenteaba al pie de un acantilado con paredes, cuya cima estaba coronada por grandes árboles que formaban un emparrado sobre el arroyo y dejaban caer de sus ramas extendidas largos festones de verdes enredaderas empenachadas, que bajaban a acariciar amorosamente el seno del arroyo. Continuamos nuestro camino a través de esta atractiva comarca durante al menos veinte millas más, y por fin llegamos a una inmensa aldea, llamada Jimingyi, hacia las once de la mañana, donde desayunamos. Como todas las aldeas chinas, estaba fortificada, y sus fortificaciones habían crecido de vez en cuando, pues había varias líneas de cercado, una dentro de otra. Puede que supere en tamaño a Tongzhou, con su población de 400.000 almas. Tardamos una hora en cruzarla.

Tal vez el lector se pregunte cómo se garantiza el buen gobierno entre semejantes masas de seres humanos, y suponga que el emperador necesita un ejército inmenso para mantener su trono y su dinastía. El orden se asegura casi sin ejército, y mediante una policía secreta y la aplicación rigurosa de la ley por parte de los responsables de su mantenimiento. El padre de familia responde con su cabeza como calibrador de la conducta de sus hijos; el mandarín de tercera clase, igualmente del orden de su distrito, y así sucesivamente. Por otra parte, el padre tiene potestad sobre la vida o muerte de sus hijos; y el mandarín igualmente sobre los miembros de su distrito. En caso de conspiración, por tanto, puede sospecharse lo que ocurre. El padre de familia, temiendo el poder represivo del mandarín, sacrifica a sus hijos en cuanto sabe que son culpables.

De este modo, antes de que una hipotética revolución alcance el palacio imperial, todos los miembros de la jerarquía administrativa deben haber sido involucrados en ella, con la convicción de que con ello han expuesto sus vidas tratando de impedir que un conflicto se expanda. Tal acontecimiento, por tanto, es altamente improbable. Esto explica también cómo muchos viajeros han sido testigos de veinte o treinta ejecuciones a la vez, tal y como han descrito en sus narraciones. Si un mandarín amonestado por un crimen grave en su distrito perdona la vida a un solo cómplice, es responsable ante su superior. Generalmente prefiere, pues, sacrificar unas cuantas vidas, y estar así del lado correcto para la seguridad de su propia cabeza, a correr el riesgo de pasar por alto a un solo culpable.

Es bastante comprensible que, con procedimientos tan sumarios y arbitrarios, el Gobierno chino no desee que los europeos penetren en su imperio. Son, en resumen, una raza imbécil, que está obsesionada con compartir el odio de su gobierno hacia los extranjeros y sacrificar a los misioneros que enviamos allí, antes que beneficiarse de ellos para obtener su libertad.

Al salir de Jimingyi el valle se abrió considerablemente. El viento soplaba tan fuerte que nuestras mulas cedieron a su fuerza, hasta el punto de correr el riesgo de caer al río. Después de una tercera marcha de sesenta millas llegamos a Chengzhen. La tarde transcurrió de la manera más desconsoladora. El viaje en palanquín y la comida china nos habían indispuesto gravemente. Shevelov, Vasili Mijáilovich y Pablo ni siquiera se levantaron de sus palanquines. El señor Marin y yo sólo dormimos en la plataforma de la posada.

En medio de la noche nos sobresaltó el ruido de armas de fuego en el patio. Nos levantamos de un salto, convencidos de que uno de nuestros compañeros, y probablemente el joven Kuznetsov, que tenía dos pistolas y un revólver, había sido víctima de un accidente. Sin embargo, nuestros temores se calmaron inmediatamente al ver a nuestros amigos profundamente dormidos. La descarga de armas de fuego había tenido lugar sin duda en la calle. Un chino o una china habían recibido tal vez un balazo en el pecho, incidente demasiado insignificante para interrumpir el sueño en este país.

Salimos temprano a la mañana siguiente y, tras recorrer cincuenta millas a través de un terreno poco interesante, nos detuvimos a desayunar en Huailai Xian.

Los pueblos chinos, lo mismo que los pueblos árabes, se parecen mucho unos a otros. No me cansaba, sin embargo, en cada alto de contemplar este movimiento bullicioso, bastante excepcional y desconocido en nuestras ciudades occidentales, incluso las más comerciales, como Londres, San Francisco o Nueva York. ¡Cuántos tipos se presentaban ahora en la realidad! Tipos que antes sólo había visto en álbumes, o en biombos. El portero callejero balanceando sobre su hombro un palo de longitud exagerada, con pequeñas tarjetas redondas, colgando de cada extremo cubiertas con dragones o algunas figuras fantásticas; niños con estómagos hinchados y tres pequeñas colas de pelo colgando de sus coronas afeitadas, una sobre la frente y las otras dos colgando cerca de sus orejas. El afeitado constante hasta los doce o quince años confiere al pelo de la nuca un vigor inusitado cuando se quiere formar una fina coleta.

El hábito de los adultos de conservar un mechón largo sólo data de la conquista de los tártaros y el establecimiento de su dinastía. Como los conquistadores eran mahometanos y, por consiguiente, fanáticos, trataron de imponer el Corán en toda China. No lo consiguieron, pero continuó en vigor un edicto promulgado por el emperador que exigía afeitarse la cabeza a la manera árabe, conservando sólo un pequeño mechón de pelo en la coronilla. Pero como los chinos son artísticos en todo lo que hacen, transformaron el ridículo mechón de los árabes en una larga y sedosa coleta. Este peinado es, además, perfectamente coherente con el clima y la naturaleza del suelo. El polvo es tan fino y, en consecuencia, se levanta tan copiosamente con la más ligera brisa, que es necesario, después del menor viaje, o en Pekín, después incluso de un paseo ordinario por las calles, meterse en un baño nada más llegar a casa. Ahora bien, todos los chinos, sin excepción, tienen abundancia de pelo, y si lo mantuvieran todo en la cabeza, puede imaginarse fácilmente el cuidado y la molestia que exigiría limpiarlo. Si se descuidara, sobre todo por parte de aquellos cuyas ocupaciones les obligan a permanecer constantemente al aire libre, no me quiero imaginar lo sucias que se volverían sus melenas.

Por otra parte, pueden mantener fácilmente su coleta libre de polvo y tan tersa como una madeja de seda, ya sea ocultándola bajo un gorro o dejándola colgar bajo la ropa. Los campesinos, que durante el verano se ven obligados a trabajar en el campo abierto, utilizan este mechón para sujetar grandes pañuelos mojados sobre sus cabezas como protección contra los feroces rayos del sol.

Es sorprendente, además, al entrar en China —un país que en Francia hemos ridiculizado durante demasiado tiempo— presenciar la dedicación que impregna a la gente en todo lo que hace, y especialmente en su agricultura, que, por mucho que se vea favorecida por la riqueza del suelo, debe, sin embargo, su prosperidad a la laboriosidad del pueblo.

Con respecto a esta cuestión, me referiré a una organización social digna de mención. Cuando un chino ha merecido por sus servicios un título de nobleza, su hijo, a su debido tiempo, hereda simplemente el título inmediatamente inferior. De modo que la nobleza desciende así, disminuyendo de rango en la familia de generación en generación hasta extinguirse definitivamente, a menos que alguno de sus miembros preste algún servicio a su país y recupere así el título concedido originalmente a sus antepasados. Nadie, ciertamente, tiene más veneración que yo por las viejas familias francesas y los títulos antiguos; pero siempre desearía tener una buena razón para estimar a los hombres que los ostentan, tanto como respeto al pueblo llano como a los títulos mismos. La ingeniosa institución china da una característica dinámica a la nobleza, un deseo tanto más fuerte de prestar un servicio al país, ya que el título siempre se está desvaneciendo, porque se considera más deshonroso sufrir que esta herencia se extinga por aquellos que la han disfrutado, que nunca haber merecido una distinción en absoluto.

CAPÍTULO 21

De Chadao a Pekín

Un incidente emocionante — El paso de Nankou — La belleza del desfiladero — un joven matrimonio — La recaudación de impuestos — Tongzhou — La última soledad — Entrada en Pekín — Llegada a la legación

DESPUÉS de haber recorrido más de cincuenta millas desde que salimos de Huailai Xian, llegamos a Chadao. Este pueblo está pintorescamente situado al pie de una pequeña montaña donde se ubica la tercera muralla, aquí construida de ladrillo. Como llegamos bastante temprano y nuestra posada estaba cerca de la puerta del pueblo, fuimos a dar un paseo por las murallas, que consisten en un gran muro de ladrillo de cuatro o cinco metros de ancho. Me asombró mucho ver allí dos cañones sin cureña, abandonados como maderos inútiles. ¿Puede ser cierto que los cañones existieran en China mucho antes de que en Europa tuviéramos noción alguna de las propiedades de la pólvora? Es bastante seguro que ninguna expedición europea ha penetrado tan lejos como Chadao. Desgraciadamente, estos cañones de bronce no llevaban ninguna inscripción, ni siquiera ninguna marca que pudiera indicar su origen.

Durante este paseo, el señor Marin arrojó irreflexivamente una piedra desde las murallas, que golpeó a un perro que estaba abajo. El dueño del animal se volvió furioso y, al ver que el proyectil había sido arrojado por un europeo, trató de incitar a la multitud a vengarse de semejante ultraje. Más de quinientas personas nos siguieron en nuestra retirada hacia la posada, ululando y mostrándose dispuestas a abalanzarse sobre nosotros. Shevelov me hizo una señal para que me retirara con Pablo a algún rincón oscuro, y subiendo al estrado comenzó a dirigirles la palabra para apaciguar su cólera.

«No somos europeos», replicó seriamente. «Somos siberianos; mirad nuestros pasaportes; los dos pueblos son hermanos, y no podéis dudar de nuestros sentimientos amistosos». Unos cuantos chinos que hablaban ruso, de los que hay ejemplos por todas partes, respondieron en esta lengua; el asunto llegó entonces a su fin tranquilamente. Pablo y yo no nos aventuramos a salir de nuestra guarida hasta que esta turba se dispersó, y Shevelov nos aconsejó, a causa de la aventura, que abandonáramos la aldea al amanecer.

Este día debíamos atravesar los famosos pasos de Nankou*, entre la aldea de Nankou y la porción de la Gran Muralla más cercana a la capital, una atracción que ningún turista de Pekín desdeña. Temiendo los choques del palanquín en una comarca tan montañosa, y deseando disfrutar lo más posible del grandioso paisaje a nuestras anchas, trotamos a lomos de asnos, desde Chadao hasta Nankou. Aproximadamente una hora después de haber salido de la aldea, y habiendo pasado el muro de ladrillos que he mencionado, llegamos al paso, cuya entrada es muy estrecha y está cerrada por un cuarto muro.

La aproximación se hace por zigzags en el declive similares a los que pasamos entre Mongolia y Kalgán, y luego, tras cruzar una quinta muralla, se entra en un estrecho desfiladero extremadamente pintoresco. Sin duda, los chinos debieron de considerar antiguamente este lugar como el atrincheramiento más formidable contra los mongoles. En un desfiladero al que sólo se puede acceder por un camino escarpado, y protegido por dos murallas coronadas con torres almenadas y fortalezas, existían sin duda los medios de una defensa obstinada durante mucho tiempo, incluso contra un enemigo muy superior en número. La ruta continúa, en el fondo del valle, en medio de lugares notables y constantemente variados. Mencionaré sólo uno que me impresionó más que los demás por su originalidad y su aspecto encantador.

* Conocido en la actualidad como Paso Juyong o *Juyongguan*.

El paso en este punto puede tener de doce a dieciséis metros de ancho.

El pequeño río de Nankou ocupa toda su anchura y esparce sus aguas entre decenas de rocas. Nuestros asnos se vieron obligados a saltar de una a otra para despejar el paso entre ellas. Las dos paredes de roca que forman el desfiladero sobresalen del río, y se acercan tanto la una a la otra a cierta altura, que sólo admiten a través de la abertura unos pocos rayos que iluminan, en una misteriosa penumbra, esta especie de gruta natural. Los chinos han excavado un pequeño templo en la cara de una de estas rocas a unos diez metros del suelo.

Se accede a él por unos escalones excavados en la pared de la roca, que parecen una calzada natural. La entrada del templo está ornamentada con madera esculpida pintada de rojo y dorada, con faroles y todo tipo de adornos suspendidos. Nada puede ser más encantador, más alegre y más bonito, y al mismo tiempo más chino que este pequeño rincón, que es a la vez un valle, una gruta, el lecho de un riachuelo y un santuario. Sólo una vez en mi vida he deseado ser un ídolo. ¡Feliz el dios que habita en un lugar tan encantador!

Al salir de este pequeño templo, me quedé bastante asombrado al encontrar al otro lado las paredes de la roca esculpidas a la manera egipcia, y tipos de modillones, como en la tierra de los faraones.

El resto del paso de Nankou es también muy bonito, pero se parece demasiado a otros similares que mis lectores habrán visto con frecuencia en sus viajes, como para que merezca la pena describirlo aquí.

Pero puedo decir brevemente que se parece a la entrada de las gargantas del Trento, la Brecha de Roland y el valle del Chifa en Argelia; lo que puede verse y admirarse muy a menudo en los países montañosos. Debo mencionar, sin embargo, la puerta de una aldea, una especie de arco del triunfo en piedra, esculpido, hundido y cubierto de dragones y monstruos fabulosos, de tal manera que sin duda puede contarse entre las obras maestras del arte chino.

Cruzamos a su debido tiempo las dos últimas murallas de China, o, para hablar con más propiedad, los dos últimos contrafuertes de la Gran Muralla de Kalgán, y llegamos a Nankou. Al entrar en este pueblo, me encantó oír que los chinos que conducían las mulas y los sedanes se dirigían a mí en francés, y ver escritas en las paredes de la posada advertencias en francés a los viajeros, como esta: «Desconfía del mayordomo, es un ladrón atrevido», firmado por «un oficial naval compasivo con los extranjeros», y muchos similares.

La razón era que Nankou es a menudo un lugar de encuentro para el personal de las embajadas en Pekín; y los turistas que visitan la capital nunca omiten ir a Nankou y a la tumba de los Ming, regresando por el Palacio de Verano y la Gran Campana. Es la excursión por excelencia, igual que ver la *Mer de Glace* (mar de Hielo) de Chamonix o el monte Rigi en Lucerna.

Después de haber reanudado nuestros palanquines para seguir nuestro camino hacia la aldea de Guanxili, Shevelov me dijo: «Estamos obligados a llegar lo más rápidamente posible al sur de China y, en consecuencia, a tomar el camino de Tongzhou y Tianjin. Acabamos de decidir no ir a Pekín; aun así, aquí no estáis lejos de la capital, y ha llegado el momento de separarnos y decir adiós». «Iré con vosotros a la próxima etapa, Tongzhou, y de allí a Pekín», respondí, no queriendo separarme hasta que fuera absolutamente necesario. La verdad es que este repentino anuncio de separación, la perspectiva de encontrarme solo con Pablo en un país desconocido, entre gentes que me parecían hostiles y ante las que no podía hacerme inteligible, me inspiraban recelo y casi miedo. El lector verá en lo que sigue el curioso resultado a que condujo esta decisión.

En el momento de partir, vimos entrar en el patio de la posada un palanquín llevado por dos hombres. Contenía, por tanto, algún personaje aristocrático; pues en China tal modo de locomoción sólo se permite a las personas que gozan de cierta dignidad o que ostentan cierto rango en la jerarquía. El caballo y el palanquín de mula pueden ser utilizados por todo el mundo; el carruaje, y especialmente el que tiene al caballo alejado de los ejes, así como el palanquín llevado por hombres, están reservados a la aristocracia.

Por lo tanto, nos acercamos a este privilegiado vehículo en cuanto lo vimos entrar en el patio de nuestra posada, y enseguida descendió de él una dama aparentemente bastante guapa, si es que se puede decir que una dama puede ser guapa bajo una gruesa capa de pintura, con la desventaja de un extraordinario embozo. Lo que más me llamó la atención fue la aparente ausencia de pies. Bajo el tobillo, la pierna terminaba en punta, como el extremo de un zanco o de una pata de palo.

MI PALANQUÍN

La pobre mujer, a quien esta disposición señalaba como miembro de la clase alta, y como alguien a quien admirar y envidiar por todas las personas del gusto más refinado, no podía dar un solo paso, ni siquiera apoyada entre sus dos sirvientes. La bajaron del palanquín para depositarla, como a cualquier otra persona sin capacidad de movimiento, en la plataforma de una lejana sala. Al interrogar a los hombres del palanquín, Shevelov fue informado de que se trataba de la esposa de un gran mandarín, en viaje de luna de miel.

Vimos llegar al feliz esposo pocos minutos después; bastará decir que era igual al gobernador de Maimachen, ya mencionado. Estos maridos chinos de alto rango deben estar libres de cualquier ansiedad por el hecho de que sus esposas huyan de ellos, y al mismo tiempo estar perfectamente satisfechos con la importante garantía que tienen de obediencia a su señor y amo.

Como la distancia entre Guanxili y Tongzhou es muy grande, salimos a las dos de la madrugada. Al dejar Nankou dejamos también las montañas, para adentrarnos en las llanuras de Pekín. El territorio, no era lo que se llamaría pintoresco, pero estaba bien cultivado. Tan verde y frondoso, con árboles finos; tan fresco, por los numerosos canales que lo cortaban en todas direcciones, que nunca me cansé de contemplarlo. Además, la vista era tanto más agradecida a mis ojos después de las nieves perpetuas de Siberia y el monótono desierto de Mongolia, a pesar de lo típico de sus paisajes montañosos.

Después de haber recorrido más de sesenta millas, nos detuvimos brevemente en Lazhouxiao y reanudamos nuestro camino. Pasamos fácilmente la aduana china de Dongba, gracias de nuevo a la habilidad de Shevelov. Dondequiera que los chinos impongan un impuesto, es difícil escapar de él, y a la recaudación de impuestos se extiende también la ley de la responsabilidad. El soberano ordena a los grandes mandarines: «Quiero tanto dinero de su gobierno». El gran mandarín exige a su vez al subordinado: «Quiero tanto de tu provincia», cuidando de duplicar la suma por si acaso. El mandarín de segunda clase exige lo mismo del mandarín de tercera clase, duplicando en cada caso por precaución; y el mandarín de tercera clase anuncia a su distrito que debe recaudar tal y tal impuesto, duplicado de nuevo sin duda por exceso de celo.

Tal organización es sin duda gravosa para el contribuyente, pero como se extrae tanto, esto es precisamente lo que me parece una prueba incontestable de las grandes riquezas de este país. A pesar de estos abusos, la miseria y la indigencia no son, al parecer, muy frecuentes. Durante toda mi estancia en China, apenas hubo ocho o diez personas que se acercaron a pedirme limosna, mientras que en Egipto, país reputado y rico, uno es asaltado constantemente por jaurías de mendigos que gritan a sus oídos: «¡*Bakshish!*».

Eran cerca de las cuatro de la tarde cuando entramos en el inmenso pueblo de Tongzhou, a orillas del río Peiho*.

Fuimos recibidos en casa de un joven chino lleno de salud y regordete, que recordaba un poco a la exagerada figura redonda del señor Punch†, pero que era un tipo completamente bueno y aficionado a la buena vida en todos los sentidos. Nos sirvió una cena a la rusa, que me pareció deliciosa, en comparación con la detestable comida de las cocinas chinas.

Inmediatamente después de esta comida, mis compañeros se embarcaron para Tianjin, y yo los acompañé hasta el río. Durante el trayecto, el señor Shevelov dio a mi anfitrión todas las instrucciones necesarias para que al día siguiente pudiera viajar sano y salvo a Pekín.

Cuando estos comerciantes de té llegaron al puerto, entraron en una de las barcazas amarradas a la orilla, en medio de cuyas cubiertas se levanta una construcción para pasajeros, parecida en cierto modo a la de la góndola veneciana. Nos despedimos y nos deseamos un buen viaje, y se marcharon. Estos mercaderes, al desaparecer de mi vista, dejaron caer por completo la cortina que me separaba del imperio de los zares, y aparté mis ojos de Siberia, país sobre el cual, a pesar de su fertilidad y riquezas auríferas, parecía revolotear continuamente un ave de rapiña. Por lo tanto, al ver cortados los últimos lazos que me unían, aunque sólo remotamente, a esta desdichada tierra de exilio y dolor, me sentí aliviado de una opresión, a pesar de la singular posición en que me encontraba entre estos chinos.

No podía decir nada a mi anfitrión. Ni siquiera el talento de Pablo para expresarse en pantomima era suficiente para penetrar en la limitada inteligencia del budista con el que estaba alojado. No pude

---

*   También conocido como río Hai.

†   Personaje principal de los títeres de cachiporra de tradición inglesa.

pegar ojo en toda la noche a causa de los repetidos ataques de un ejército de pulgas, que me molestaban con sus correrías por todos los rincones, atraídas probablemente por un cambio de dieta en el que se deleitaban; y de nuevo a causa de la guardia nocturna, cuyo deber era hacer una fila para espantar a los ladrones, según la costumbre china, que conocí por primera vez en Krasnoyarsk. Al día siguiente, mi anfitrión no pudo proporcionarme un palanquín antes de la una de la tarde.

Sin embargo, me alegré mucho de que hasta entonces hubiera cumplido las instrucciones de Shevelov, pues si hubiera estado dispuesto a retenerme algún tiempo en su casa, realmente no sé cómo me las habría arreglado para volver a salir de ella. Justo cuando me iba, le di una bagatela a uno de los criados; el señor, al darse cuenta, reunió a todos los criados, que vinieron, se arrodillaron ante mí y tocaron el suelo con la frente. Por muy familiarizado que esté un europeo con los modales orientales, jamás podrá contemplar sin congoja semejante espectáculo de humildad servil. Subí a mi palanquín lo más rápidamente posible y me despedí de mi anfitrión, no ofreciéndole la mano, lo que no está de acuerdo con la costumbre china, sino apretando las manos y moviéndolas dos o tres veces en línea perpendicular a mi pecho. Comprendí, con satisfacción, que aquel hombre servicial recomendaba a mi arriero que me condujera a la Embajada de Francia; luego partimos, Pablo y yo, hacia la capital del Celeste Imperio.

Mientras viajaba bajo un sol abrasador por este camino, cubierto de espeso polvo, en el abominable vehículo llamado palanquín, tres jóvenes jinetes, que presentaré al lector, pasaron al galope sin soltar la rienda entre Tianjin y Pekín.

La distancia es de treinta y dos leguas, y la recorrerían en un día. Ciertamente, no tenían tiempo que perder. Habiendo salido de Tianjin a las cuatro de la mañana, se habían detenido una hora en una aldea para desayunar y cambiar de caballos. En el momento en que yo salía de Tongzhou, acababan de iniciar la segunda etapa. Para ir de París a Pekín, estos tres jóvenes viajeros franceses no habían afrontado las penurias de un invierno siberiano, ni la monotonía de un trineo, ni la incomodidad de un vehículo chino; y, sin embargo, sus aventuras eran tan interesantes como las mías. Habían atravesado la India; habían sido recibidos en los palacios de los nababs de aquel país, mucho más atractivos, diría yo, que los de los buscadores de oro del Norte; habían cazado fieras salvajes en Ceilán y Java, perseguido al elefante en las selvas vírgenes de Malaca, y continuando su recio camino, les parecía una bagatela hacer treinta y dos leguas diarias, con la intención, si las circunstancias lo permitían, de reanudar su viaje a la misma velocidad.

El primero de estos tres jóvenes —uno de mis mejores amigos, que, mientras viajábamos a pocas millas de distancia por la llanura de Pekín, me dio la impresión de estar en París— era el barón Benoist Méchin; sus dos compañeros eran el vizconde de Gouy d'Arsy y *monsieur* Guillaume Jeannel. Llegaron a la legación cuando yo estaba a la vista de las fortificaciones de la capital de China.

Al verlas, sentí un gran entusiasmo. Cuanto más tiempo se ha tenido un objetivo a la vista y más esfuerzos se han hecho para alcanzarlo, mayor es la alegría al lograrlo por fin. Es difícil encontrar algo más grandioso y audazmente construido que la primera muralla de Pekín. Es una muralla de imponente elevación, almenada y perfectamente regular. Aquí y allá se alzan fortalezas sobre las puertas principales, de tres o cuatro pisos, con tejados de porcelana verde que brillan al sol. Las puertas son de bronce y gigantescas, se cierran por la noche y a ciertas horas del día.

No entré en la ciudad sin sentir un estremecimiento de emoción. Tuve que pasar por un espacio irregular salpicado de viviendas bajas y antiestéticas; luego entré en el populoso barrio; finalmente, bajo una cúpula de follaje, percibí una puerta de madera, elegantemente esculpida con dos leones de mármol, encima de la cual pude leer: *Légation de France*. Por fin había terminado mi viaje de París a Pekín por tierra.

Cuando entré en el salón del señor de Geoffroy, que era el Enviado Extraordinario de Francia en China, todo el personal de la legación estaba presente para rendir honores a los tres jóvenes viajeros que acabo de mencionar. Nunca olvidaré mi entrada en este hospitalario salón, donde encontré tanta cortesía y afabilidad. El palacio era todo un edén. ¡Qué días tan felices pasé allí! Dormí por fin en una cama, un lujo que no había conocido desde que salí de Nizni Nóvgorod. Disfruté de la *cuisine française*, y hablé francés con mis compatriotas. No obstante, intuyo que el lector se sentirá más interesado en una descripción de Pekín y sus gentes, que intentaré en el próximo y último capítulo.

CAPÍTULO 22

Pekín — Regreso

El puente de mármol — La ciudad tártara — Objetos de arte — Lacas japonesas —
Intervenciones — El observatorio — El Palacio Imperial — Los templos — Las cuatro
cosechas — Los tipos de té — Salida de Pekín — Tianjin — El mar al fin

A L día siguiente fuimos primero a presentar nuestros respetos a
monseñor Laplace, obispo de Pekín, que residía entonces en la
misión de los padres lazaristas.

Para llegar allí tuvimos que pasar por el puente de mármol, que
es una de las maravillas locales. Este puente se eleva en un collado
sobre un estanque, podría decir un pequeño lago, y este está rodeado
por los jardines del palacio imperial. Desgraciadamente, la profusión
de flores acuáticas con las que este estanque se ve tan alegre durante
el verano aún no había florecido, pero al menos pudimos admirar la
pintoresca vista desde el puente de mármol.

Montículos sin duda artificiales, pero llamados aquí con el gran
nombre de montañas, se elevan en ondulante contorno alrededor de
este cuerpo de agua. Están cubiertos de árboles raros, coronados con
una especie de quioscos y esas pequeñas construcciones que llama-
mos pagodas. Los pabellones se elevan sobre pilotes por encima del
agua. El suelo está cubierto de hierba y plantas rastreras que se extienden por el suelo y caen al lago. El conjunto es deliciosamente
fresco, sombreado y atractivo, y está decorado con un inusual refina-
miento de gusto.

La misión de los lazaristas está construida en medio de este encantador paraje. Todos los padres llevan el traje chino, y me pareció
extraño llamar «padres» a estos hombres en babuchas, y adornados

con coletas tan largas como las de los chinos. Es cierto que sus tren-
zas son postizas, o casi todas postizas, pero difícilmente se supondría
que fueran ficticias a menos que se vieran muy de cerca.

La mejor parte de Pekín es la que rodea el palacio. Se la conoce
con el nombre de la Ciudad Tártara. Los grandes mercaderes y los
más famosos comerciantes de curiosidades viven aquí, y también llevan a cabo sus negocios.

Las casas tienen simplemente una planta baja y ningún otro piso;
pero sus fachadas en las calles son de madera esculpida y dorada. El
grosor de la ornamentación es considerable, y las tallas están hundidas en ella con una delicadeza bastante china a su manera. No sé
cuánto valdría una de estas fachadas en Francia. Imagínese el lector
una calle entera bordeada de tiendas de este tipo, relucientes de do-
rado bajo un cielo brillante, y mostrando, dispuestas con gusto en sus
interiores, adornadas con estos ricos marcos, todas las maravillas del
país de las hadas asiático.

Lamento verme obligado aquí a desilusionar, tal vez, a mis lectores, con respecto a las bellas colecciones chinas que deben poseer en
sus países. No quiero decir que no haya en Europa admirables ejem-
plares de arte chino. Pero, por lo general, todos los artículos que se
ofrecen a la venta en Inglaterra y Francia proceden de las ciudades
meridionales, de Cantón, Hong Kong y Shanghái, y, en consecuencia,
son producciones de fabricantes de segunda categoría. El arte de
Pekín sigue siendo desconocido en casi todas partes, y se comprenderá fácilmente por qué ha de ser así, si se recuerda que a los
europeos no se les permite hacer negocios en la capital del Celeste
Imperio. Nuestras últimas expediciones no nos han proporcionado
más libertad a este respecto. Por lo tanto, las muestras del arte de
Pekín son compradas casi exclusivamente por los turistas en sus visitas, que no disponen de ellas a través del comercio. Es cierto que en
Francia se pueden ver esmaltes en *cloisonné* (esmalte alveolado), pero
no dan idea de las maravillas del tipo de trabajo que los turistas pueden admirar en el templo de Pekín. También hay paneles enteros
mucho menos conocidos, que representan paisajes, producidos por la

aplicación de laca a la porcelana; biombos, en los que se aplica marfil teñido a la madera tallada abierta; o biombos plegables lacados con ornamentación producida por las piedras transparentes coloreadas de Mongolia. Este último tipo de trabajo presenta objetos de incomparable belleza, y uno nunca se cansa de admirarlos. También hay jarrones de esmalte uniforme, generalmente azul, con diseños en blanco, a ras de la superficie, que tienen un efecto muy elegante. Este tipo de jarrón no es raro en Pekín y, sin embargo, es muy poco conocido en Europa.

Mientras describo el arte del Lejano Oriente, me gustaría ilustrar un poco al lector sobre las lacas japonesas, aunque tengo la intención de concluir mis notas de viaje en Tianjin, y no digamos nada de esas islas del Japón, una estancia bonita que recuerdo con placer y alegría. Todas las producciones a las que en Francia damos este pomposo título de *laque au Japon* (laca japonesa), consisten meramente en superficies de madera barnizada. En la verdadera laca, por el contrario, los dibujos en relieve son de oro puro, y el fondo está cubierto de aventurina reducida a polvo antes de su aplicación. En Japón, los objetos lacados alcanzan precios exorbitantes.

Un día pregunté en Edo* por el precio de un armario muy parecido a los que ahora son tan comunes en Francia, y que generalmente se venden allí por doscientos o trescientos francos. El comerciante pedía veinticinco mil francos por él. Una cajita cuadrada de unos diez centímetros de lado, de laca auténtica, vale en Japón de ochocientos a mil francos. No entraré en el tema de la porcelana china, porque sólo esto daría para un volumen. Además, no permanecí el tiempo suficiente en Pekín para familiarizarme bien con este delicado departamento del arte chino, más difícil de dominar. Me limitaré a mencionar dos tipos de jarrones de porcelana que me parecieron muy apreciados. Uno está ornamentado con grandes figuras chinas y tiene en el centro un medallón que representa una escena acorde con el entorno. El otro está cubierto de diseños en relieve, también de porcelana y coloreados. Estos dos tipos de jarrones, al parecer, se ori-

* Actual Tokio.

ginaron hace trescientos o cuatrocientos años, y su valor suele oscilar entre cuatrocientos y setecientos francos. De la misma época son los llamados esmaltes *cloisonné*, que alcanzan precios considerables en China. Estos esmaltes *cloisonné* son bastante raros en Europa. Se reconocen por sus dibujos más hundidos y menos regulares que en los relativamente modernos, y sobre todo por ciertas partes de ellos, donde la transparencia del esmalte permite ver por debajo el cobre sobre el que está colocado.

Como acabo de mencionar, las calles del barrio tártaro están repletas de tiendas, que exponen en sus fachadas los hermosos artículos que acabamos de describir. En la calzada, el tropel de personas es aun mayor que en los pueblos que había atravesado.

La muchedumbre a pie se ve obligada a apartarse constantemente para dejar paso a los palanquines de los nobles, llevados por hombres; los carruajes de dos ruedas de los mandarines, que pueden verse a través de las persianas negras o verdes, envueltos en sus largas túnicas de seda bordada; los caballos, los camellos, los palanquines ambulantes con mulas, y luego los cortejos nupciales y fúnebres. Estos últimos ocupan un espacio considerable y se extienden a lo largo de quinientos o mil metros, según la dignidad del difunto. Los pobres llevan en la línea de procesión sombrillas, palos coronados con manos de madera dorada y todo tipo de amuletos. Luego siguen los objetos que pertenecieron al difunto: su caballo, su carruaje, en el que generalmente se instala una efigie de cera que representa sus rasgos y, si se trata de un mandarín, viste su traje de corte. Por último sigue el ataúd, de roble de unos cinco centímetros de grosor, colocado sobre un catafalco. El gran féretro es portado por al menos cuarenta o sesenta hombres. Los familiares, vestidos de blanco, señal de luto, preceden al féretro, arrojando flores a su paso, quemando incienso y celebrando una ceremonia de respeto al difunto cada ochenta o cien pasos. Para esta demostración, la procesión se detiene. Extienden en el suelo un paño blanco, y los dolientes, postrándose totalmente boca abajo, golpean con la frente el suelo. Terminada esta parte de la ceremonia, se levantan y la procesión prosigue, con estos interludios, hasta algún terreno perteneciente al difunto, donde el ataúd se deposita en el suelo al aire libre y se deja allí sin enterrar. Cuando el ataúd se descompone, forman un túmulo de tierra a su alrededor, pero nunca lo entierran. El lugar sigue siendo sagrado y ya no se puede cultivar.

Puede imaginarse la inmensa extensión de tierra valiosa que pierden los chinos por esta costumbre. Se sabe cuántas disputas provoca también en las ciudades de la costa habitadas por europeos. El tema ha sido tratado con demasiada frecuencia en otros libros como para que merezca la pena decir algo al respecto aquí.

Entre la gran aglomeración de gente en la ciudad tártara puede verse una multitud de prestidigitadores ejerciendo sus maravillosas hazañas al aire libre.

Su destreza es sorprendente, ya que ejecutan sus trucos entre los espectadores sin la ayuda conveniente de mesas y cajas con fondos falsos, que son complementos tan valiosos en los teatros. Algunos de ellos realizan incluso hazañas peligrosas: saltan de cabeza a través de un cilindro colocado horizontalmente, erizado con clavos y cuchillas puntiagudas. No acabaría nunca si describiera todo lo que se impone a la vista en estas anchas calles de la ciudad tártara. En ningún otro lugar se puede contemplar un mosaico tan variado y pintoresco como el que aquí se presenta al ojo atónito.

Desgraciadamente, al lado de estas maravillas, uno se vuelve con repugnancia de otras vistas repulsivas para la civilización europea. A lo largo de las calles se abren enormes agujeros con un propósito que sería embarazoso explicar. No hay ciudad en el mundo tan ruidosa, y puedo comprender fácilmente por qué el personal de las legaciones prefiere permanecer encerrado cuatro y cinco meses seguidos en sus bellas residencias y terrenos, a buscar cualquier recreo en una atmósfera tan contaminada.

Visitamos el observatorio, construido por los chinos bajo la dirección de los jesuitas. Los instrumentos científicos que allí se ven son admirables. Están hechos de bronce, apoyados sobre pies del mismo metal, en los que se han prodigado todas las fantasías del arte chino.

Las contorsiones de estas monturas, compuestas de dragones y monstruos grotescos, producen un sorprendente contraste con las formas regulares de las esferas, las líneas paralelas y las figuras astronómicas que sostienen a gran altura en el aire.

He visto en Pekín, en los templos de los lamas mongoles, o de los sacerdotes de Buda, espléndidos esmaltes y objetos de gran valor; pero nunca he encontrado, ni siquiera en Japón, donde el bronce es, ciertamente, mejor aprovechado que en el Celeste Imperio, nada tan artístico, en el sentido estricto del término, como el aparato de este observatorio. Hay que admitir que el gusto de los chinos es muy cuestionable. Se pueden admirar, especialmente, los colores de su porcelana, los suaves matices de sus antiguos esmaltes y la armonía de los tonos de sus bordados; pero en sus diseños, en las formas de sus objetos y personajes, se pueden observar muchos defectos e incluso repulsivas monstruosidades. No obstante, los instrumentos del Observatorio de Pekín están, en mi opinión, por encima de toda crítica. La fantasía abunda ciertamente en ellos, aunque sólo dentro de los límites justos. Los soportes que acabo de mencionar son tan esbeltos, tan delicadamente trabajados, que parecen bastante ajenos y distintos de las esferas que sostienen, y estas producen, en efecto, la ilusión de ser mantenidas por su propia fuerza como verdaderos mundos celestes.

Antes de abandonar este lugar, tomé desde lo alto una vista panorámica de esta inmensa capital, y la perspectiva se extendía sobre una distancia considerable. Los tejados dorados de las casas de los mercaderes de la ciudad tártara brillaban con esplendor bajo el sol; luego observé los no menos brillantes tejados de porcelana verde de las fortalezas que se alzaban sobre las puertas principales, los tejados de porcelana azul de las pagodas, del Templo del Cielo y del Templo de la Agricultura, y luego, particularmente, el Palacio Imperial, cubierto de porcelana amarilla.

El Palacio Imperial de China es la morada del misterio; un misterio en el que nadie puede presumir de haber penetrado. Es un pequeño rincón, desconocido y desierto, en medio de estos millones de seres humanos, un recoveco en el que ningún europeo ha entrado jamás, y en el que sólo un número muy limitado de chinos puede acceder una vez cada veinticuatro horas, y sólo en las horas más oscuras de la noche.

La audiencia que el emperador concedió hace unos años a los ministros europeos, y que causó una considerable sensación, no tuvo lugar ni siquiera en palacio. El Hijo del Cielo no se dignó mostrarse aquí a los ministros, sino en un pabellón tan alejado del misterioso palacio que es perfectamente visible desde el puente de mármol.

Muchos informes han circulado en Europa sobre la vida privada de los emperadores de China, y las regulaciones internas del palacio. El señor Berthémy, embajador francés en Japón, con quien tuve el honor de reunirme en Yokohama, y que había estado en China durante muchos años, dijo: «Todo lo que se ha vendido al por menor sobre el interior del Palacio Imperial de Pekín es una mera fábula, ya que es imposible que nadie sepa nada al respecto. Lo único que me parece probable, porque así me lo han declarado todos los mandarines, es que el emperador está sometido a una severa etiqueta, y que sería inmediatamente asesinado por sus propios guardias si intentara dejarla de lado».

La vista de los tejados amarillos de este palacio me produjo una profunda impresión, y al descansar a mis anchas en la embajada, comparé en mi mente la existencia de este pobre emperador, esclavo de la etiqueta, con nuestro buen rey San Luis mostrándose a su pueblo y administrando justicia bajo un roble en el bosque de Vincennes. ¡Cuántos infelices hay en este mundo en todas las escalas de la jerarquía social!

Hablaré poco del Templo del Cielo y del Templo de la Agricultura, porque no son interesantes. Especialmente el primero es indigno del exaltado nombre que lleva. Se encuentra en un inmenso parque rodeado de murallas, en el que se distribuyen capillas y bonitos pabellones, cubiertos de porcelana azul, y donde penetra una tenue luz a través de persianas compuestas de pequeños tubos de vidrio azul colocados paralelamente. En medio del parque se levanta una plataforma de mármol blanco, y es aquí donde el emperador viene ocasionalmente a ofrecer con su propia mano sacrificios a la divinidad.

La parte más curiosa del Templo de la Agricultura y su recinto es un campo donde, cada año, en un día determinado, el emperador, con un arado en la mano, hace un surco a lo largo del suelo, como para dar ejemplo a sus súbditos. Después, los mandarines aran el resto del campo. Esta ceremonia demuestra hasta qué punto se honra en China la agricultura, principal fuente de riqueza del país. Con sus dos cosechas anuales de maíz, los chinos consiguen proporcionar pan a un precio moderado, y al exportar su té y su arroz atraen oro a su país desde todas las partes del mundo. Su método de cultivo se parece mucho al sistema egipcio. Dividen sus campos en pequeños cuadrados, alrededor de los cuales se conduce el agua de riego a todas las partes. Esta agua fluye por numerosos canales que serpentean por el país, y es suministrada por artilugios trabajados por obreros chinos como los *shadufs,* o cigoñales egipcios. Para el cultivo del arroz, las pequeñas plazas están rodeadas de un terraplén lo bastante alto como para mantener sobre el campo una lámina de agua de varios centímetros de profundidad. De este modo, la tierra desaparece por completo. Cuando visité los arrozales en el mes de mayo, la semilla, recién sembrada, apenas brotaba por encima de la superficie del agua.

La planta de té es un arbusto pequeño, alrededor de medio metro de altura. Las hojas se recogen de mayo a agosto, según la especie y la calidad requerida. En China hay variedades de té como en Francia de vino. La naturaleza del suelo y los diferentes tipos de plantas producen las variedades conocidas en el comercio. El tipo más apreciado se conoce con el nombre de té amarillo. Es la bebida habitual del emperador de China y del emperador de Rusia.

Este té es tan valioso, que en Siberia, en ciertas familias, incluso ricas, he visto a veces una sola taza preparada en mi honor, mientras que mis anfitriones se privaban de él por razones de economía. No sería interesante enumerar aquí las diferentes variedades, porque no se conocen por sus nombres originales. Los distintos tipos se denominan en Francia según el modo de recolección: así, el té perla procede de pequeñas hojas recogidas al principio de la primavera, poco después de su formación. El llamado té de punta blanca está hecho de una mezcla de hojas y flores. Las puntas blancas no son más que las flores secas del arbusto; por este motivo, este tipo es el más fuerte. Una de las clases más comunes es el té de ladrillo, ya mencionado, que sirve para ganar dinero en Mongolia; y, por último, el té más común, que, por alguna preparación que ignoro, presenta un aspecto extraño. Tiene también la forma de un ladrillo, pero es bastante negro, y no se ve en él ni un tallo ni una hoja, como en los otros ladrillos. Al mirarlo, se podría suponer que es un bloque de carbón o turba. Este té se vende por una miseria y es un gran recurso para los pobres de Siberia y de China.

La inteligencia y destreza de los chinos son evidentes en todas partes, y saben aprovechar estas ventajas en todo. También han perfeccionado mucho el arte de fabricar velas. No conozco todos los sistemas adoptados en Francia, pero al mencionar la vela latina, que lleva el nombre de nuestra raza, menciono, creo, uno de los inventos de Europa. Pero esta vela latina, al hincharse excesivamente bajo la acción del viento, no aprovecha al mismo tiempo toda la fuerza que el aire es capaz de impartir. Además, en las borrascas, el manejo consiste en aflojar la cuerda que la ata por debajo. La lona que ondea entonces en lo alto del mástil provoca un cabeceo o zarandeo a la embarcación que puede ser muy peligroso. Este método de navegación es, por tanto, imperfecto. La vela china, por el contrario, está sujeta por una serie de barras paralelas, y así opone constantemente una superficie uniforme al juego del viento. Luego, con la ayuda de una polea situada en lo alto del mástil, puede arriarse en cualquier medida. De este modo, en las borrascas más violentas, los chinos pueden desplegar una vela que ofrece pocas oportunidades para que la tormenta la agarre, por lo que el barco no se expone a ningún peligro.

Podría citar muchos ejemplos de esta mente ingeniosa y práctica; y al viajar por China he concebido la más alta opinión de la inteligencia, la astucia y la perseverancia de los chinos. A este pueblo sólo le falta una cosa, un gobierno que le haga saber que hay otras naciones en el mundo, además de la china, y que estas naciones tienen también una civilización, de la cual sería juicioso y especialmente provechoso tomar prestados ciertos inventos. Pero llegará el día, y tal vez no esté lejano, en que los chinos emigrarán a Europa, como ya emigran a Japón, California y Perú; formarán en Marsella, París y Londres barrios más importantes que los asentamientos de Shanghái, Macao y Saigón, y el comercio exterior tomará una expansión desconocida con esta nación.

La mayoría de los franceses creen que la inteligencia de los japoneses es muy superior a la de los chinos. Es un grave error. Los japoneses se parecen mucho a nosotros en su carácter, y esa es la razón por la que este pueblo agrada a los viajeros. Son alegres, emprendedores, fanfarrones, polémicos y un poco revolucionarios. De hecho, en Japón hay un pretendiente al trono, y por consiguiente entre los japoneses son partidarios de tal o cual familia. Tal vez incluso haya republicanos más o menos democráticos o socialistas entre ellos. Los franceses y los japoneses, por tanto, se admiran mutuamente. Crean un pequeño ejército en el que adoptan nuestros trajes; nada es más singular que ver a un infante de Vincennes montando guardia por las calles de Edo. Construyen pequeños ferrocarriles, pequeños telégrafos; pero al fin y al cabo estas cosas no son serias, porque en primer lugar no hay, ni puede haber, nada serio en esta gente; estas aplicaciones de nuestros inventos son insignificantes porque están confinadas a una pequeña lengua de tierra muy estrecha a lo largo del mar, más allá de la cual es imposible que accedan los europeos. El interior de Japón nos está absolutamente vedado, mientras que nosotros somos perfectamente libres de viajar de un extremo a otro de China. Por lo tanto, considero que es un error suponer que Japón avanza hacia la civilización. Las transformaciones existentes se limitan a una porción muy diminuta del territorio y, por consiguiente, carecen de importancia.

El Gobierno chino no permite a su pueblo ni telégrafos, ni ferrocarriles, ni nada que sea europeo; pero el día en que los chinos, mediante alguna revolución muy deseada, obtengan estas concesiones de su Gobierno, no sólo aplicarán nuestros inventos con juicio, sino que los perfeccionarán, y quizá nos asombremos un buen día al aprender de los chinos el medio de unir por ferrocarril la mayor velocidad con la mayor seguridad. Imponer a los chinos una nueva forma de gobernar, o al Gobierno existente una nueva constitución, es lo que nuestra última expedición allí debería haber llevado a cabo, en vez de destruir el Palacio de Verano, acto tan repugnante que no me detendré en él.

Un pequeño lago, rodeado enteramente de galerías de mármol y cubierto de islas en miniatura, en medio de las cuales se exhiben los pabellones más encantadores del mundo; una gran escalinata de porcelana, que se eleva hasta la cima de la colina de Wanshou Shan (colina de la longevidad), y dos pequeños templos de porcelana, son los restos de las maravillas que antaño asombraban la vista maravillada en este palacio y el parque circundante.

El 18 de mayo me despedí de mis amables anfitriones de la legación de Pekín, cuya hospitalidad y atenciones nunca olvidaré, y me dirigí a Tianjin por el curso del Peiho.

El señor Rystel, entonces en el consulado de Tianjin, nos entretuvo muy agradablemente el tiempo que nos vimos obligados a esperar un barco, y por fin, el 24 de mayo, embarqué para Shanghái con mis tres jóvenes compañeros ya mencionados. No me decidía a dejar a Pablo en Tianjin, por lo que lo llevé conmigo. El pobre era tan fiel y devoto, que no cesaba de hablar con lágrimas en los ojos de la dulce vida que había disfrutado, con todos los lujos, en la embajada francesa de Pekín. Al hacerme al mar en la desembocadura del Peiho me invadió el éxtasis. Porque este gran mar es todo uno y, al bañar las costas de todas las tierras que toca, me acercó a mi tierra natal; sus olas acariciaron con tanto cariño las playas de Trouville y Biarritz como los acantilados del golfo de Peichili.

Mis fatigosos viajes por las estepas siberianas y el desierto de Gobi habían llegado decididamente a su fin, y ahora tenía ante mí la perspectiva de reencontrarme con mis amigos y mi hogar.

Quizás mis lectores se pregunten qué pudo inducirme a emprender un viaje tan fatigoso. Sólo entonces había imaginado el lado luminoso de este viaje, pero ahora que he visto el otro, puedo aconsejarles que no sigan mi ejemplo; porque aunque hay muchas escenas nuevas, grandiosas y sorprendentes de la naturaleza, acompañadas de muchas aventuras emocionantes, no se pueden disfrutar en un clima tan riguroso como el de Siberia en invierno sin incurrir en muchas penurias, e incluso exponerse a una parte considerable de peligro.

FIN

9 781739 151256